붐버스톨로지
BOOMBUSTOLOGY

Boombustology : Spotting Financial Bubbles Before They Burst by Vikram Mansharamani
Copyright ⓒ 2011 by Vikram Mansharamani
All rights reserved. This translation published under license.
Korean translation copyrights ⓒ 2014 by BOOKON(KIERI)
Korean translation rights are arranged with John Wiley & Sons International Rights, Inc. through Amo Agency, Seoul, Korea

이 책의 한국어판 저작권은 아모 에이전시를 통해 저작권자와 독점 계약한 부크온에 있습니다.
신저작권법에 의해 한국 내에서 보호를 받는 저작물이므로 무단 전재와 무단 복제를 금합니다.

붐버스톨로지
BOOMBUSTOLOGY

시장의 과열과 침체를 판단하는 5가지 체크포인트

비크람 만샤라마니 지음 | 강대권 · 김민영 옮김

추천사

과거의 교훈은 쉽게 잊혀진다

투자자에게 있어서 버블은 마치 여름마다 찾아오는 장마나 태풍과도 같다. 정확히 어느 시점에 어떤 형태로 우리 앞에 버블이라는 것이 다가올지 예측할 수 없지만, 마치 인간의 속성이 그러하기라도 한듯이, 버블은 반드시 금융시장에 찾아온다. 금융시장의 버블은 우리에게 다가올 때 먼저 행복감을 안겨준다. 모든 자산의 가격이 올라가면서 좀 더 많은 사람이 부자가 되고 점점 더 많은 사람들이 유례없는 강세장에 환호하고 열광한다. 하지만 행복감이 절정에 달하는 순간 버블은 갑작스레 붕괴되고 거의 모든 것을 한 번에 앗아간다. 10여 년 남짓한 사이 자본주의 역사에 길이 남을 대형 금융 버블을 두 번이나 경험한 우리 세대라면 붕괴되는 금융 버블의 후유증이 어떤 것인지 잘 기억하고 있을 것이다.

1990년대 중후반 한국은 '세계경영'을 외치는 기업들의 빠른 확장 속에 호황을 즐겼다. 하지만 단기 핫머니에 기댄 호황은 외환 위기로 연결됐고, 최악의 위기는 수많은 사람들의 부를 순식간에 앗아갔다. 외환위기 당시 시장이 붕괴될 때의 상황은 지금도 생생하다. 젊은 펀드매니저로서 이때 받은 충격은 손실을 최소화할 수 있는 장기 가치투자에 대한 나의 투자 신념을 굳게 하는 계기가 되었다.

무자비한 외환위기 이후 또 다른 대형 버블을 경험하는 데에는 고작 3년밖에 걸리지 않았다. 새로운 천 년을 시작하는 첫 해에 세상을 바꿀 것이라 일컬어지던 전도유망한 기업의 주식이 순식간에 휴지 조각이 되는 사상 최대의 버블을 경험했다.

IT버블이 한창일 무렵 주식시장의 분위기는 돌이켜 보면 참으로 비현실적이었다. 당시 버블에 동참하지 않는 투자자에게 가해지는 압박감은 대단했다. 시장이 극단으로 치달아 갈 때 오히려 전통적인 가치주에 투자하고 있었던 나에게는 하루에도 수차례 IT기술주를 포트폴리오에 편입하라는 항의전화가 빗발쳤다. 이익의 수백 수천 배에 거래되던 기술주 버블에 끝까지 동참하지 않았지만, 버블이 붕괴되기 직전까지 받은 스트레스로 정신적으로나 육체적으로나 만신창이가 되었다.

IT버블 붕괴 후 우리는 6년 만에 또다시 글로벌 부동산 버블과 서브프라임 위기로 인한 신용경색을 경험했고, 버블 붕괴 후 3년만에 다시 중국 경기 부양의 영향을 받은 산업재 버블이 지나갔다.

경제에서 금융이 차지하는 비중이 커지고, 전 세계가 빈틈없이 맞물려 돌아가는 현대 자본주의에서 금융시장의 버블과 뒤이은 붕괴는 필연적인 과정이다. 지난 20년간 4차례나 발생한 폭발적인 버블은 앞으로도 끝없이 반복될 것이다. 우리는 이것을 경제와 시장의 속성으로 받아들이고 현명하게 대처해 나가야 한다. 아무리 큰 폭우가 쏟아지더라도 단단히 준비하면 큰 피해 없이 지나갈 수 있는 것처럼, 금융시장의 버블도 그 본질을 이해하고 삼가는 마음으로 준비를 게을리하지 않으면 돌이킬 수 없는 손실을 피할 수 있다.

금융 버블이 만들어지고 붕괴될 때마다 뒤늦게 버블의 원인과 진행에 대한 수많은 담론과 책들이 쏟아져 나온다. 그럼에도 불구하고, 수많은 사람들이 지나간 일의 교훈을 쉽게 잊고 또 다른 거품에 휩쓸리는 것은 안타까운 일이다.

그런 점에서 버블의 여러 측면을 종합적으로 분석하고 역사 속의 교훈들을 일목요연하게 정리한 이 책은 가치가 있다. 지나간 일들에 대한 기록을 재미있게 읽을 수는 있겠지만, 그 속의 교훈을 가슴에 새기고 현실에 적용하는 것은 또 다른 문제이다. 이 책은 전달하는 메시지가 간결하고, 현실 적용에 대한 방법론을 구체적으로 언급해 주어서 버블에 대한 다른 어떤 책보다도 당장 적용할 수 있는 부분들이 많이 있다.

지금은 버블이라기보다는 오히려 장기 불황에 대한 우려가 더 큰 시기다. 이런 시기를 지내다 보면, 또다시 과거의 경험과 교훈을 망각하고 다가오는 폭우에 무방비가 될지도 모른다. 가끔은 지나간 일을 회상해 보면서 시장과 경제의 본질에 대해서 곱씹어 보는 일이 필요할 것이다. 그런 시간을 위해 이 책을 추천한다.

한국투자밸류자산운용 부사장 겸 CIO
이 채 원

역자 서문 이 책을 한국에 소개하며

새로운 골디락스인가, 새로운 버블인가

　이 책은 2011년 초 미국에서 출간되었다. 비슷한 시기에 출간된 케네스 로고프의 『이번엔 다르다 This time is different』와 같은 대작들에 비해, 비교적 짧은 내용에 흥미진진한 통계나 비화를 다루지 않은 이 책에 대한 반응은 뜨겁지 않았다. 하지만 2011년 이 책을 우연히 접했을 때, 역자에게는 버블에 대한 이 책의 묘사가 다른 어떤 책보다도 매력적이었다. 현학적인 서술 같은 군더더기가 없으면서 내용에 부족함이 없고, 새롭지는 않지만 실용적이었다. 수많은 금융 버블에 대한 책 중에서 이 책만큼 필수적인 내용을 간단하게 설명해 주는 책도 없겠다는 생각에 용기를 내어 출판사의 문을 두드렸다. 금융시장에서 직접 거래하는 일이 직업인 내가 도움을 받은 책이니 분명 다른 누군가에게도 유용할 것이라는 확신이 있었기 때문이다. 그렇게 시작된 번역 작업이 지난한 과정을 거쳐 이제야 책이 나오게 되었다. 우여곡절 끝에 결과물이 나온다는 사실에 마냥 뿌듯하다.

하지만 처음 번역을 결심한 뒤 3년이나 지난 시점에서 과연 이 책의 "유용함"이 여전히 유효할 것인가에 대해 생각해 보지 않을 수가 없다. 출간이 결정되고 역자 후기를 작성하면서 이 질문은 꽤나 무게감 있는 고민으로 다가왔다. 책의 의미가 퇴색된 것은 아니지만, 3년간 세상이 너무나 많이 바뀌었기 때문이다. 이 책의 시대적 유효성을 다시 생각해 보는 일은 단순히 책을 번역한 사람으로서가 아니라, 직업적인 투자자로서 이 시대를 어떻게 바라보아야 하는가 하는 근본적인 질문으로 귀결되었다. 결론부터 이야기하자면 이 책의 내용들은 여전히 유효하다. 번역자가 자신이 번역한 책이 의미 있다고 말하니 신뢰성에 의문을 표할 수도 있겠지만, '이 시대'에 대한 역자의 생각을 통해 버블에 대한 담론이 담긴 이 책의 유용함을 말해보고자 한다.

먼저 중국에 대한 이야기부터 해야 할 것 같다. 이 책의 마지막 부분은 중국의 부동산 버블 붕괴에 대한 우려에 할애되어 있다. 3년이 지난 현시점에서 이 책의 경고는 반은 맞고 반은 틀렸다고 말할 수 있다. 2008년 금융 위기 이후 중국 정부는 자국 경제의 급속한 냉각을 막기 위해 우리 돈으로 2,000조 원 이상의 유동성을 공급했다. 과감한 부양책 덕분에 중국은 금융 위기의 충격에서 매우 빠른 속도로 벗어날 수 있었지만 이미 그 이전부터 과열 상태이던 경제에 대량의 유동성이 공급되면서 전국적인 부동산 버블이 발생했다. 지방에 즐비한 유령도시들과 도심지의 급속한 주택가격 상승은 이 책에 나와 있는 무시무시한 풍경 그대로였다.

2011년 여름, 미국의 신용등급 하락으로 촉발된 글로벌 유동성 위축 국면을 맞으면서 중국 부동산시장은 냉각되기 시작했다. 전국적으로 부동산 가격이 하락하면서 서구사회의 경고처럼 중국 부동산시장은 버블 붕괴 단계로 치닫는 듯했다. 하지만 중국 부동산시장은 1년도 채 되지 않는 짧은 냉각기를 거쳐 재차 상승 국면으로 전환되었다. '차이나 버블'과 그 붕괴의 불가피함을 주장하던 세계 금융시장의 담론을 무색하게 하는 일이었다. '모두가 기다리는 위기는 오지 않는다'라는 금융시장의 격언처럼 중국 부동산시장의 지속적인 호황은 중국 경제가 서구의 인식보다는 훨씬 더 튼튼한 기초를 가지고 있다는 점을 보여주는 것 같다.

하지만 중국 경제의 내재적 건전성 외에 중국 부동산시장의 호황에는 두 가지 외부적인 개입이 있었다. 첫 번째, 10년 만에 중국 공산당 내의 정권 교체가 이뤄지면서 중국 정부는 체제 안정을 위해 2012년에 통화량과 재정 지출을 모두 크게 확대했다. 두 번째는 2012년 가을부터 미국에서 QE3라 불리는 사상 최대 규모의 양적 완화가 시작되었다. 고정환율을 채택하고 있는 홍콩을 경유한 무역금융을 통해 미국의 QE3는 직접적으로 중국 내 유동성 공급을 확대시키는 효과를 거두었고, 체제 안정을 위한 자국 내 유동성 확대 정책과 맞물리면서 중국은 2012년 하반기부터 금융 위기 직후와 같은 대량의 유동성 확장 국면에 접어들게 되었다. 2009년의 확장 정책이 이후의 버블을 불러일으켰듯이 12년 이후 다시 버블이 형성되기 시작한 것이다.

2011년 상반기를 기준으로 중국 부동산시장이 추세적인 상승을 지속하기 어려울 정도로 과열되어 있다는 이 책의 주장은 어느 정도 타당했으며, 2011년 하반기 이후에 진행된 급속한 부동산시장의 냉각을 정확하게 예측했다고 볼 수 있다. 하지만 정부의 적극적인 개입과 국제적인 유동성 완화 정책 덕분에 중국 부동산시장은 이 책의 경고만큼 무시무시한 버블 붕괴로 연결되지는 않았다. 그래서 이 책의 경고가 반은 맞고 반은 틀렸다고 한 것이다.

하지만 정확하게 말하자면 아직까지 '맞고 틀림'을 이야기하기에는 시기상조라고 보아야 할 것 같다. 2012년 하반기 이후 중국 부동산시장은 다시 과열되면서 현재 이 책의 경고가 나오던 상황과 거의 다르지 않은 위태로운 모습을 보이고 있기 때문이다. 2013년 가을부터 다시 국제 금융시장에서 중국 부동산 버블과 피할 수 없는 붕괴에 대한 경고가 불거지기 시작했다. 2014년 들어서는 봄부터 지방의 부동산 가격이 하락세로 전환되고 대도시에서 대규모 주택단지의 할인 공급이 확대되면서 중국 부동산 버블 붕괴에 대한 우려가 현실화되는 것이 아니냐는 구체적인 주장이 제기되고 있다. 인민은행 부총재가 직접적으로 부동산시장의 위험성을 경고하고 있고, 부동산시장의 침체에 따른 기업들의 유동성 부족도 현실화되고 있으며, 지방정부의 부채 상환 시기가 도래하면서 조금씩 삐걱거리는 중국 경제의 모습이 관찰되기도 한다. 2013년 말까지는 정부의 긴축 때문이라는 핑계도 있었지만 중국 정부가 이미 완화적인 방향으로 돌아섰음에도 불구하고 위축이 지속되고 있다는 것에 주목할 필요가 있다. 만약 2011년 하반기 이후에 버블 붕괴를 막던 정부의 개입이 더 이상 작동하지 않는다면 이번에야말로 중국 부동산이 새로운 국면으로 접어들 수 있기 때문이다.

중국 경제와 지리적으로 가장 가깝고 산업적으로도 밀접한 연관을 맺고 있는 우리에게 중국 부동산시장의 이슈는 여전히 가장 중요한 거시경제적 변수의 하나다. 이 책에 나와 있는 중국의 사례들은 모두 3년 전의 것이지만, 지금 중국의 상황은 이 책에 묘사된 것과 거의 다르지 않다. 중국이 다시 한 번 부동산 버블 붕괴의 위험을 피해갈 수 있을지 이 책의 틀에 따라 한 번 더 생각해 보기에 적절한 시점이다.

사실 현시점에서의 버블에 대한 검토는 중국 부동산을 넘어 이제 전 세계 금융시장 전반으로 그 시선을 확대해 볼 필요가 있다. 아직은 때 이른 느낌이기는 하지만, 금융 위기 이후 회복을 거듭해온 세계 금융시장은 이미 과도한 상승을 경계할 만큼의 상황까지 도달해 있다.

지난 2008년 글로벌 금융 위기 이후 거의 전 세계 모든 국가의 중앙은행들은 자본주의 역사상 가장 많은 통화를 퍼부었다. 거의 무제한에 가까운 통화 확장은 최초에는 신뢰를 상실한 글로벌 금융시장의 자기파괴적 악순환을 멈추기 위해 시작되었다. 하지만 급박한 위기의 순간을 지나고 난 뒤 통화정책의 목적은 불분명해졌다. 금융시장의 안정화라는 애초의 목적이 달성되고 난 뒤에도 통화정책의 연장을 요구하는 것이 당연시되었고, 저성장의 늪에 빠진 세계 경제를 다시 활성화시키고 실업률을 낮추기 위한 궁극의 정책으로 탈바꿈되었다. 이는 자본주의 시스템에 있어서 기념비적인 인식의 전환이라고 할 수 있는데, 이제까지의 통화정책은 물가와 금융시장을 조절하기 위한 것이었지 경제 성장과 고용이라는 실물경제적 요인에 직접 개입하기 위한 수단이 아니었기 때문이다.

불과 5년 전까지만 해도 우리는 중앙은행장이 나라의 경제 성장을 책임질 인물이라고는 생각하지 않았지만, 어느 순간 금융시장의 참여자뿐만 아니라 실물경제의 참여자들까지도 연방준비제도 의장의 말 한 마디에 귀 기울이는 시대가 되어버렸다.

금융 위기 이후의 과감한 통화정책은 어느 정도 성공적이었다. 침몰하는 금융시장을 구원했고, 선진국 경제 전반의 점진적인 디레버리징deleveraging을 이끌어냈으며, 결과적으로 금융과 실물 양면에서 안정성을 회복하는 데 기여했다. 그러한 성공으로 인해 중앙은행이 '성장 부양'에도 개입해야 한다는 세상의 기대가 생겨났다. 금융 위기 이후의 통화정책은 너무도 강력했기 때문에 마치 '램프의 요정 지니'와 같은 존재가 되어버린 것이다.

하지만 통화정책이 지독하게 작동하지 못한 부분도 있다. 아이러니하게도 금융 위기 이전까지 통화정책과 가장 직접적인 관계에 있다고 생각한 영역이 이번에는 가장 적은 영향을 받았다. 그 영역은 바로 물가inflation이다. 천문학적인 '돈'이 공급되었으니, 과거의 패러다임으로 보면 이 정도의 통화 공급은 반드시 매우 높은 물가상승률로 연결되었어야 했다. 하지만 금융 위기 이후에 시장이 안정되고, 자산가격이 상승하고, 디레버리징이 완료되고, 고용이 회복되는 동안에도 물가는 전 세계적으로 매우 낮은 수준에서 유지되었다. 심지어 유럽에서는 여전히 마이너스 물가 상승(디플레이션)을 우려하고 있으며 유럽중앙은행(ECB)에서는 이런 우려를 상쇄하기 위해 얼마 전에는 공격적인 통화 공급 패키지를 발표했다.

확장적 통화정책이 펼쳐지고 경기가 회복되고 있음에도 불구하고 물가가 오르지 않는 현상은 전혀 상반된 두 가지 관점에서 해석이 가능하다. 먼저 긍정적인 시각에서 보면, 저물가는 확장적 통화정책의 지속을 가능하게 한다. 세계 경제가 회복되고 있기는 하나 과거에 비하면 성장 속도도 낮고 취약한 부분도 많기 때문에 통화 공급을 중단하게 되면 마치 생명유지장치를 뽑은 환자처럼 급속도로 상황이 악화될 수 있다. 그러나 낮은 물가로 인해 중앙은행들이 완화적 통화정책을 조기에 중단할 것이라는 우려는 잦아들었고, 오히려 디플레이션을 방지하기 위한 더욱더 강력한 통화정책에 대한 기대감만 확대시켰다.

IT버블로 연결된 1990년대의 장기 호황 국면을 당시에는 '골디락스Goldilocks(경제가 높은 성장을 이루고 있더라도 물가 상승이 없는 상태, 영국의 전래동화 '골디락스와 곰 세 마리'에 등장하는 소녀의 이름에서 유래한 용어이다)'라고 불렀다. 저물가와 고성장이 결합된 골디락스 경제는 10년 가까이 지속되었고 지금도 이때의 호황을 기억하는 사람이 많다. 저물가가 지속되는 가운데 점진적인 경제 회복 징후가 나타나고 장기간의 통화 확장 정책이 지속 가능한 현시점이 바로 1990년대의 골디락스 경제와 유사하기 때문에 지금은 장기 호황 국면의 시작 시점에 불과하다는 낙관론이 요즘 일각에서 힘을 얻고 있다.

그러나 부정적인 해석도 가능하다. 통화정책 시행 이후 선진국의 부동산 가격과 주가는 가파르게 상승했지만 반대로 임금, 물가, 투자와 같은 실물경제 변수들은 굉장히 더디게 회복되거나 아직도 답보 상태에 머물러 있다. 이런 현상을 두고 지난 5년간의 금융 위기에서 세계를 구원한 것으로 평가받는 통화정책은 화폐적인 현상인 자산가격만 부양시켰을 뿐 실질적인 경제 성장에는 전혀 기여하지 못했다는 해석도 가능하다. 이런 해석을 따르는 쪽에서는 통화정책이 전통적인 목적에서 벗어나 금융시장의 안정이 아닌 경제 성장을 목표로 장기간 시행될 경우에 실물경제의 성장은 여전히 답보 상태에 머문 가운데 자산가격만 부풀려져 시장의 안정성을 해치고 또 다른 금융 위기를 부를 것이라는 비판이 나오고 있다.

2012년 가을 QE3 시행 이후에 전 세계의 자산가격은 (한국과 같은) 일부 예외적인 지역을 제외하고 쉼 없이 상승했다. 특히 선진국의 부동산 가격이 급등했고 주식시장도 추세적으로 상승하여 최근에는 연일 사상 최고치를 돌파하고 있다. 체감적으로 느껴지는 경기 회복은 아직도 미적지근하지만 자산가격의 가치평가 지표들은 오히려 금융 위기 이전 수준을 넘어선 상태이다. 현 시대를 1990년대와 같은 골디락스 경제라고 생각한다면 고평가된 것처럼 보이는 자산가격은 앞으로 장기간 펼쳐질 우호적인 경제 상황을 선반영한 것이라고 볼 수 있다. 하지만 반대로 실물경제의 부진에 방점을 두고 자산가격이 부풀려졌다고 본다면 중앙은행의 통화 공급으로 발생한 또 하나의 버블이라고 생각할 수도 있다.

최근 경기 회복의 속도가 빨라지고 있다 보니 낙관론이 팽배해 있지만, 한편에서는 버블에 대한 경고도 나오기 시작했다. 과거 금융 버블이 발생할 때마다 정확하고 단호한 예측 능력을 보여준 미국의 유명 헤지펀드들인 GMO의 제레미 그랜덤, 바우포스트그룹의 세스 클라먼, 그린라이트캐피털의 데이비드 아인혼 등이 모두 주식시장의 버블을 경고한 상황이다.

사실 버블과 호황은 그리 다른 말이 아니다. 가격이 지나치게 높은 것처럼 보여도 지속이 가능하다면 그것은 버블이 아니라 호황이다. 그리고 제아무리 하늘 끝까지 올라갈 것 같은 기세라도 그 상승세가 지속 가능한 것이 아니라면 그것은 버블이다. 중국 부동산시장이 숱한 우려에도 불구하고 5년 넘게 호황을 지속하고 있지만 여전히 버블을 의심하고 있는 것은, 부동산시장에 연계된 기업들의 과도한 부채와 경제 전반에 침투해 있는 광범위한 '그림자금융shadow banking'이 건전한 조정 과정 없이 유지될 것이라고 생각하는 것이 비논리적이기 때문이다. 담보가치가 정체되거나 하락하는 국면에서 이자조차 지급할 수 없는 빚을 언제까지 끌고 갈 수 있을지에 대한 의구심이 중국 부동산 버블을 경계하는 핵심이라고 할 수 있다. 그렇다면 이런 '지속 가능성'의 관점에서 2008년 이후 지속된 유동성 완화 정책으로 한껏 달아올라 있는 글로벌 자산가격은 어떠한가? 역사적인 기준으로 보면 현재의 가격 수준은 위태로울 정도로 높다. 기업의 이익과 주가를 비교하는 일반적인 가치평가 방법으로 보았을 때 미국 주식시장의 가치평가 수준은 이미 2000년 IT버블에 근접해 있다.

이런 높은 가격이 지속 가능하다고 보는 논리도 있다. 과거의 금융 버블에는 항상 복잡하게 얽힌 민간 금융기관의 상호간 신용 창출이 있었다. 때문에 가격이 하락하기 시작하면 담보가치가 조정되면서 민간 신용의 연쇄적인 부실을 불러와 버블이 순식간에 무너졌다. 하지만 오늘날 자산가격을 지탱하고 있는 것은 담보가치 하락에 따른 신용대출의 강제 상환과는 무관한 중앙은행의 유동성 공급이다. 민간 금융기관의 레버리지 수준은 높은 자산가격에도 불구하고 역사적으로 낮은 수준이다. 뉴욕의 주식시장이나 부동산 가격이 급격히 하락한다고 해서 과거에 경험한 신용경색과 같은 사태가 발생하기에는 적절하지 않은 조건이다. 오히려 경기가 급속하게 나빠지면 중앙은행의 유동성 공급은 더욱 확대될 것이기 때문에 자산가격은 더욱더 상승할지도 모른다. 이렇게 무제한의 통화 공급이 가능한 중앙은행이 자산가격의 하락을 용인하지 않을 것이라는 믿음이 바로 현재의 글로벌 금융시장을 고평가 상태로 만든 근본적인 요인이다. 뒷날 오늘날의 금융시장이 버블이라고 판명난다 해도, 중앙은행이 주도하는 버블의 지속성은 당분간 매우 높다는 믿음 때문에 시장참여자들은 높은 가격에도 불구하고 위험자산을 매수하고 있다.

하지만 이처럼 중앙은행이 주도하는 '지속 가능성'에 대한 시장의 믿음이 역으로 지속 가능성 자체를 해칠 수도 있다. 이 책에 소개된 버블을 형성시키는 사회구조에 대한 다섯 가지 관점을 단 한 문장으로 요약한다면, "과도하게 완화된 거시경제정책과 시장가격결정에 대한 정부의 개입이 인간의 심리적 오류 및 집단행동과 결합되면서 미시적 균형에서 이탈하는 극단적 현상이 나타난다는 것"이다. 완화적 통화정책이 횟수로 6년째 지속되고 있다는 점에서 이 책의 거시경제학적 관점을 적용할 수 있고, 중앙은행이 자산가격의 하락을 용인하지 않는다는 점에서 정치학적 관점이 적용되며, 이러한 조건을 시장참여자들이 받아들여 높은 가격에도 매수를 일관하는 집단행동을 보이고 있다는 점에서 심리학적, 생태학적 관점의 적용이 가능하다. 여기에 미시적인 균형 이탈이 발생하고 있다는 것을 현상적으로 확신하기만 한다면 사실 지금 금융시장의 모습은 이 책의 5가지 기준에 정확하게 부합하는 버블 형성을 위한 최상의 조건이라 할 수 있다.

JP모건의 글로벌 자산배분 전략가인 잰 로이스Jan Loeys는 최근 아주 인상적인 말을 남겼다.

중앙은행들은 실물경제의 안정과 금융시장의 안정을 모두 추구하고 있다. 두 마리 토끼를 잡는 것이 가능할까? 아마도 불가능할 것이다. 그들의 노력이 모자라서가 아니라 경제 안정과 금융 안정은 서로 일치하지 않는 것이기 때문이다. 경제의 안정은 금융시장의 조심성을 약화시키고 도덕적 해이를 야기하며 리스크 프리미엄을 축소시켜 더 많은 레버리지를 일으킨다. 이 모든 것들이 금융시장의 안정을 해치게 된다. 균형점을 찾는 것이 무엇보다 중요하지만 불확실성으로 가득찬 세계에서 성장을 촉진하라는 정치적 압력을 받고 있는 중앙은행이 이런 균형점을 유지하기는 매우 어렵다.

최근 연방준비제도의 재닛 옐런 의장은 단기간의 인플레이션 상승과 무관하게 완화적 통화정책을 지속할 테니 시장은 걱정하지 말라는 메시지를 남겼다. 그 이전에 ECB의 드라기 총재는 수단과 방법을 가리지 않고 디플레이션과 싸우겠다는 선언을 했다. 그 와중에 선진국 경제의 경기 회복 속도는 점점 가속화되고 있다. 미국은 부채와 고용이라는 금융 위기가 남긴 최대의 과제를 거의 다 해결했다. 민간의 레버리지 수준도, 고용지표도 모두 2007년 수준을 회복한 상태다. 중앙은행은 돈을 계속 풀고 있고, 경기가 좋아지니 주식도 부동산도 올라야 한다. 강세장을 외치는 것이 당연한 귀결이다.

하지만 오히려 그렇기 때문에 이제부터 버블을 걱정해야 한다. 2000년의 IT버블과 2007년의 서브프라임 위기는, 모두 그 위기가 현실화되기 이전까지 현재의 상태가 '상당 기간' 지속될 수 있다고 널리 믿어졌기 때문에 발생했다. 잰 로이스의 말처럼 실물경제의 안정과 금융시장의 안정은 같은 시점에 동시에 존재하는 것이 아니다.

쉽고 정확하게 미래를 예측할 수 있는 사람은 없다. 불확실한 세계에 맞서는 우리에게 필요한 것은 정확한 예측이 아니라 확률적인 접근을 바탕으로 한 합리적인 인식과 대응일 것이다. 확률적 접근에 기반한 합리적 인식이란 미래를 복수의 시나리오를 통해 인식하는 것이다. 편안할 때 위태로움을 생각한다는 '거안사위(居安思危)'라는 고사성어처럼, 낙관적인 전망이 일색일 때 비관적인 시나리오를 생각해야 하고 반대로 세상이 도탄에 빠졌을 때 희망을 떠올릴 수 있어야 한다. 이러한 인식 하에 비관과 낙관 모두에 치우치지 않아야 한다.

역사적인 기준으로 볼 때 현재의 자산가격은 매우 높은 수준에 도달했지만, 이러한 고평가 상태가 장기적인 균형으로 보이기 때문에 역설적으로 버블에 대해 생각하고 고민할 때가 아닌가 싶다. 부동산 가격이 하락하기 시작한 중국이 세계 경제의 회복에 찬물을 끼얹지는 않을 것인가? 선진국 주식과 부동산시장의 높은 가격 수준은 장기적으로 지속 가능한 것인가? 오늘날의 현실에서 비관과 낙관에 치우치지 않은 균형 잡힌 대응은 무엇인가? 이런 질문들을 생각하고 답해야 한다면, 이 책에서부터 출발해 보기를 독자들에게 권한다. 이 책의 역자이자 금융계에 종사하는 한 사람으로서 어쩌면 이 시점에서 가장 필요한 생각거리가 이 책에 들어있을지도 모른다는 생각을 해본다.

2014년 6월
강대권
(유경PSG자산운용 주식운용본부장)

차 례

추 천 사　과거의 교훈은 쉽게 잊혀진다　● 4 ●
역자 서문　새로운 골디락스인가, 새로운 버블인가　● 8 ●
저자 서문　왜 지금 '버블'인가　● 28 ●

들어가는 글　다섯 개의 눈이 필요한 까닭
　　　　　　－ 외눈박이 전문가 그리고 퍼즐과 미스터리 －　● 36 ●

　퍼즐과 미스터리　● 38 ●
　서로 다른 문제에는 서로 다른 접근이 필요하다　● 40 ●
　미스터리한 금융시장 버블　● 42 ●

PART I 다섯 가지 렌즈와 유용성

 첫 번째 렌즈 : 미시경제학
　　　－ 균형 회귀인가 균형 이탈인가 －　● 47 ●

　효율적 시장가설 : 랜덤워크와 합리적 가격결정　● 49 ●
　　효율적 시장가설이 버블 연구에 주는 함의 ｜ 시장의 효율성과 버블
　시장의 비효율과 끊임없는 불안 : 재귀이론　● 59 ●
　　재귀이론에 담긴 뜻 ｜ 불편한 진실
　효율적 시장가설과 재귀이론의 통합　● 66 ●

차 례

2 두 번째 렌즈 : 거시경제학
— 부채와 디플레이션이 시장에 미치는 영향 — • 69 •

부채와 레버리지 • 71 •
[이자율과 자산의 가격] | [금리와 투자]

하이먼 민스키의 금융 불안정성 이론 • 75 •

부채 디플레이션과 자산가격 • 79 •

오스트리아학파의 경기순환이론 • 82 •
[연방준비제도와 화폐 발행] | 오스트리아학파 이론의 기초 | 중앙은행과 유동성 공급, 과잉투자

거시경제 이론들의 통합 • 92 •

3 세 번째 렌즈 : 심리학
— 호모 이코노미쿠스와 호모 사피엔스의 만남 — • 95 •

비합리성에 대한 연구의 태동 • 99 •

경험이 어떻게 우리를 망치는가 • 102 •
1. 대표성 추론법 | 2. 가용성 추론법

불완전한 뇌 : 또 다른 인지편향의 문제들 • 115 •
정박효과(앵커링)와 조정의 오류 | 프레이밍 | '부당함'에 대한 거부감 | 심리적 회계 : 1달러는 1달러가 아니다 | 소유효과 : 왜 이미 손에 쥔 것이 더 소중한가 | 일치추단법

불확실성의 확실성 • 128 •

4 네 번째 렌즈 : 정치
— 재산권과 가격결정구조, 정치에 의한 왜곡 — • 130 •

아무나 무엇이든 소유할 수 있을까 • 132 •

가격 : 만드느냐 따르느냐 • 136 •
시장 중심 접근 방식 | 정부에 의한 가격 통제 방식 | 가격 메커니즘에 대해 정부가 개입하는 방식 | [버블의 형성과 붕괴, 자본주의 사회 고유의 현상인가]

정치에 의한 재산권과 가격 왜곡 • 148 •

차 례

5 다섯 번째 렌즈 : 생태학
　　　− 전염과 이머전스 − ● 150 ●

　　버블이 얼마나 진행되었는지 알아보기　● 151 ●
　　미시적 단순함이 거시적 복잡함으로　● 156 ●
　　　　무질서해 보이는 메뚜기떼의 규칙 | 사회적 곤충, 벌떼의 규칙 | 조용한 리더십
　　　　으로 움직이는 개미떼
　　인간 집단에서의 이머전스 현상　● 164 ●
　　　　군집행동과 집단의 논리
　　정보 도미노 현상과 집단행동　● 168 ●
　　　　[경력 리스크, 군집행동, 고객에 의한 버블]
　　장님이 장님 인도하기　● 171 ●

PART II　다섯 가지 렌즈로 바라본 버블의 생성과 붕괴

6 네덜란드 튤립 투기
　　　− 17세기 네덜란드의 버블 − ● 177 ●

　　튤립의 독특함　● 178 ●
　　버블을 위한 완벽한 조건　● 182 ●
　　튤립 버블의 형성과 붕괴에 대한 이해　● 187 ●
　　　　미시경제학 | 유동성과 돈 | 튤립 투기꾼의 심리 상태 | 정치적 측면 | 전염
　　　　과 이머전스
　　통합적 관점　● 195 ●

차 례

7 대공황
– 포효하는 1920년대에서 1930년대로 –   • 196 •

사상누각   • 197 •

버블의 20년대에서 붕괴의 30년대로   • 202 •

대공황 시기 버블의 형성과 붕괴   • 209 •
균형 이탈 | 부적절한 금리 | 1920년대의 심리 상태 | 정치적 상황 | 전염과 조용한 리더십

통합적 관점   • 222 •

8 일본의 버블 경제와 붕괴
– 신용 기반의 버블 경제 –   • 223 •

일본(인)은 다르다   • 224 •

일본 버블 경제에 대한 개요   • 226 •
부동산 버블과 랜드마크 | 미술품 시장과 버블 경제가 만나다 | [소더비 주식은 버블의 지표?] | 주식시장의 수직 상승 | 거품이 터지다

일본 버블 경제의 형성과 붕괴에 대한 이해   • 237 •
자산 버블의 재귀성 : 담보로서의 부동산 | 거시경제정책의 결과 | 순응의 심리학 | 정치적·법적 상황 | 투기 열풍의 전염

통합적 관점   • 246 •

9 아시아 금융 위기
– 기적이라는 신기루 –   • 248 •

아시아 자산시장의 버블 형성   • 249 •

독감 걸린 태국   • 253 •
['이머징마켓'이라는 명칭의 유래]

동아시아 금융 위기에 대한 분석   • 262 •
자신감과 재귀성 | 기적인가 미신인가 | 현재가 미래를 보장하지는 않는다 | 정경유착이라는 문화적 특성 | 아시아의 집단주의 vs 서양의 개인주의

통합적 관점   • 273 •

차 례

10 미국 주택가격 버블
— 패닉으로 귀결된 '내 집' 열풍 — ● 275 ●

"부동산처럼 안전한 …" ● 276 ●

버블을 부르는 음악이 멈출 때 ● 280 ●

붐버스톨로지로 바라본 서브프라임 사태 ● 285 ●
신용과 담보의 재귀적 관계 | 쉬운 대출 = 비싼 주택가격 | 집은 사람을 속이지 않는다 | 모두의 내 집 마련을 위해 | 주택 버블의 전염

통합적 관점 ● 297 ●

PART III 미래 전망

11 버블 붕괴 전에 탈출하는 법
— 지속될 수 없는 버블을 식별하는 법 — ● 301 ●

재귀성과 자기 충족 ● 303 ●
튤립 광풍 | 대공황 | 일본의 버블 경제 | 아시아 금융 위기 | 미국 주택 버블 | 재귀성의 적신호

레버리지, 금융 혁신, 느슨한 통화정책 ● 308 ●
튤립 광풍 | 대공황 | 일본의 버블 경제 | 아시아 금융 위기 | 미국 주택 버블 | 지속 불가능한 신용 팽창의 징후들

지나친 자신감 ● 314 ●
[버블의 징후로서의 마천루] | 튤립 광풍 | 대공황 | 일본의 버블 경제 | 아시아 금융 위기 | 미국 주택 버블 | 이번에는 다르다

정책에 의한 시장 왜곡 ● 321 ●
튤립 광풍 | 대공황 | 일본의 버블 경제 | 미국 주택 버블 | 정부 정책의 의도하지 않은 결과

전염과 이머전스 ● 326 ●
튤립 광풍 | 대공황 | 일본의 버블 경제 | 아시아 금융 위기 | 미국 주택 버블 | 버블의 성숙과 군집행동

결론 : 붐버스톨로지 로드맵 ● 331 ●

차 례

12 실전 적용
– 다음은 중국? –   • 334 •

균형을 찾아가려는 경향   • 337 •

부채, 유동성, 잠재적 디플레이션   • 342 •
[투자처의 제한이 버블을 전이시킨다] | [중국의 성장 : 얼마나 지속 가능할까]

과시적 소비와 낙관론의 확산   • 353 •

정부, 도덕적 해이, 정치적 왜곡   • 357 •

군중심리, 여론 선동, 전염 현상   • 362 •

지속 불가능한 중국의 성장   • 367 •

책을 마치며 예측의 위험성   • 370 •

저자 서문

왜 지금 '버블'인가

우리는 금융시장의 버블이 형성되고 붕괴되는 순환 과정이 반복되는 세계에 살고 있다. 하지만 금융시장의 일상화된 불안정성에도 불구하고, 이러한 현상에 대한 종합적이고 체계화된 이해가 부재한 것이 사실이다. 이 책은 버블에 대한 우리의 이해를 체계화시켜 보려는 목적으로 쓰여졌다. 금융시장의 불안정성을 이해하지 못한다면 우리의 삶은 지속적으로 발생하는 극단적인 금융 현상과 그에 따른 불안정에 노출될 수밖에 없다.

최근의 금융 현상들은 앞서 발생한 사건이 뒤에 일어난 사건에 영향을 미치는 연쇄적인 관계를 갖고 있다. 1980년대 일본 경제의 부상은 뒤이은 장기 불황으로 연결됐고 이는 결과적으로 아시아 금융 위기를 촉발시키는 요인 중 하나가 됐다. 아시아 금융 위기는 다시 닷컴버블을 자극했고 닷컴버블의 극복 과정에서 시행된 정책들은 뒤이은 미국 부동산시장의 엄청난 버블과 최악의 붕괴로 이어졌다. 금융 위기, 신용경색과 함께 전 세계로 확산된 미국 부동산 버블을 극복하는 과정은 다시 오늘날 세계 경제를 압박하고 있는 재정 위기로 귀결됐다. 이런 복잡한 연결고리를 논리적으로 이해하는 것이 가능할까? 버블의 형성 과정을 이해하고 붕괴가 일어나기 전에 상황을 파악할 수 있다면 이 영원할 것 같은 금융시장의 악순환에서 벗어날 수 있을까? 이 책은 이런 주제들을 다뤄보려고 한다.

최근 몇 년 사이 금융시장의 버블을 연구한 책들이 그 자체를 '버블'이라고 부를 수 있을 만큼 한없이 시장에 쏟아져 나왔다. 이미 버블 관련 서적이 범람하는 가운데 또다시 버블을 논한다는 것은 온당하지 않은 일일지도 모른다. 하지만 내가 예일대학교에서 진행한 학부생을 위한 교양강좌에 기반해 이 책을 썼다는 사실이 버블에 대한 서적이 범람하는 가운데 내가 이 책을 쓰는 이유를 설명해 줄 것 같다. 어떤 사회적 현상을 경제학, 심리학, 정치학 등 특정 학문의 고유 영역으로 분류하는 것은 적합하지 않다. 금융시장에서 벌어지는 일들은 여러 학문 분야에 걸쳐져 있는, 사회적 현상 중에서 가장 복잡한 영역 중에 하나이다. 이런 현상을 분석하는 일을 하나의 이론 영역 안에만 가두는 것은 옳지 않다. 하지만 불행히도 우리 사회의 교육기관들은 전문화를 선호하며, 하나의 명확한 이론 체계 안에서 사회현상을 설명하는 것을 선호한다. 미국 유수의 대학 학생들은 입학

하고 나면 경제학, 정치학, 심리학, 역사학 등의 특정 전공을 선택하게 된다. 전공 분야에서 전문성을 쌓는 것이 물론 가치 있는 일이기는 하지만, 다양한 관점을 동시에 적용하는 사회현상을 연구하는 데 있어서 어느 특정 관점에 집중한다는 것이 꼭 옳은 일은 아니다.

나는 대학에 처음 입학했을 때부터 특정 영역에 한정되는 것을 싫어했다. 예일대 학부에서는 윤리학, 정치학, 경제학을 전공했고, 옥스퍼드에서는 철학, 정치학, 경제학을 전공했으며 이후에는 동아시아학도 추가했다. 박사과정에서는 이런 잡학다식을 유지한다는 것이 쉽지 않았다. 모든 학과에서 '한 분야의 전문가'가 되기를 요구했지만, 나는 어렸을 때부터 지켜온 다양한 사고 구조를 적용할 수 있는 학문 분야를 결국에는 찾아냈다. MIT슬론스쿨의 "기술 혁신과 창업 정신을 위한 경영학" 박사과정은 경제학, 심리학, 정치학, 사회학, 역사학, 법학을 모두 포괄하는 과정이었다.

학위를 마친 후 자산운용업계에서 일자리를 구할 때에도 나는 '제너럴리스트'가 되고 싶었다. 하지만 업계는 일반적으로 스페셜리스트가 되기를 요구했고, 내가 면접을 본 거의 모든 회사가 나에게 한두 개 산업에 특화된 애널리스트가 될 것을 요구했다. 몇몇 회사는 좀 더 넓은 업무 영역을 제안했지만 그나마도 특정 국가에 집중할 것을 주문했다. 나는 곧 금융시장 전반에 전문화에 대한 맹신이 존재하고 있다는 사실을 깨닫게 되었다. 금융기관을 구성하는 각각의 전문가들이 특정 산업이나 지역에 특화된 업무를 수행해야 한다는 것은 금융업계 저변에 깔린 깊은 믿음이었다. 이사야 벌린Isaiah Berlin

의 말을 빌리자면, 금융업은 여러 가지 사소한 것들을 아는 여우가 아닌, 중요한 한 가지를 아는 두더지들로 구성된 것이다.

그러나 나는 내 투자 철학을 세우고 금융시장에 대한 생각을 정립해 나가는 과정에서 제너럴리스트가 되는 것이야 말로 금융시장의 전문가들과 경쟁하는 가장 효과적인 방법이라는 것을 알게 되었다. "망치를 든 사람에게는 많은 것들이 못으로 보인다"는 속담은 금융업에 잘 어울리는 말이다. 때로는 에너지 업종에서의 가장 좋지 않은 아이디어가 소비재 업종에서의 가장 좋은 아이디어보다 더 효과적일 때가 있지만, 스페셜리스트들의 사회인 금융업에서는 이런 말이 관심을 받지 못한다. 나는 이런 일반적인 관념에 반대해서 자산운용업에 근무하면서도 복합적인 삶을 추구했고, 업무는 늘 전 세계와 모든 업종을 대상으로 했다.

이 책이 어떤 책인지 설명하기 전에, 먼저 이 책이 어떤 책이 '아닌지'를 설명해야 할 것 같다. 이 책은 당신의 자산을 불릴 수 있는 투자 아이디어를 주는 책은 아니다. 언제 투자해야 하고 언제 빠져나와야 하는지에 대한 내용은 없다. 독창적인 투자 철학을 주창하는 책도 아니다. 이 책은 투자 아이디어와 투자 철학이 만들어지는 인식론적 바탕에 대한 책이다. 이 책은 모든 전통적인 투자 방식을 쓸모없는 것으로 만들어 버리는 금융시장의 극단적인 현상을 해석해 보려는 시도를 담고 있다. 당신에게 다가올 지진을 미리 알려주는 지진계 같은 역할을 하려고 만들어진 책이다.

통찰력은 여러 관점을 넘나들 때에만 얻어지는 것이라는 나의 굳은 신념을 바탕으로, 나는 이 책에서 복잡한 사회현상에 대해 최대한의 다양한 관점을 보여주려고 노력했다.

이 책만의 특징은 아마도 다음 3가지로 요약해 볼 수 있을 것 같다. 첫째는 경제학, 심리학 등 여러 학문의 관점을 다양하게 적용했다는 점이고 둘째는 이런 복합적인 관점을 통해 역사적 사례들을 실제 분석해 보았다는 점이다. 그리고 마지막으로 이렇게 소개한 관점들을 이용해 미래에 다가올 사건에 적용하는 방법을 제공한다는 점이다. 이 책을 다 읽고 나면 아마도 독자들은 극단적인 금융 현상의 조짐, 진행 그리고 반전에 이르는 일련의 과정을 이해할 수 있을 것이다.

이 책은 예일대학교에서의 버블에 대한 인문학적인 접근을 강조하는 내 강의를 기초로 만들어졌다. 자산 버블 현상을 다룬 강의는 크게 3가지 하위 주제로 구성되어 있다. 1부는 버블과 붕괴 현상을 바라보는 데 가장 유용하다고 생각하는 다섯 가지 렌즈, 즉 다섯 가지 관점에 대한 것이다. 다섯 가지 렌즈를 통해 살펴본 관점은 미시경제학, 거시경제학, 심리학, 정치, 생태학적 관점으로 이루어져 있다. 2부에서는 1부에서 다룬 관점들을 다섯 가지 역사적인 사례들에 적용해 보면서 버블을 조기에 진단하는 이론의 틀을 다져볼 것이다. 네덜란드 튤립 투기, 대공황, 일본의 버블 경제, 아시아 금융 위기, 미국 주택 버블 등 이 책에서 다뤄질 역사적 사례들은 버블 현상의 다양한 예들을 제공할 것이다.

3부에서는 1부와 2부에서 살펴본 관점과 사례들을 종합하여 금융시장의 버블이 붕괴되기 전에 상황을 파악할 수 있는 논리적인 사고체계를 구성해 볼 것이다. 3부에 정리되어 있는 버블의 지표들을 실제로 확인해 보기 바란다.

　강의에는 포함되어 있지만 이 책에는 없는 내용은 버블과 형성과 붕괴가 사회에 미치는 영향과 그 과정에서 발생하는 불공정한 현상들에 대한 것이다. 이런 주제들은 버블의 붕괴를 미리 판단한다는 이 책의 주제와 명시적으로 맞닿아 있지 않기 때문에 제외했다. 신용 사기와 같은 불공정한 현상들은 종종 버블의 과정에 수반되지만, 이런 현상들은 잘 알려지지 않다가 버블이 붕괴되고 난 한참 뒤에 사회적인 문제로 대두되는 경향이 있다.

　이 책의 1장은 버블의 형성과 붕괴에 대한 미시경제학적 시각을 제공한다. 수요와 공급의 논리에 따라 시장이 자발적으로 균형을 찾아간다는 전통적인 경제학의 시각과, 이와는 반대되는 논리인 조지 소로스가 주창한 재귀이론을 살펴볼 것이다. 2장에서는 경제의 부채 사이클과 금융의 불안정성을 다룰 것이다. 어빙 피셔의 부채디플레이션 이론, 하이먼 민스키의 금융 불안정성 이론, 오스트리아학파의 경기순환주기 이론 등을 살펴보면서 경제의 신용 사이클과 이것이 자산가격에 미치는 영향을 살펴볼 것이다. 3장에서는 인간의 인식이 가진 한계를 생각해 볼 것이다. 대표성 추론, 가용성 추론과 같은 인간이 가진 판단의 습관들은 복잡하고 불확실성으로 가득 찬 오늘의 세계에서 우리를 종종 잘못된 길로 이끈다. 정박효과(앵커링), 프레이밍과 같은 빈번한 판단의 실수들도 알아볼 것이다. 4장에서는 정치적 관점에서 재산권과 가격결정에 대한 정부 개입이 버블의 형성과 붕괴에 미치는 영향을 알아볼 것이다. 가격의 상한선이나 하한선을 설정하는 정치적인 선택은 종종 전혀 의도하지 않은 현상을 만들어내곤 한다. 5장에서는 생태학의 연구들에서 버블을 분석하는 데 유용한 도구들을 찾아볼 것이다. 질병의 전염과 버블의 형성이 어떻게 닮아 있는지와 개개인의 독립된 행동이 집단적인 행동으로 연결되는 이머전스 현상 등을 알아볼 것이다.

 2부에서는 역사적인 다섯 가지 버블의 사례를 살펴본다. 6장에서는 1630년대 네덜란드의 튤립 투기를 살펴볼 것이고, 7장에서는 1920년대 플로리다 부동산 버블과 대공황을, 8장에서는 일본의 버블 경제, 9장에서는 1990년대 아시아 금융 위기, 10장에서는 가장 최근에 발생한 미국의 서브프라임 모기지 사태를 살펴볼 것이다. 11장에서는 1부의 다섯 가지 관점들을 일반화된 프레임워크로 종합하여, 지속 불가능한 버블의 징후를 가려낼 수 있는 실용적인 체크리스트를 만들어 볼 것이다. 12장에서는 11장에서 정리한 체크리스트를 앞으로 다가올 사건에 적용해 볼 것이다. 현 시점에서 전 세계적으로 논란이 되고 있는 중국 부동산시장의 버블 붕괴 가능성에 이 책의 방법론을 적용해 보는 것이다. 12장의 결론은 많은 지표들이 중국의 부동산 버블이 지속되기 어렵다는 점을 보여준다는 것이다.

 마크 트웨인의 "역사는 반복되지 않는다. 다만 운율을 맞출 뿐이다"라는 유명한 말을 되새겨 보면서 이 책에 등장하는 버블을 보는 다양한 시각과 사례들이 독자들에게 도움이 되기를 진심으로 기원한다.

비크람 만샤라마니

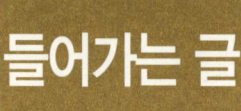

들어가는 글

다섯 개의 눈이 필요한 까닭
– 외눈박이 전문가 그리고 퍼즐과 미스터리 –

　제2차 세계대전 당시 미국의 대통령인 해리 트루먼은 보좌진을 향해서 "나는 외눈박이 전문가가 필요합니다!"라고 외쳤다고 한다. 보좌진들이 보고를 하는 과정에서 "이렇게 생각하지만 다른 한편으로는 이렇고 또 다른 측면에서는……"과 같은 모호한 표현을 남발한 것에 대한 비판이었다. 트루먼의 말은 아마 중요한 의사결정 과정에서 판단을 내려야 하는 사람들 대부분이 느껴본 적이 있는 감정일 것이다. 트루먼의 마음처럼 선택의 순간에 확실한 판단 기준을 이야기해 주는 사람이 옆에 있다면 좋기는 하겠지만, 불행히도 우리가 살고 있는 세상은 명확한 답을 찾기 어려운 모호함과 불확실성으로 가득 차 있다. 세계화의 진행, 국가간 경제 의존도의 증대, 지구 온난화와 같은 전 지구적 환경 문제의 대두, 복잡하게 얽혀 있는 국제 금융 네트워크 등으로 인해 우리는 분명한 말로는 쉽게 풀어낼 수 없는 복잡한 시대를 살아가고 있다.

나는 트루먼 대통령의 말을 살짝 비틀어 이런 말을 외치고 싶다. "복잡한 세계에서 살고 있는 우리는 눈이 다섯 개 달린 전문가가 필요합니다!"라고. 세상은 그 어느 때보다 더 불확실하며 역동적으로 움직이고 끝없이 불안하기만 하다. 한 가지 관점에서만 사태를 파악해서는 좋은 판단을 내릴 수 없다. 두 가지 관점도 부족하다. 둘 중의 하나, 양극단으로 판단이 쉽게 쏠려버릴 수 있기 때문이다. 오늘날의 경제 상황을 지배하는 것은 모호함 그 자체이며, 로버트 루빈(클린턴 행정부 시절의 재무장관―역자 주)의 자서전 제목처럼 "불확실한 세상"은 우리에게 좀 더 복합적인 관점을 요구하고 있다.

소련의 붕괴는 20세기 세계사의 결정적 순간이었지만, 미국 중앙정보국(CIA)과 같은 고급 정보기관의 존재 가치를 재평가하게 만드는 계기가 되었다. 냉전의 종식과 더불어 여론은 CIA의 필요성에 의문을 제기하였으며, 대다수는 CIA의 즉각적 폐지를 주장했다. CIA는 이런 압력에 굴복하는 대신, 새로운 위험과 불확실성에 대처하는 CIA만의 역할을 새로이 정립했다. CIA의 이런 변신은 금융과 경제의 불확실성에 대처하자는 이 책의 주제에 대해 작은 단서를 제공한다.

■ 퍼즐과 미스터리 ■

CIA가 냉전 종식 이후 스스로의 위치를 재설정하는 과정에서 나온 중요한 통찰은 이미 해답이 정해져 있는 문제와 해답의 존재 자체가 불확실한 문제 사이에는 근본적인 차이가 있다는 것이다. 해답이 존재하기는 하지만 아직 그 답을 모르는 문제를 그들은 '퍼즐'이라고 부른다. 반대로 해답이라는 것이 과연 있기는 한지 그 존재조차 알 수 없는 문제는 '미스터리'라고 부른다. 미국 정보기관에서 사용하는 이런 구분 방식을 연구한 대표적 학자로는 그레고리 트레버튼Gregory Treverton과 조셉 나이Joseph Nye가 있는데, 두 사람 모두 퍼즐과 미스터리를 구분하는 이 단순해 보이는 차이가 정보 생산에 있어서는 매우 중요하다는 점을 강조하였다.

트레버튼은 〈스미소니언매거진Smithsonian Magazine〉에 실은 "위험과 수수께끼"라는 제목의 글을 통해 퍼즐과 미스터리의 차이를 알기 쉽게 설명한다.

수많은 사람들이 매일같이 십자말 퍼즐을 푸는 데에는 이유가 있다. 퍼즐은 퍼즐을 푸는 사람과 아직 채워지지 않은 빈칸 사이에서 만족과 좌절을 동시에 제공한다. 비록 퍼즐을 푸는 사람이 끝끝내 정답을 찾지 못한다 해도, 십자말 퍼즐의 정답은 분명 존재한다. 퍼즐은 이미 존재하는 답을 찾아내는 과정이다. 반면 미스터리에는 이런 편안함이 없다. 미스터리는 정답이 없는 질문을 던지기 때문이다. 정답 자체가 불확실하다. 정답은 여러 가지 요인에 따라 달라질 수 있으며 어떤 요인이 있는지조차도 확실하지 않다. 정답을 구성하는 틀은 우리가 직접 만들어야만 한다. 이는 결과에 영향을 미치는 결정적인 요인들을 찾아내고 이 요인들이 과거에 어떻게 작용했는지, 또 미래에는 어떻게 작용할지 유추해 내는 과정이다.

조셉 니에는 비슷한 내용을 정보기관스러운 전문적인 용어로 설명한다.

퍼즐은 구체적인 것으로, 첩보원을 파견하거나 정찰기와 같은 기구를 동원해서 감지할 수 있는 것이다. 이를테면 소련이 보유한 SS-18 미사일(핵탄두)의 개수나 탄두 보유량 같은 것들이다. 반면 미스터리는 추상적인 퍼즐로, 아무도 그 답에 대해 확신할 수 없다. '보리스 옐친이 1년 후 러시아의 인플레이션을 잡을 수 있을 것인가?' 같은 문제를 예로 들 수 있다. 아무도 옐친에게서 미스터리의 정답을 훔쳐올 수 없다. 옐친 자신도 정답을 모르기 때문이다. 심지어 1년 후에 그가 대통령직을 유지하고 있을지조차도 알 수 없다.

▊ 서로 다른 문제에는 서로 다른 접근이 필요하다 ▊

퍼즐(정답이 존재하는 문제)과 미스터리(정답의 존재 여부조차 확신할 수 없는 문제)가 근본적으로 다르다면 당연히 각각의 문제를 해결하는 데 있어서 완전히 다른 접근이 필요하다.

퍼즐의 해결 방법은 비교적 간단하다. 미확인된 사안에 대해 더 많은 정보를 확보할수록 정답에 다가가게 된다. 앞에서 언급한 조셉 니에의 예에서 소련이 보유한 미사일 개수를 파악하는 것은 퍼즐이다. 미국 정보기관은 답을 찾기 위해 인공위성을 띄워 위성사진을 확보하거나, 첩보원을 파견해 더 많은 정보를 모으면 된다.

반면 미스터리를 풀어내는 것은 이렇게 쉽지 않다. 정보는 넘치게 많지만, 정보를 더 많이 확보한다고 해서 문제를 쉽게 풀 수 있는 것이 아니다. 오히려 미스터리에 접근할 때는 정보가 많을수록 문제를 이해하기가 더 힘들어질 때가 많다. 정보의 양보다는 정보를 어떻게 조합해서 정답에 접근할 것인가에 대한 통찰이 중요하다.

미스터리를 풀어내기 위해서는, 서로 다른 종류의 정보를 넘나들며 여러 관점을 동원하여 갖고 있는 정보를 평가하고, 이를 통해 서서히 정답 후보들을 추려나가는 능력이 필요하다. 어떤 측면에서는 조각의 색깔을 보고 어떤 측면에서는 조각의 모양을 보며, 또 다른 전혀 새로운 정보에도 관심을 기울여 전체 그림을 예상하고 조각을 맞춰가는 과정이 반복되어야 한다.

조셉 니에는 앞서 '외눈박이 전문가의 분석'이라고 부른 방법의 문제를 지적했다.

정치권에는 "당신이 어디에 있는지가 당신의 견해를 결정한다"라는 오랜 격언이 있다. 가령 외교관들은 어떤 상황이라도 항상 타협책을 내놓아야 한다. 타협이 불가능해 보이는 절망적인 상황에서도 외교관들은 단 1%라도 성공 가능성이 있으면 협상의 대안을 내놓으려고 애를 쓴다. 반면 전쟁터의 장군들은 외교관과는 정반대의 입장이다. 전세가 아무리 유리할지라도 전장의 장군들은 정보 담당자들에게 최악의 가능성을 이야기하라고 종용한다. …… 외교관과 장군을 동시에 지휘해야 하는 지도자가 이런 관점의 차이에서 오는 충돌을 방지하려면, 반드시 여러 가지 관점을 동시에 사용해야 한다.

이미 산더미처럼 쌓여 있는 정보 속에서 자료를 걸러내고 해석해서 전체 그림을 밝혀나가는 과정을 통찰이라고 부른다. 니에가 설명했듯이, 정보를 걸러내는 기준이 단 한 가지뿐인 '외눈박이 분석가'라면 거기서 나온 통찰은 편파적인 판단일 수밖에 없다. 기준이 고정된 상태에서 더 많은 정보를 얻어보았자 오히려 오해가 더 커질 뿐이며, 오직 다양한 관점에서 동시에 정보를 다룰 수 있을 때에만 미스터리를 풀어낼 수 있는 통찰력을 얻을 수 있다.

최악의 상황을 가정하는 전장의 장군과 최선의 상황을 추구하는 외교관의 관점이 균형을 찾는다면 상황에 대한 더 정확한 관점을 얻게 될 것이다. 금융시장의 버블에 대한 연구는 온갖 복잡한 일들로 가득 차 도무지 정답을 쉽게 확신할 수 없는 미스터리와 같은 대상이다. 이를 풀어내기 위해서는 경제학, 심리학 등 다양한 관점을 넘나드는 접근 방식을 사용해야 한다.

■ 미스터리한 금융시장 버블 ■

금융시장은 미스터리한 대상이다. 주가를 맞추는 일이 쉬웠다면 훨씬 더 많은 사람이 부자가 됐을 것이고, 버블을 예측하는 일이 쉬웠다면 그렇게 많은 사람들이 버블 붕괴로 고통 받지 않았을 것이다. 금융시장의 버블은 완벽한 예측이 불가능한 확률적 사건으로서 반드시 통합적인 분석이 요구된다. 정답이 나와 있는 퍼즐을 풀듯이 버블을 바라보게 되면 특정 시점, 특정 사건에만 적용되는 한 가지 관점에만 관심을 두게 될 것이고 정보의 깊이보다는 자료의 양에만 중점을 두게 될 것이다. 퍼즐의 접근 방식으로 풀어낸 버블 연구는 마치 종이 위에 점만 흩어져 있고 이를 연결하는 선이 없는 상황과 같다고 할 수 있다. 우리는 점들을 이어 그림을 완성해줄 통합적인 틀이 필요하다. 이 틀은 이미 존재하는 방대한 정보와 자료를 포괄하는 통찰력을 끄집어낼 수 있게 해줄 것이다.

글래드웰Gladwell이 말했듯이 새로운 정보의 조각을 맞춰 갈수록 퍼즐은 쉬워지지만, 미스터리를 풀어나가는 과정은 절반쯤 진행했다고 해서 난이도가 반으로 줄어드는 것이 아니다. 금융 버블을 미스터리로 보고 이를 풀어가려면 여러 가지 다양한 관점을 바탕으로 확률적인 분석을 수행해야 한다.

이 책은 그 대안으로 다섯 가지 관점, 즉 다섯 가지 렌즈라는 유용한 분석의 틀을 제시한다. 다섯 가지 관점은 각기 미시경제학, 거시경제학, 심리학, 정치, 생태학이라는 렌즈로 이루어져 있다. 이 책은 이 각각의 분야들로부터 얻을 수 있는 통찰을 녹여내고 통합하여 독자들을 '다섯 개의 눈을 가진' 분석가로 만들어 줄 것이다. 트루먼 대통령이 찾던 외눈박이 분석가는 결정을 쉽게 하도록 도울 수 있겠지만, 다섯 개의 눈을 가진 분석가는 불확실한 상황 속에서 더 나은 결정을 내릴 수 있다.

PART I

다섯 가지 렌즈와 유용성

> 1부에서는 미시경제학, 거시경제학, 심리학, 정치, 생태학 등 다섯 가지 학문적 렌즈를 통해 버블을 깊이 있게 들여다 볼 것이다. 균형회귀, 재귀이론, 신용 사이클, 자신감의 과잉, 과거에 대한 고정관념, 인식 오류, 가격결정구조의 문제, 전염 현상 등을 살펴보면서 버블의 형성 과정을 이해하고 버블이 붕괴되기 이전에 버블을 알아차릴 수 있는 방법에 대해서 이야기해 보도록 하자.

첫 번째 렌즈 : 미시경제학
― 균형 회귀인가 균형 이탈인가 ―

[
투자에 있어서 가장 좋은 기회는
애덤 스미스의 '보이지 않는 손'이 망가졌다는 것이 '보일' 때다.
― 폴 A. 맥컬리
]

이번 장에서 우리는 현대 미시경제학의 근간이라고 할 수 있는 '균형'의 개념을 중심으로 버블을 논해 볼 것이다. 미시경제학의 균형이라는 개념을 설명하는 수많은 방법들이 있지만, 그 중에서 아주 직관적인 비유를 사용해 보려고 한다. 〈그림 1-1〉에는 곡면 위에 놓인 공의 모습이 나온다. 그림의 오른쪽 상황에서는 공을 가만히 놓아두기만 하면 곡면을 왔다 갔다 하면서 자연스레 공이 정지하는 고

〈그림 1-1〉 균형점

불균형   균형

유한 지점이 생기게 될 것이다. 어떤 지점에서 시작하는 공이 자연스럽게 정지하게 되는 지점이 바로 균형점이 된다. 반대로 〈그림 1-1〉의 왼쪽 상황에서는 오른쪽과 달리 공이 움직이면 움직일수록 균형에서 벗어난 공의 움직임이 더욱 확대되고 불안정해지게 된다.

〈그림 1-1〉의 예는 금융시장을 분석할 때 직관적으로 적용될 수 있다. '공의 움직임'은 자산의 가격과 같다. 전통적인 미시경제학이 가지고 있는 균형에 대한 믿음에 따르면 〈그림 1-1〉의 오른쪽 상황처럼 가격은 균형가격을 위아래로 오르내리다가 일정 시간이 지나면 균형점에서 안정되게 된다. 균형가격을 향한 이러한 자가조정Self-correction은 가격에 따른 수요와 공급의 변화에 따라 달성된다. 가격이 균형가격보다 높게 형성되면 공급이 늘어나 가격을 낮추게 되고, 반대로 가격이 너무 낮으면 수요가 증가해 가격이 올라가면서 균형을 회복하게 되는 것이다.

경제학의 균형 개념은 금융시장에 광범위한 영향을 끼쳤는데, 오늘날 우리가 배우는 금융이론의 대부분은 시장이 균형을 회복할 수 있다는 전제 하에 만들어졌다. 하지만 성공한 헤지펀드 매니저이자 억만장자인 조지 소로스George Soros는 이와 같은 전통적인 균형이론에 지속적으로 의문을 제기해 왔다. 전통적인 금융이론들이 가정하는 현실은 〈그림 1-1〉의 오른쪽 상황인 반면 소로스가 주창하는 재귀이론theory of reflexivity에서는 〈그림 1-1〉의 왼쪽 상황이 현실에 더 가깝다고 믿는다. 현실에 대한 사람들의 잘못된 인식이 시간이 갈수록 더욱더 강화되고 한 번 균형을 벗어난 가격은 점점 균형점에서 이탈하게 된다는 것이 재귀이론의 핵심이다.

이 장을 읽고 나면 독자들은 금융시장의 현실이 전통적인 균형이론과 소로스의 재귀이론 중 어느 쪽에 더 가까운지 판단해 볼 수 있을 것이다. 완벽한 정답이란 없겠지만 금융시장에 균형을 회복할 수 있는 힘이 존재하고 있는지를 생각해 보는 것은 그 자체만으로도 중요한 의미를 가질 것이다. 이 장의 마지막 부문에서는 양극단에 서 있는 전통적 균형이론과 재귀이론 각각이 갖는 장점을 조합할 수 있는 통합적인 사고방식도 소개할 것이다.

■ 효율적 시장가설 : 랜덤워크와 합리적 가격결정 ■

애덤 스미스는 1776년에 집필한 책에서 개인이 자신의 이익을 추구하는 이기적인 행위를 할 때 오히려 집단 전체에 더 좋은 결과가 생긴다고 주장하였다. 애덤 스미스의 말을 그대로 옮겨 보자.

이기적인 개인들은 '보이지 않는 손'에 이끌려 의도치 않은 목적을 달성하게 된다. …… 자신만의 이익을 추구함으로써, 개인이 사회의 이익을 일부러 추구할 때보다도 오히려 더 사회에 이익이 되는 결과를 낳게 된다.

애덤 스미스는 개별 경제주체가 이기적 동기에 의해 행동하도록 두는 것이 희소한 자원을 효율적으로 배분하는 가장 좋은 방법이며, 개인의 어떠한 선의나 희생도 이보다 더 나은 결과를 만들어 낼 수 없다는 주장을 펼쳤고 이는 초기 경제학에 깊은 영향을 끼쳤다. 자유경제체제 하에서 현재의 가격은 곧 현재의 수요와 공급을 반영한 '균형가격'이라는 믿음이 초기 경제학의 토대를 이룬 것이다. 애덤 스미스의 관점으로 금융시장을 바라보는 가장 대표적인 경제이론이 바로 '효율적 시장가설Efficient Market Hypothesis'이다. 이 이론은 주식이나 채권과 같은 자산의 가격에는 시장에 이미 알려진 정보가 모두 반영되어 있기 때문에 현재의 가격이 합리적 가치를 반영한 최적의 가격이며 현재 주어진 정보로 미래를 예측하는 것은 불가능하다고 본다.

효율적 시장가설의 원조라고 할 수 있는 조지 러틀리지 깁슨George Rutledge Gibson은 1889년 논문에서 개방된 시장 환경 하에서 가격은 '가장 합리적인 판단의 산물'이라고 주장했다. 이 주장은 효율적 시장가설을 구성하는 두 주춧돌 중 하나인, '가격은 모든 정보를 이미 완전히 반영하고 있다'라는 가정의 토대가 된다. 깁슨의 주장은 20세기 들어 증권 가격 변동에서 특별한 법칙을 발견할 수 없다는 초기 계량경제학의 연구 결과들과 결합되면서 탄탄한 지지 기반을 갖게 된다. 이러한 작업은 MIT의 경제학자 폴 새뮤얼슨Paul Samuelson과 시카고대학의 유진 파마Eugene Fama에 의해 주도되었다. 새뮤얼슨과 파마의 연구는 공히 루이 바슐리에Louis Bachelier가 1900년에 쓴 미출간 논문 「투기의 이론The Theory of Speculation」에 바탕을 두고 있다. 특히 유진 파마는 약형, 준강형, 강형 세 가지 형태로 구분되는 효율적 시장가설을 완성함으로써 경제학의 균형이론에 바탕을 둔 금융이론을 완성하였다.

효율적 시장가설에는 두 가지 중요한 전제조건이 있다. 첫 번째는 모든 시장 참여자들이 필요한 정보에 쉽게 접근할 수 있도록 모든 정보가 시장에 즉각적으로 제공되어야 한다는 것이다. 두 번째는 시장 참여자 개개인의 판단은 비합리적일 수 있지만 이들이 내린 각각의 판단을 종합한 집단의 판단은 합리적이라는 전제이다. 집단의 판단이 합리적이라는 믿음은 시장이 균형 상태를 스스로 회복한다는 믿음을 가진 경제이론들이 공통으로 전제하는 것이다. 나중에 설명하겠지만 현실에서는 이런 믿음들과는 달리 개인의 비합리적 판단이 집단 안에서 상쇄되어 합리적인 집단 의사결정으로 나타나기보다는 오히려 확대 재생산되어 집단이 극단으로 치닫는 일이 자주 관찰된다.

다시 유진 파마의 효율적 시장가설로 돌아가 보기로 하자. 파마의 이론에 등장하는 3가지 유형의 시장 중 첫 번째 약형 효율적 시장가설의 내용은 가격이 이제까지 알려진 모든 정보를 반영하고 있기 때문에 이미 알려진 과거의 정보로는 미래의 가격을 예측할 수 없다는 것이다. 과거의 가격 흐름도 일종의 지나간 정보이기 때문에 약형 효율적 시장가설이 성립되는 시장에서는 과거 주가 추이를 살펴 미래 가격을 예측하는 '기술적 분석 Technical Analysis'과 같은 테크닉들은 모두 헛수고가 된다. 약형 효율적 시장가설이 성립되는 시장에서는 '가격의 추세'와 같은 개념이 성립되지 않으며 파마가 사용한 '갈지자 걸음 random wolk'이라는 표현대로 주가가 규칙 없이 위아래로 출렁거린다.

준강형 Semi-strong 효율적 시장가설은 새롭게 공개된 정보가 공개된 즉시 가격에 반영되는 시장이다. 준강형 효율적 시장가설 하에서는 뉴스나 기업의 공시를 실시간으로 접했다고 해도 쓸모없는 일이 되어버린다. 호재든 악재든 공개되는 순간 가격에 반영되기 때문에, 새로운 정보에 아무리 빨리 대응한다고 하더라도 항상 늦을 수밖에 없다. 약형 효율적 시장가설 하에서는 기술적 분석이 쓸모없게 되었는데, 준강형 효율적 시장에서는 추가적으로 기본적 분석 Fundamental Analysis(기업의 경영 상태, 재무 상태 등을 분석하는 것. 증권가의 애널리스트나 펀드매니저들이 일반적으로 하는 활동—역자) 역시 쓸모없는 것이 된다.

마지막으로 강형 strong 효율적 시장가설은 과거와 현시점에서 공개된 정보뿐만 아니라 아직 공개되지 않은 내부자 정보까지도 가격에 반영되어 있음을 전제한다. 미공개 정보를 포함한 모든 정보가 이미 증권 가격에 반영되어 있기 때문에, 가격은 언제 어디서나 합

〈표 1-1〉 시장효율성의 세 가지 형태

	약형	준강형	강형
가격	미래의 가격은 과거의 가격과 무관하게 무작위로 움직인다.	정보는 공개되자마자 가격에 즉각 반영된다.	현재의 가격은 공개된 정보뿐만 아니라 공개되지 않은 정보까지도 반영한다.
기술적 분석	쓸모없음	쓸모없음	쓸모없음
기본적 분석	유용함	쓸모없음	쓸모없음
내부자 정보	유용함	유용함	쓸모없음
수익 창출 방법	전통적 기본적 분석	일반적으로 알려지지 않은 정보나 분석을 찾아내는 능력	초과 수익 창출 불가능

리적이고 정확한 결과물이 되고 기업의 내부자라고 해서 주식의 향방을 남보다 더 잘 알 수 있는 것이 아니며, 그 누구도 미래의 증권 가격을 예측할 수 없게 된다.

　효율적 시장가설은 현실을 설명하는 유용한 모델이기는 하지만 분석의 편의를 위해 현실을 지나치게 단순화한 측면도 있다. 하지만 1960년대와 1970년대 걸쳐 전 세계 주식시장이 일정한 범위 안에 지루하게 갇혀 있는 박스권 장세를 보이면서 효율적 시장가설은 금융시장에 광범위하게 받아들여지기 시작했다. 이후 미국 정부의 정책 입안자들과 월스트리트의 금융인들 사이에서 효율적 시장가설을 진리로 숭상하는 사람들이 늘어났고 그 결과 이 이론은 금융 전반에 깊이 스며들었다.

효율적 시장가설이 버블 연구에 주는 함의

금융계와 정치권이 효율적 시장가설을 빠르게 수용한 것은 이 이론이 논리적으로 우아했기 때문이다. 증권 가격에 이미 모든 정보가 반영되어 있다는 이 단순한 생각은 달리 말해 시장이 항상 옳고, 가격 변동은 기업의 현황과 재무 상태의 변화를 정확히 반영한다는 뜻이다. 효율적 시장가설은 금융 산업 전반에 많은 영향을 미쳤지만 무엇보다 가장 강력한 힘을 발휘한 영역은 금융시장에 대한 감독과 규제 그리고 자산운용업이었다.

〈타임Time〉 칼럼니스트 저스틴 폭스Justin Fox는 『죽은 경제학자들의 만찬The Myth of the Rational Market』이라는 책에서 효율적 시장가설이 금융시장 전반에 끼친 영향을 간결하게 요약했다.

> 효율적 시장가설은 인덱스펀드의 등장, 현대적 포트폴리오 이론이라고 불린 투자 방식, 오늘날 자산운용업의 모습을 만들어낸 '리스크를 감안한 성과 평가', 주주가치에 대한 기업의 접근 방식, 파생상품의 성장 그리고 완화된 금융감독 등 거의 전 범위에 걸쳐 심대한 영향을 미쳤다.

증권 가격이 항상 정확하며 모든 정보와 투자자들의 기대를 완전히 반영한다면, 가격이 지나치게 떨어졌다거나 너무 높다는 말 자체가 어불성설이 된다. 효율적 시장 하에서 버블이란 존재할 수 없으며, 따라서 정책당국이 자산가격 형성 과정에 관여할 필요가 없고 관여해서도 안 된다.

자본시장에 대한 규제는 오로지 선량한 시장 참여자들이 거짓 정보나 불법적인 조작으로 인한 피해를 입지 않도록 보호하는 일이 전부가 되며, 규제당국은 불공정 매매를 방지하고 시장의 공정한 룰을 지키는 일에 집중해야 한다. 시장 참여자들의 거래 행위 자체를 통제하는 증거금 규제, 공시 규정과 같은 제도들은 부차적인 것이 된다. "가장 합당한 가격은 시장에 의해서 결정된다"라는 신념은 1970년대 이래 서구식 자본주의 체제의 등대 역할을 해왔으며, 여기에는 효율적 시장가설이라는 간결하고 강력한 논리에 대한 대중의 호응이 한몫을 했다.

효율적 시장가설의 또 다른 극적인 결과는 펀드매니저의 적극적인 포트폴리오 운용에 대한 필요성을 없애버렸다는 것이다. 펀드매니저가 자신의 판단에 기반해 적극적으로 포트폴리오를 운용하는 것은 시장평균보다 더 나은 수익률을 창출하기 위해서이다. 하지만 현재의 가격이 접근 가능한 모든 정보를 이미 반영하고 있고, 어떤 수단을 통해서도 미래에 대한 예측이 불가능하다면 펀드매니저가 무슨 수로 시장평균을 뛰어넘는 수익을 만들어 낼 수 있겠는가? 그냥 간단하게 시장 전체를 사는 수동적인 방식을 취하는 것이 전문가들의 헛된 예측에 수수료를 지불하는 것보다 훨씬 나은 선택이 될 수 있다. 이런 이유로 효율적 시장가설의 광범위한 수용은 1970년대 인덱스펀드의 급속한 성장으로 귀결되었다.

시장의 효율성과 버블

100달러짜리 지폐가 땅 위에 있는 것을 발견한 친구는 돈을 주우려고 몸을 숙이면서 행운이라고 좋아한다. 이때 경제학자가 말한다. "헛고생하지 마. 만약 진짜 100달러였으면 누가 벌써 가져갔겠지." 효율적 시장가설을 풍자하는 유머 중의 하나이다.

효율적 시장가설은 사실상 이제까지 세계 경제를 지배해온 사상이었다. 1997년 노벨 경제학상은 파생상품의 가치를 결정하는 새로운 방법을 제시한 로버트 C. 머튼Robert C. Merton과 마이런 숄즈Myron Scholes에게 돌아갔다. 이들의 이론에는 시장은 스스로 합리적이고 효율적인 가격을 결정하며, 가격은 자연스럽게 예측 가능한 균형점을 향해 근접해 간다는 믿음이 깔려 있다. 노벨상을 수상할 당시 이 두 학자는 부업으로 투자회사에서 일을 하고 있었는데, 바로 역사상 가장 성공적인 헤지펀드였던 롱텀캐피털매니저먼트(LTCM)Long-Term Capital Management였다.

LTCM은 독자적인 수학 모델로 산출된 균형가격에서 벗어나 있는 자산을 찾아내어 공격적으로 투자하는 전략을 사용하고 있었다. 균형가격에서 아주 조금 벗어났을지라도 대규모 차입을 통해 베팅 규모를 엄청나게 키워 큰 수익을 창출해 냈다. 심하게는 투자원금의 100배 이상을 차입할 때도 있었다. 노벨상까지 받은 학자들이 직접 참여한 매우 정교하고 고차원적인 수학공식이 사용되었지만, 이들의 세계관과 회사 운영의 바탕이 되는 논리적 전제는 간단했다. 가격은 궁극적으로 예측 가능한 균형점을 향한다는 것이다. 이 회사는 가격이 균형으로 수렴한다는 믿음 하나에 수십조 원에 이르는(일각에서는 이들의 베팅 규모가 1,000조 원대에 달한다고도 주장하기도 한다) 돈을 걸고 있었다.

엄청난 레버리지(투자원금 대비 대규모 차입금을 사용하는 것-역자)에도 불구하고, LTCM은 1998년 이전까지 3% 이상의 손실을 기록한 달이 없을 정도로 성공적인 성과를 만들어 내고 있었다. 그러나 아시아 금융 위기와 러시아의 채무불이행으로 세계 경제의 불안이 확대되던 1998년 어느 날 LTCM은 단 이틀 만에(1998년 8월 21일과 1998년 9월 21일) 5억 달러 이상의 손실을 입었다. 효율적 시장가설에 근거한 LTCM의 모델에 따르면 그들이 이와 같은 큰 손해를 입을 확률은 5,000만 분의 일에 불과했다. 더군다나 예상 밖의 현상이 무려 이틀이나 연속으로 발생할 확률은 계산할 수도 없을 만큼 작았다. 예측 모델의 오류와 그로 인한 엄청난 손실에 그리니치(LTCM을 비롯해 헤지펀드들이 많이 위치한 뉴욕 근처의 소도시-역자)의 LTCM에 있던 금융공학 박사들은 충격에 휩싸였다. 『머니볼Money Ball』의 저자인 마이클 루이스Michael Lewis는 1998년 8월 21일을 금융공학 최악의 날이라고 표현했다.

LTCM의 이야기에서 가장 역설적인 부분은, 시장의 효율성을 신봉하는 노벨상 수상 경력의 균형이론가들이 LTCM이라는 펀드를 통해 1998년까지 초과수익을 낼 수 있었던 것은 그들의 이론과 달리 시장이 비효율적이었기 때문이라는 점이다. 그들은 균형가격에서 벗어난 시장을 이용해서 돈을 벌었다. 하지만 그들이 믿은 것처럼 시장이 효율적이라면 애초에 가격이 왜 균형가격에서 벗어났단 말인가! 그들의 이론을 사용해 돈을 번다는 것 자체가 그들의 사상과 반대되는 일이었다. 더군다나 그 천재들은 마지막 순간 시장의 엄청난 비효율성 때문에 모든 수익을 날려버렸다.

또 다른 시장효율성의 신봉자는 그 유명한 마에스트로 앨런 그린스펀Alan Greenspan이다. 아인 랜드Ayn Rand(이타주의를 배척하고 이성적 이기주의를 주창한 철학자 겸 소설가—역자)의 열렬한 신봉자였던 앨런 그린스펀은 미 하원청문회에서 다음과 같은 증언을 남겼다. "저에게는 신념이 있습니다. …… 이 신념은 현재까지 그 어떤 경제체제도 자유시장경제체제를 뛰어넘지 못했다는 것입니다." 무한한 자유를 신봉하는 철학을 가진 사람이 어떻게 시장을 규제하는 업무를 수행할 수 있는지 묻는 질문에 대해 그는 단도직입적인 대답을 했다. "우리는 여러 규제를 사용해 봤습니다. 하지만 제대로 통한 것은 없죠." 이런 철학의 결과로 연방준비제도 이사회 의장 앨런 그린스펀은 금융시장에 대해 극도의 비개입주의를 취했다.

미국의 연방준비제도는 단기 기준금리를 결정함으로써 자금시장에서 수요 공급을 조정하는 중앙통제기관의 역할을 한다. 2장에서 설명하겠지만 오스트리아학파로 불리는 소수의 경제학자들은 연방준비제도와 같은 중앙은행들이 시장에 개입하는 것이 버블을 만들어 내는 근본적 원인이라고 주장한 바 있다.

이렇게 열렬한 자유주의자였던 그린스펀은 2008년 가을, 대공황 이후 가장 심각한 경제 침체의 정점에서, 금융시장이 작동하는 방식에 대한 자신의 생각에 큰 결함을 발견했다고 미 하원 청문회에서 고백하게 된다. 그는 "시장의 효율성에 대한 학문적이고 지적인 성과 전체가 작년 여름에 모두 무너져 내렸습니다"라고 말했다. 시장의 효율성을 열렬히 신봉하던 그린스펀이 이런 말을 한 것은 마치 이슬람 사제가 라마단 기간에 돼지고기를 먹는 것과 같은 일이었다.

시장의 비효율과 끊임없는 불안 : 재귀이론

조지 소로스는 성공한 헤지펀드 매니저이면서 동시에 금융시장의 역동성에 대한 본질적 담론을 펼친 철학자이기도 하다. 물론 그는 학문적 성과보다는 마술사 같은 투자 능력으로 더 잘 알려져 있다. 하지만 그가 주장하는 재귀이론theory of reflexivity(再歸理論)은 시장의 효율성에 대해 다시 한 번 생각해 볼 수 있는 강력한 아이디어를 제공한다. 소로스가 주창한 재귀이론의 시각을 사용해 효율적인 시장 속에서 어떻게 버블이라는 비효율이 탄생할 수 있는지 알아보자.

재귀이론은 복잡한 사회현상 속에서 사람들이 믿는 진실이라는 것이 어떻게 결정되는지에 초점을 맞춘다. 재귀이론의 기본적 틀은 칼 포퍼Karl Popper의 이론에 바탕을 두고 있다. 포퍼는 논리의 개발과 논증 과정에서 발생하는 비합리의 문제를 다룸으로써 현대철학에 한 획을 그었다. 포퍼는 '과학의 근본적 문제는 과학이 그 자체로는 아무것도 증명하지 못한다는 것이다'라는 말을 남겼다. 모든 과학적 노력은 연구자의 관찰에 바탕을 두고 있다. 어떤 이론이 관찰을 통해 수집된 증거를 아무리 많이 가지고 있다 하더라도, 그 이론의 유효성은 반대 증거가 단 하나라도 나오는 순간 사라져 버린다. 이제까지의 결론과 반대되는 단 하나의 현상이 전체를 뒤집을 수 있다는 것이다. 해는 매일 뜨고 지지만, 여태까지 매일 이 일이 반복됐다고 해서 앞으로도 늘 이럴 것이라는 보장은 없다. 언젠가 단 하루라도 해가 뜨거나 지지 않는다면 해가 매일 뜨고 진다는 사실은 한순간에 거짓이 된다. 따라서 모든 과학적 진실이라는 것은 반대되는 증거가 나타나기 전까지 시한부의 유효성을 가질 뿐이고 그 전까지만 진실이라고 믿어질 뿐이라고 포퍼는 논증했다.

포퍼의 회의론에 영향을 받은 소로스의 사상은 사회 구성원이 두 가지 기능을 수행하고 있음을 전제로 하고 있다. 첫째는 인지적 기능으로 사회 구성원이 자신이 처한 사회적 상황을 관찰하는 행위이다. 둘째는 참여 기능으로, 구성원이 사회적 상황에 참여하고 그 참여를 통해서 사회적 상황에 영향을 주는 행위이다. 이 두 기능이 상호작용하면서 벌어지는 사회현상을 다룬 것이 소로스의 재귀이론이다. 소로스의 정리에 따르면 "재귀성은 사회 구성원이 현실을 관찰함과 동시에 현실 자체에 영향을 주는 양방향 피드백 현상을 말한다. 이러한 피드백 과정은 계속해서 일어난다. 이 끝없는 과정 속에서 구성원의 인식과 현실은 서로를 닮아가지만, 서로를 계속 변화시키기 때문에 절대 같아지지는 않는다"고 한다. 인식과 현실 사이의 끝없는 간극을 소로스는 사회 구성원의 편견이라고 부른다.

재귀이론의 핵심적인 교훈은 사회현상에는 자연현상에 없는 불확실성이 내재해 있다는 것이다. 소로스에 따르면 사회현상에 있어서 객관적 진실이란 없다. 현실이 인식에 영향을 미치는 만큼 인식도 현실에 영향을 미친다. 관찰자가 관찰 대상이 되는 현실에 영향을 줄 수도 있다는 주장은 이전에도 많은 사람들에 의해 제기되었다. 그러나 소로스의 주장은 과거의 이론들에서 한발 더 나아가 관찰자가 관찰 대상인 현실에 영향을 미치며 이렇게 바뀐 현실이 다시 관찰자의 인식에 영향을 주어 편견을 확대하는 자기강화의 순환 과정이 일어난다는 것에 주목하였다.

소로스는 자연과학의 연구 방법이 사회과학에는 적합하지 않다고 주장한다. 사회과학 중에서도 자연과학의 방법론을 가장 많이 모방한 학문이 바로 경제학이라는 것을 생각하면, 소로스는 경제학의 접근 방식 자체를 공격하고 있다고 할 수 있다. 재귀성 이론에 따르면 구성원은 진실이 아닌 그들 자신이 가진 신념을 바탕으로 행동한다. 이 신념은 자신들이 현상을 관찰한 결과로부터 나오지만 이 관찰 자체가 그들이 원래 가지고 있는 신념에 영향을 받는다. 따라서 사람과 사람 사이에 벌어지는 사회적 문제에서 객관적 진실 따위는 없다. 오직 관찰자와 관찰 대상이 끝없는 상호 피드백 효과를 받으며 변화해 나가는 것이다.

소로스는 1994년 MIT 경제학과 학생들을 대상으로 한 강연에서 그의 결론을 단도직입적으로 말한다. "시장 참여자들은 결코 객관적 지식을 바탕으로 행동할 수 없습니다. 객관적 지식이란 사실을 전제로 해야만 하고 언어와 별개로 존재해야 하지만, 사회적 현상에서 구성원의 사고방식이나 언어와 독립된 사실의 인식이란 없기 때문입니다." 소로스는 모든 사회현상에서 재귀현상이 일어나는 것은 아니지만 이것이 일어날 때 기존 과학의 접근 방식(관찰을 통한 상황 판단)이 아무 소용이 없다고 말한다. 〈그림 1-2〉는 재귀성 하에서 현상과 인식이 어떻게 변해 가는지 보여준다.

재귀성이 버블의 연구에 있어 중요한 의미를 갖는 것은 시장 참여자들의 잘못된 인식이 점점 더 강화되는 상황을 설명해 주기 때문이다. 구성원과 사건의 강한 상호작용이 있을 때 사회의 재귀현상은 강화된다. "재귀현상은 현실에서 간헐적으로 일어난다는 사실에 주목해야 한다. 재귀성이 모든 상황에서 항상 일어난다면 재귀이론은 단지 사건을 다르게 보는 한 방식에 불과할 뿐 버블과 같은 특수한 사건을 설명해 주지 못할 것이다."

〈그림 1-2〉 자연과학 대 사회과학 : 관찰의 차이

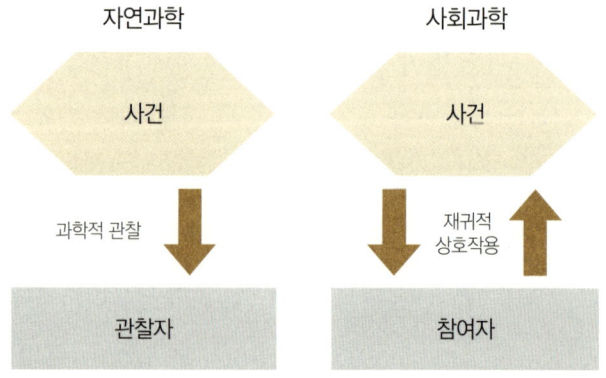

재귀이론에 담긴 뜻

소로스는 헝가리 출신 유대인이며, 그의 가족은 나치의 탄압을 피해 이름을 바꾸고 숨어 지냈다. 이런 환경에서 자란 소로스가 세상에 진실이 존재한다고 믿기는 불가능했을 것이다. 그에게는 진실이라는 개념 자체가 쓸모없는 것이었다. 소로스가 세상을 바라보는 시각을 정리한 재귀이론은 시장의 효율성과 관련해 중요한 질문을 던진다. 소로스는 재귀성 이론의 함의를 스스로 간결하게 정리한 바 있다.

> 이론적 균형 같은 것은 현실에 존재하지 않는다. 시장 참여자들의 의지와 현상이 한데 뒤엉켜 역동적인 불균형을 만들어 낸다. 이런 불균형은 스스로 강해지면서 인식과 현실을 한 방향으로 몰아간다. 이러한 쏠림은 장기적으로 매우 불안하며, 머지않아 반대 방향의 강력한 반작용을 만나게 된다.

또 소로스는 1994년 미국 상원 금융위원회에서 재귀이론의 의미를 이렇게 설명하기도 했다.

> 우선 저는 현재 보편적으로 퍼진 믿음과는 근본적으로 다른 생각을 가지고 있다는 점을 밝힙니다. 사람들은 일반적으로 시장이 균형을 향해 가고 있으며 미래가격을 예측할 수 있다고 생각합니다. 저는 미래의 균형가격을 정확히 예측할 수 없다고 생각합니

다. 시장가격을 예측한다는 것 자체가 균형가격을 형성하는 데 영향을 주기 때문입니다. 특정 시점의 가격이라는 것은 소위 말하는 펀더멘털을 반영할 뿐만 아니라 이 펀더멘털 자체에 영향을 줍니다. 이런 일이 일어나면 시장은 역동적 불균형 상태에 들어가게 되며 효율적 시장이론에서 말하는 정상 상태와 상당히 다른 방식으로 움직입니다. 이런 일이 자주 발생하진 않지만, 이런 일이 일어나면 아주 골치가 아파집니다.

소로스는 부동산과 은행 대출이 갖는 관계를 예로 자주 든다. 부동산 가격이 오르면 담보력이 증대되기 때문에 은행들은 대출을 더 쉽게 내준다. 부동산 관련 대출이 많아지면 시장이 활성화되면서 부동산 가격이 오를 것이고 이는 다시 은행 대출에 영향을 주어 대출이 더욱더 확대된다. 일반적으로 사람들이 부동산 가격의 상승과 은행 대출 간의 재귀적 현상을 무시하게 되는 때가 있는데 버블은 이럴 때 생겨난다는 것이다.

불편한 진실

소로스는 시장의 재귀현상에 대한 믿음을 바탕에 두고 수십억 달러를 벌었다. 물론 그렇다고 해서 그의 예측이 항상 정확했다는 뜻은 아니다. 소로스가 항상 옳았다기보다는 그가 위험 관리를 잘했다고 보는 것이 맞다. 그의 철학 자체가 어떤 것도 100% 확실하지 않다는 것이 아닌가.

소로스의 투자 중에는 완전히 빗나간 것도 있다. 1998년에 출판한 『세계 자본주의의 위기 The Crisis of global capitalism』에서 소로스는 자신만만하게 "세계 자본주의 체제의 분열이 곧 도래할 것이다"라고 예언했지만 2001년 뉴욕의 한 세미나에서 뒤늦게 자신이 틀렸으며 그로 인해 계란 세례를 받고 있다고 고백했다. 그가 항상 정확한 예측을 한 것은 아니지만, 최근의 사건들은 그의 주장에 힘을 실어주고 있다. 2008년에 하원에서 행한 증언은 이를 잘 보여준다.

이번 금융 위기의 본질은 OPEC의 유가 인상이나 특정 국가나 금융기관의 채무불이행 같은 외부 충격 때문에 일어난 위기가 아니라는 점입니다. 위기는 금융 체계 자체가 만들어냈습니다. 이번에 우리가 알게 된 금융 시스템 내부에 결함이 있다는 사실은 기존의 이론과 모순됩니다. 기존의 이론은 금융시장이 균형을 향해 움직이며 균형에서 벗어난 것들은 우연히 그렇게 된 것이거나 시장이 자체 조정 기능으로 처리하기 어려운 외부 사건 때문에 발생했다는 주장을 합니다. 이번 위기의 위력과 심각성을 통해 볼 때 기존 이론은 뭔가 근본적으로 잘못되어 있습니다. …… 보통 때는 시장이 자체적으로 오류를 수정하지만, 간혹 오해나 오인이 오류를 키워가고 이것이 눈덩이처럼 불어나기도 합니다. 이러한 자기 강화 과정으로 인해 시장은 균형에서 멀찌감치 벗어나게 될 수도 있습니다. 이런 재귀적 상호작용을 멈출 만한 사건이 조속히 일어나지 않는다면, 이 오해가 너무나 분명해져서 누구도 간과할 수 없을 지경이 될 때까지 이 상황이 계속될지도 모릅니다.

재귀이론은 금융시장에 큰 충격을 준 사건들을 효과적으로 설명해 주기 때문에 정책 실무자들과 학계에서도 최근 들어 재귀이론을 마지못해 인정하고 있다. 아직 학계에 완전히 수용되지는 못했지만, 수십 년간 세상을 지배해 왔지만 최근의 현상을 설명하는 데 완전히 실패한 효율성 이론의 대안으로 부상하고 있는 것이다. 단순한 수요와 공급의 조정을 통한 체계만으로는 시장 안정성이 보장되지 않는다. 오히려 수요와 공급이 비정상적으로 많아지거나 적어지는 일들이 종종 발생한다. 소로스가 말했듯이 이런 자기강화 과정은 시스템 내부의 불안정성을 만들어 낸다.

효율적 시장가설과 재귀이론의 통합

효율적 시장가설과 재귀이론이라는 두 극단적인 인식을 통합시켜보기 위해 임시적인 접근법을 제안해 보겠다. 소로스가 효율성의 논리에 대해 강하게 반대하기는 하지만 그도 시장이 일반적으로는 자체적인 조정 기능을 한다는 점을 수긍한다. 따라서 시장이 안정적인 균형을 향해 움직인다고 주장하는 효율성 이론도 많은 상황에서 근거가 있다. 그러나 균형에서 일정 수준 이상 벗어난 일이 일어나는 경우에는 다시 균형으로 돌아가기 힘들다.

〈그림 1-3〉 효율적 시장가설과 재귀이론의 통합

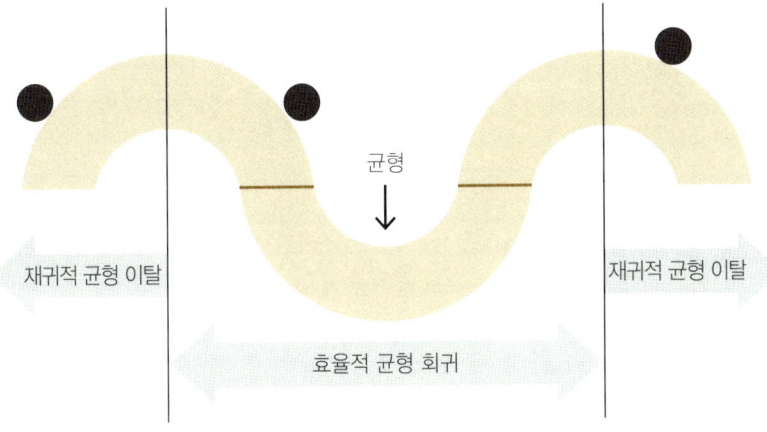

〈그림 1-3〉은 앞서 제시한 〈그림 1-1〉을 응용하여 두 이론이 공존하는 세계를 그린 것이다. 이 그림을 보면 효율성이 성립하는 범위 안에서 일어나는 사건들은 균형을 향해 움직인다. 그러나 균형 상태를 벗어나는 영역에서는 공이 다시 균형으로 돌아가지 못한다. 외부에서 특정한 힘이 작용하지 않는 이상 균형에서 멀어지기만 할 뿐이다.

일반적인 상황에서는 효율성의 논리가 통하며, 일정 범위 내에서 균형을 이탈한 경우는 자기 조정이 가능하다. 그러나 이러한 자기 조정 능력의 범위를 넘어서면 새로운 극단을 만들어 내는 경우도 생긴다. 이 이원론적 접근 방법은 애덤 스미스의 '보이지 않는 손'이 평소에는 적정 가격을 찾아가지만 가끔씩 고장 난다는 메시지를 전한다. 금융시장이 균형을 회복할 수 있는 힘을 가지고 있는 상태인지 아니면 그 기능이 고장 나서 이제는 어딘가 극단으로 치달을지도 모르는 상태인지 구분하는 것, 버블을 바라보는 첫 번째 관점이다.

두 번째 렌즈 : 거시경제학
― 부채와 디플레이션이 시장에 미치는 영향 ―

> 가구를 땔감으로 사용하는 것이 빠를 때도 있다.
> 하지만 이 방법이 새롭고 훌륭한 난방법이라고 착각하면 안 된다.
> ― 루드비히 폰 미제스

1장의 미시경제학적 관점을 확장하여 거시경제적 관점에서 버블을 바라보자. 거시는 미시의 확장이면서도 사뭇 다른 영역이다. 개인에게 합리적인 것이 집단에게도 똑같이 합리적이지 않기 때문이다. 이러한 집합의 역설에 대해, 폴 맥컬리 Paul McCulley(2008년 금융 위기 때 위기 발생의 원인에 대한 설명으로 유명해진 경제학자. 민스키모멘트, 그림자금융 등 금융 위기 관련 용어들을 처음으로 언급했다―역자)는 이렇게 말한다.

관중이 가득한 야구장을 보면 미시경제학과 거시경제학의 차이를 확실히 알 수 있다. 미시적 관점에서 본다면 관중 개개인은 경기를 더 잘 보기 위해 자리에서 일어나는 것이 그 자신에게 좋다. 그러나 거시적 관점에서 보면 개개인의 이득을 위해 모두가 일어서서 경기를 관람한다면 아무도 경기를 제대로 볼 수 없는 상황이 발생하게 된다.

야구장이 아닌 경제에서는 미시적 관점과 거시적 관점의 차이가 더 극단적으로 드러난다. 개인의 관점에서는 잘 들어맞던 분석이 상위 집단에 대해서는 통용되지 않는 일이 허다하다. 서브프라임 위기가 발발해 혼란으로 치닫던 미국 주택담보대출 시장에 대해 생각해 보자. 개별 은행 입장에서는 위기에 빠졌을 때 주택에 대한 담보권을 행사해 대출을 회수하는 것이 최선이 된다. 그러나 모든 은행이 담보권을 행사해서 수백만 채의 집을 동시에 압류하고 처분한다고 생각하면 개별 은행의 담보권 행사는 어리석은 행위가 된다. 은행들이 담보권을 가지고 있는 모든 주택이 동시에 매물로 나온다면 폭발적인 매도 압력으로 인해 주택시장이 붕괴되면서 가격이 폭락할 것이고 결과적으로 담보 가치가 줄어들어 은행들의 손실은 더욱더 커질 것이다.

이 장의 핵심적인 내용은 부채가 가진 시장에 대한 막대한 영향력이다. 부채가 버블의 형성과 붕괴의 과정에 어떠한 영향을 미치는지 구체적으로 살펴보기에 앞서, 우선 부채의 본질에 대해 조금 더 깊게 생각해 볼 필요가 있다. 이 장에서는 먼저 부채와 레버리지의 개념을 정확히 짚고 넘어갈 것이고, 이러한 이해를 토대로 부채와 버블의 관계를 밝힌 하이먼 민스키Hyman Minski의 금융 불안정성 이론을 살펴볼 것이다. 그리고 어빙 피셔Erving Fisher의 부채-디플레이션 이론과 오스트리아학파의 비즈니스 사이클 이론을 함께 살펴본 후 이 관점들을 어떻게 통합해 거시적인 관점을 정립할 수 있는지 생각해 볼 것이다.

부채와 레버리지

주택을 100달러에 구입했다고 가정하자. 가진 돈이 부족해 구입 가격의 일부는 대출을 받아 충당하기로 했다. 재무적인 용어를 사용하면 대출받은 금액은 부채(타인자본)가 되고, 전체 주택 구입 금액 중 부채 부분을 뺀 나머지 부분은 자기자본이 된다. 이제 두 가지 시나리오를 가정해 보자. 첫 번째 '행복한 케이스'는 집값이 매입 후 10% 올랐을 때이고, 두 번째 '불행한 케이스'는 집값이 구입 후 10% 내려가는 경우이다.

각각의 시나리오에서 부채를 사용한 주택 구매자의 이득은 어떻게 될까? 〈표 2-1〉은 주택 구매 금액 중 자기자본의 비중에 따른 투

〈표 2-1〉 레버리지 정도에 따른 보상의 차이

시작 가격	자기자본 비율	집값이 올랐을 때				집값이 내렸을 때			
		가치	부채	자본	수익률	가치	부채	자본	수익률
100	0%	110	100	10	무한	90	100	(10)	무한
100	10%	110	90	20	100%	90	90	0	(100%)
100	20%	110	80	30	50%	90	80	10	(50%)
100	30%	110	70	40	33%	90	70	20	(33%)
100	40%	110	60	50	25%	90	60	30	(25%)
100	50%	110	50	60	20%	90	50	40	(20%)
100	60%	110	40	70	17%	90	40	50	(17%)
100	70%	110	30	80	14%	90	30	60	(14%)
100	80%	110	20	90	13%	90	20	70	(13%)
100	90%	110	10	100	11%	90	10	80	(11%)
100	100%	110	0	110	10%	90	0	90	(10%)

자 성과를 정리하고 있다. 부채의 영향을 보여주기 위해 자기자본의 비율이 10%, 20%, 50%, 100%인 여러 경우들을 정리했다.

대출을 받지 않고 100달러를 다 내고 집을 산 경우(즉 100% 자기자본), 집값의 변화 폭과 주택구매자의 투자수익률은 동일하다. (주택 가치가 10% 늘었으면 자기자본 가치도 10% 늘어난다.) 하지만 끌어온 대출금이 클수록 자본에 대한 수익은 몇 배씩 늘어난다. 50달러를 대출받아 집을 산 경우 집값이 10% 변하면 자산 가치에는 20%의 변동이 생긴다. 마찬가지로 집값의 20%만을 투입하면(80%를 대출받으면) 집값이 10% 변할 때마다 투자자의 부는 50%씩 변한다. 각각의 경우 자기자본 대비 수익률은 주택가격 대비 수익률의 몇 배씩이 된다.

공식으로 표현하면,

자기자본 수익률 = 자산(집값)의 수익률 × (1 / 자본 투입비율)

이 된다.

•••• 이자율과 자산의 가격

이자율이 낮으면, 주택 구매자 입장에서는 집을 사는데 들어가는 비용이 줄어들게 된다. 주택 구매자는 낮은 이자율 환경 속에서 비용을 줄일 수도 있지만, 단지 비용을 줄이는 효과에 그치지 않고 수요를 확대시킴으로써 자산가격을 부풀릴 가능성도 있다. 주택 가격이 100달러이고 이자율이 5%인 예를 생각해 보자. 계산을 쉽게 하기 위해 주택구입비용 전액을 대출했다고 가정하자.

이 경우 구매자의 연간 이자지불액은 100달러의 5%인 5달러이다. 이제 이자가 1% 떨어졌다고 가정해 보자. 구매자는 100달러짜리 집을 사면서 이자비용을 4달러로 아낄 수도 있지만 똑같은 이자를 지불하면서 125달러짜리 주택을 사려고 할 수도 있다. 반대로 이자율이 1% 오른다면 6달러를 낼 수도 있고, 5달러라는 예산을 유지하면서 83달러짜리 집을 사려 할 수도 있다.

분명한 것은 이자율의 변화가 자산의 가격에 큰 영향을 줄 수 있으며, 구매자의 예산이 넉넉하지 않을 때 그 영향은 훨씬 더 커지게 된다는 점이다.

●●●●● 금리와 투자

　기업 활동은 어떤 사업에 투자를 할지 말지를 결정하는 의사 결정 과정의 연속이다. 일반적으로 기업의 투자 의사 결정은 투자에 필요한 비용과 수익을 비교하는 것으로 구성된다. 이런 과정에 반드시 필요한 정보는 자금조달비용, 즉 금리이다. 다른 모든 조건이 동일하다면, 금리가 낮을 때 자금조달비용이 하락하므로 사업 수익성이 더 좋은 것으로 평가될 것이다. 따라서 금리는 기업의 투자 의사결정에 중대한 영향을 끼친다. 만일 사업 진행 도중 금리가 오르게 되면 기업의 활동에 다방면으로 악영향을 줄 수 있으며, 비슷한 상황에 처한 산업 전반에 파괴적인 영향이 미치게 된다.
　한 제철소에서 100만 달러를 투자해 공장을 확장하는데, 투자에 따른 기대 수익률은 10%이며(철의 가격, 생산비 등은 그대로라는 가정 하에서) 이에 따른 자금조달비용이 8%라고 해보자. 만약 공장 확장이 진행되는 도중 금융비용이 11%로 올라버린다면 이 사업은 더 이상 수익성을 확보할 수 없게 될 것이다.

　이렇게 부채는 투자수익률을 확대시켜 준다. 이것을 부채의 레버리지(지렛대) 효과라고 부른다. 하지만 이러한 긍정적 레버리지 효과는 세상이 빚을 낸 사람의 생각대로 낙관적일 때에 해당되고, 반대의 경우에는 '손실을 레버리지'하여 극대화시키게 된다. 부채는 자기자본의 규모와 자산가격에 따라서 한 사람의 재정 상태를 급속히 개선하거나 망가뜨릴 수 있는 양날의 검이다.

부채가 강력한 레버리지 효과를 창출한다는 것을 생각하면 버블의 형성과 붕괴의 과정을 설명하는 수많은 이론들이 왜 '부채'를 경기 변동의 핵심적인 동인으로 여기고 있는지 이해하게 될 것이다. 다음에 살펴볼 하이먼 민스키의 금융 불안정성 이론은 이러한 부채를 중심으로 경기순환주기를 살펴본 대표적인 이론이다.

하이먼 민스키의 금융 불안정성 이론

하이먼 민스키는 미주리 주 세인트루이스에 있는 워싱턴대학 경제학과 교수였다. 시카고대학과 하버드대학 출신인 민스키는(조셉 슘페터와 바실리 레온티예프에게 배웠다) 1996년에 세상을 뜨기 전까지는 잘 알려지지 않은 인물이었다. 그를 아는 사람들은 그에 대해 "다듬지도 않은 백발의 긴 머리를 한 민스키는 주류 경제학의 이단아였다"고 말하곤 했다. 그의 초기 연구는 빈곤에 관한 것이었지만, 어느 날 그는 '대공황이 다시 올 수 있을까?'라는 질문에 사로잡혔다. 민스키는 이 질문의 연장선상에서 금융 위기와 부채 사이클의 진행이라는 주제를 파고들었고, 그 노력의 결과 금융 불안정성 가설이 등장했다.

무관심 속에 묻힐 뻔한 민스키의 이론은 2008년 금융 위기 이후 금융 실무자들 사이에서 널리 이용되기 시작했다. 스위스 최대 은행인 UBS는 2009년 10월에 기관투자자들을 상대로 '초심자를 위한 민스키'라는 세미나를 열었다. 여기서 UBS의 전 이코노미스트인 조지 맥너스는 민스키의 금융 불안정성 가설을 명쾌하게 다음과 같이 요약했다.

민스키는 경제학에 지대한 공헌을 했습니다. 그의 명제는 장기간의 금융 안정기 이후에 경제 내부에서 안정을 깨려는 힘이 발생하기 시작하고, 이것들이 결국 금융 불안정을 몰고 온다는 것입니다. …… 그는 이런 상황이 발생하는 요인이 레버리지의 사용으로부터 온다고 주장합니다.

민스키가 언급한, 안정을 깨려고 하는 내부의 힘은 세 가지 형태의 부채 구조에서 찾아볼 수 있다. 그가 제시하는 부채의 세 가지 형태는 빚을 갚을 수 있는 능력에 따라 헤지형, 투기형, 폰지형(20세기 초반 피라미드식 금융 사기로 유명한 찰스 폰지 Charles Ponzi의 이름을 따서, 지속 불가능한 금융 조달을 폰지 금융이라고 부른다—역자)의 세 가지 형태로 나뉜다.

헤지 형태의 부채는 정상적인 상황에서 채무자가 이자와 원금을 동시에 갚을 수 있을 때 존재하는 부채의 형태이다. 이 방식은 별로 위험할 것이 없으며, 상황 변화에 큰 영향을 받지 않는다.

투기 형태의 부채는 약간의 위험성을 안고 있는 부채이다. 이자는 낼 수 있지만 이자와 원금을 함께 갚는 것이 불가능해 만기에 결국 새로운 부채를 일으킬 수밖에 없는 부채의 형태가 대표적이다. 민스

〈표 2-6〉 민스키의 부채 설명

	헤지형	투기형	폰지형
이자 지급이 가능한 수입이 있는가?	O	O	X (이자 지급을 위해 추가로 부채를 일으켜야 한다.)
원금을 갚을 수입이 있는가?	O	X (원금 상환을 위해 새로운 부채를 일으켜야 한다.)	X (원금 상환을 위해 새로운 부채를 일으켜야 한다.)

키는 "필요할 때 언제나 새로운 부채로 기존의 부채를 갱신할 수 있다고 생각하는 것은 투기이다"라는 말을 남겼다. 투기적인 부채 사용에는 채무 계약을 갱신할 때 새로운 계약의 조건이 당초 예상과 다를 수 있다는 리스크가 항상 잠재해 있다.

마지막으로 폰지 부채는 소득으로 원금과 이자를 모두 갚을 수 없기 때문에 단지 이자를 내기 위해서 추가로 빚을 져야만 하는 상황이다. 폰지 금융 구조에서는 원금을 갚아 나갈 가능성은 아예 없다. 이런 구조의 부채는 부채를 일으켜 구매하는 자산의 가치가 계속해서 오르지 않으면 절대로 지속될 수 없다. 〈표 2-6〉은 위에서 설명한 세 가지 부채의 구조를 요약해서 보여준다.

민스키가 제시하는 금융 불안정성 이론은 세 가지 형태의 부채가 사회에서 각각 어느 정도의 비중을 차지하고 있는가를 추적하는 데 바탕을 두고 있다. 민스키는 하버드대학에서 발표한 논문에서 자신의 이론을 다음과 같은 말로 요약했다.

헤지 금융이 지배하면 경제는 균형을 향해 가고 있다고 할 수 있다. 반면에 폰지 금융의 비중이 클수록 경제는 균형에서 이탈한 극단적인 상태에 놓여 있을 가능성이 크다.

경제 구조가 발전하면서 이 세 가지 형태의 부채를 구분해 내는 것이 더욱더 복잡해지고 있다. 수익성이 저하되는 환경에서는 헤지 금융이 투기나 폰지 금융으로 변할 수 있으며, 특히 투기 금융은 언제든지 폰지 금융으로 바뀔 수 있다.

끊임없는 금융시장의 불안정성에 대한 민스키의 주장은 간단하다. "호경기가 길어지면 자본주의 경제는 헤지 금융이 지배하는 금융 구조에서 투기와 폰지 금융이 중심이 되는 구조로 옮겨가려는 경향을 나타낸다." 민스키의 생각대로라면 금융시장은 호경기가 지속될 때 항상 재귀성의 흐름을 타고 점점 더 공격적인 형태로 변해 갈 것이다. 한동안 실패가 없었기 때문에 이런 경향은 사회적으로도 정당화된다. 그러나 결국 투기적인 채무나 폰지형 채무의 무게를 견딜 수 없는 상황에 이르면 내부적으로 곪아터지게 된다. 이런 부채 구조의 변화 과정을 이 책에서는 '민스키 이동Minsky Migration'이라고 부르겠다.

맥컬리는 민스키 이론의 핵심을 다음과 같이 잘 요약한다.

달리 말해 안정적인 경제 상황은 결코 우리의 경제 구조에서 종착지가 될 수 없다. 다만 불안정성을 향한 여정의 중간 기착지일 뿐이다.

맥컬리는 '민스키 모멘트Minski moment'라는 용어를 만들었는데, 이것은 사회의 부채 구조가 점점 공격적으로 변해 가는 '민스키 이동'이 어느 순간 한계에 부딪혀 자체 붕괴로 이어지는 시점을 가리킨다. '민스키 이동'이 '민스키 모멘트'를 지나치는 순간 버블의 붕괴가 일어난다고 간단히 표현할 수 있다. 투기 부채, 폰지 부채가 내부에서 붕괴되기 시작하고 경제 상황 전반이 악화되면 안정적인 헤지 부채까지도 취약해진다. 대출 갱신이 불가능해지면 은행들이 담보로 잡힌 자산을 매각할 수밖에 없기 때문에 투매가 발생하면서 자산가격은 추락하게 된다. 큰 경제적 고통을 수반하는 이러한 내부로부터의 붕괴 과정을 우리는 부채 디플레이션이라고 부른다.

▌ 부채 디플레이션과 자산가격 ▌

어빙 피셔는 불운한 경제학자이다. 1929년 대공황으로 주식시장이 붕괴하기 바로 며칠 전, 어빙 피셔는 "주가가 새로운 시대의 고원을 밟았으며 지금과 같은 수준이 계속 유지될 것이다"라는 말을 남겼다. 그는 주가 폭락이 시작된 직후에도 이 주장을 굽히지 않았다. 초기에는 그의 주장에 동조하는 사람들도 많았지만 그가 창업한 투자회사가 큰 실패를 겪자, 그와 그의 동조자들은 모두 신뢰를 잃어

버렸고 어빙 피셔라는 이름은 대공황 이전 버블의 잘못된 인식을 상징하는 오명이 되어버렸다. 이 때문에 디플레이션의 부채 부담을 가중시키는 과정을 설명한 피셔의 부채 디플레이션 개념은 그 이론적 훌륭함에도 불구하고 그가 사망한 이후 한참이 지나서야 재조명을 받기 시작했다.

피셔는 대공황 이전까지 균형이론의 열렬한 신봉자였지만, 1933년경에는 '경제가 안정적인 균형을 스스로 회복한다'라는 고전적인 개념을 반대하는 입장으로 선회했다. "여러 가지 복잡한 요소들이 우연히 안정점을 찾아내는 균형 회복이라는 것이 있을 수도 있지만, 어느 정도 시간이 지나 선을 넘어가게 되면 곧 불안정성이 뒤따른다. 마치 막대를 구부릴 때 처음에는 뻣뻣하다가 어느 순간 이후에는 완전히 구부러지고 결국에는 부러지는 것과 마찬가지다." 피셔는 균형이라는 개념을 "멍청한 것"이라고 이야기했고 "대부분은 생산, 소비, 지출, 저축, 투자, 기타 등등 모든 것이 과잉이나 부족의 상황을 겪는다"고 했다.

대공황이 최악의 상황을 지나고 있을 때, 피셔는 버블의 형성과 붕괴에 대한 주기 이론을 만들어냈는데 이것이 바로 부채 디플레이션debt-deflation 이론이다. 이 이론은 과도한 부채가 디플레이션과 결합될 때 치명적인 위기를 만들어 내며, 다른 어떤 요인도 쉽게 상황을 바꿀 수 없다는 전제를 바탕을 둔다. 피셔는 부채의 위험성을 강조하면서 대공황의 원인으로 과잉투자, 사회의 과도한 자신감, 투기 열풍 같은 것들도 중요하지만 무엇보다도 가장 근본적인 문제는 부채이며 "빌린 돈으로 한 것이 아니라면 문제의 심각성이 훨씬 덜했을 것"이라고 말했다.

부채 디플레이션 이론은 자산가격의 하락이 부채의 부담을 증가시켜 비교적 많은 양의 부채를 사용한 채무자들이 돌이킬 수 없는 상황에 처할 수 있다는 생각에서 출발한다. 부채 디플레이션의 진행 과정은 결국 과도한 부채를 이기지 못한 개인과 기업이 어쩔 수 없이 헐값에 자산을 매각하는 것으로 결말을 맺는데, 자산 매각은 자산의 가격을 떨어뜨려 부채 부담을 더욱 가중시키고 이것이 다시 강제적인 매각을 확대하는 악순환의 과정이 수반되게 된다. 피셔는 이 악순환의 과정을 다음과 같이 요약한다. "과잉 부채 문제가 너무 심하면 자산을 정리하는 속도보다 가격이 더 빨리 떨어지게 될 것이고 모두가 동시에 부채의 수렁에서 빠져나오기 위해 노력하면 할수록 오히려 그 수렁에 더 깊이 빠지게 된다."

오늘날 학계에서는 20세기에 두 번의 대표적인 부채 디플레이션 현상이 나타났다고 생각한다. 그 두 번은 1930년 미국의 대공황과 1990년대 일본의 소위 잃어버린 10년(혹은 20년, 혹은 30년?) 기간을 뜻한다. 일본의 잃어버린 10년에 대한 자료가 대공황 때보다 훨씬 많기 때문에, 일본의 사례에 대한 최신 연구들도 살펴볼 만하다. 특히 리처드 쿠Richard Koo의 2단계 경기침체이론은 꼭 한 번 살펴볼 가치가 있다. 일반적인 경우에 기업은 기존의 경제학 이론대로 이윤 극대화에 집중한다. 그러나 부채에 기댄 호황기가 끝나고 부채 디플레이션이 시작되면 기업들은 이익의 희생을 감수하고라도 자산을 매각해 우선적으로 부채 부담을 낮추는 디레버리징에 집중하게 된다. 그 결과 대출에 대한 수요가 사라지며, 일본에서처럼 금리가 0에 가까워지더라도 대출을 받기는커녕 디레버리징만이 지속되는 결과를 만들어 낸다. 리처드 쿠는 이런 현상을 '재무상태표 불황'이라고 불렀다.

부채 디플레이션 이론은 어떤 면에서는 재귀적 균형이론을 부채에 적용한 버전이라고 할 수 있다. 부채 부담으로 인해 가격 하락에 대한 공포가 눈덩이처럼 커지면서 부채 부담의 증가와 자산가격 하락이 끝도 없는 악순환을 계속한다는 점은 다분히 재귀적인 현상이기 때문이다. 다음 장에서는 부채 디플레이션 이론과 비슷한 뿌리를 갖는 오스트리아학파의 경기순환이론을 살펴보겠다. 부채 디플레이션 이론이 버블의 붕괴 이후 상황이 어떻게 악화되는지를 설명하는 데 방점을 둔 반면, 오스트리아학파의 이론은 붕괴 이전에 과잉투자와 그로 인한 초과 공급이 버블을 형성하는 과정을 보여주고 있다는 점에서 차별성이 있다.

오스트리아학파의 경기순환이론

20세기 초반 오스트리아학파(오스트리아 출신 학자들이 초기 이론을 형성한, 자유주의 사상을 근간에 두는 경제학의 연구 학파)는 채권자와 채무자 간의 자금 중개 역할을 수행하는 은행의 기능에 주목하여 버

●●●● 연방준비제도와 화폐 발행

 은행이 하는 역할은 다양하지만, 가장 중요한 것은 시중에서 자금을 모아 생산적인 투자로 사용될 수 있도록 분배하는 역할이다. 이를 위해 은행들은 개인과 기관으로부터 예금을 받고 이 돈을 다른 개인이나 기관에 대출해 준다. 이때 은행은 예금자가 필요할 때 저금한 돈을 찾을 수 있도록 일정한 수준의 현금을 준비해 두고 있어야 한다. 물론 은행이 예금으로 받은 돈을 모두 금고에 보관하면 되겠지만, 이렇게 되면 대출이 필요한 사람들에게 공급할 자금이 없어지게 된다. 더욱이 예금자들이 한꺼번에 몰려들어 맡겨 놓은 돈을 요구할 확률은 매우 낮기 때문에 이처럼 전액을 쌓아두는 방식은 비효율적이다. '지급준비제도'는 은행이 예금 인출에 대비하면서 대출이라는 본연의 기능을 최대화할 수 있도록 해주는 오늘날 은행 운영 방식의 지배적 형태이다. 지급준비제도 하에서 은행은 예금자의 인출에 대비해 예금의 일부만을 남겨놓고 나머지 예금은 대출로 내보낸다. 은행의 이러한 영업활동을 통해 사회 전체적으로는 돈의 공급이 증대되는데, 여러 금융기관들에 의해서 총대출금액은 최초에 예금으로 입금된 금액의 몇 배로 불어나게 된다.

 대출이 어떻게 예금의 몇 배까지 늘어나는지 이해하기 위해 예를 들어보겠다. 은행 1에 1000달러가 예금되어 있고 지급준비율이 10%라고 해보자. 즉 은행 1은 100달러만을 남겨놓고 900달러는 대출에 쓸 수 있다. 대출해 준 900달러가 돌고 돌아 다른 은행의 예금으로 입금된다면, 이 은행에서는 90달러를 남겨 두고 810달러를 다른 은행에 대출해 줄 것이다. 이런 과정이 10번 반복된다면 예금액은 6,500달러가 된다. 25번 반복되면 총예금액은 9,250달러가 된다. 수없이 반복되면 총잔고가 1만 달러 혹은 최초 잔고의 10배가 된다. 일반화하면 경제 내의 총대출금은 예금액의 '1/지급준비율' 만큼 커지게 된다. 따라서 지급준비율이 25%이면 총잔고가 결국 최초 예금액의 4배 혹은 4,000달러이다. 마찬가지로 지급준비율이 50%이면 총잔고가 2배 혹은 2,000달러이다. 아래 〈그림〉은 지급준비율에 따라 유동성이 늘어나는 차이를 보여준다.

〈 그림 〉 지급준비제도 하에서 유동성의 증대 효과

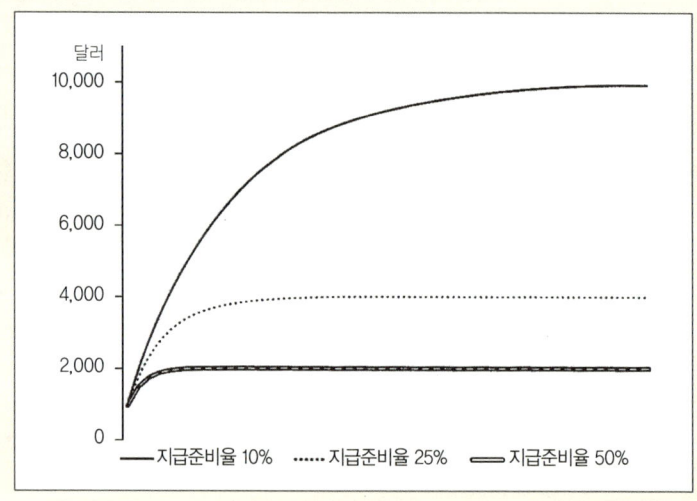

지급준비제도 하의 은행은 예금자들이 동시에 인출을 요구하는 사태가 발생했을 때 어려움을 겪게 되는 위험성을 안고 있다. 실제로 이런 일은 잘 일어나지 않지만, 은행에 대한 신뢰가 무너지면 예금자들이 인출하려는 금액이 은행의 지급준비액을 넘어서는 현상이 나타날 수 있다. 이것을 뱅크런Bank Run이라고 부른다. 이런 이유로 여러 나라에서는 예금자보호체계를 만들어 뱅크런을 초래하는 신뢰 붕괴를 막고자 한다.

블의 형성과 붕괴 과정에 대한 이론을 만들었다. 이 이론의 핵심은 사회에 유동성 공급이 지나치게 확대되면 투기가 생기고 이것이 지속 가능하지 않은 과도한 성장을 조장하기 때문에 버블이 만들어진다는 것이다. 오스트리아학파의 학자인 르웰린 록웰Llewellyn Rockwell은 "소비를 아껴서 이루어 낸 합법적 소유와 금융을 이용한 탐욕적 소유는 경제적·도덕적으로 완전히 다르다"라고 말한다. 또 지나치게 낮은 금리는 악성 투자와 과소비를 부추기고, 낮은 저축률을 당연하게 여기는 사회 분위기를 조장한다고 믿었다. 화폐 발행을 독점하고 있는('연방준비제도와 화폐 발행' 참조) 중앙은행이 낮은 금리를 통해 투기적인 탐욕적 소유를 조장하기 때문에, 오스트리아학파의 학자들은 금융 버블의 기원이 팽창적 통화정책을 사용하는 중앙은행이라고 주장하였다.

오스트리아학파 이론의 기초

오스트리아학파 이론의 가장 근간이 되는 전제 세 가지는 다음과 같다. (1) 경제에서 균형이라는 개념은 넌센스이다. (2) 개인의 의사결정 체계에 대한 이해를 집단으로 확대해서는 안 된다. (3) 이자율에 따라 소비와 저축에 대한 선호가 결정된다.

우선 균형이라는 개념을 거부한다는 내용부터 살펴보자. 오스트리아학파 학자 중 노벨상을 받은 프리드리히 하이에크Friedrich Hayek는 균형 상태는 현실에서 결코 자연스러운 것이 아니며 예외적인 것이라는 관점을 가진다. 그는 "상황이 어떻게 잘못될 수 있는지를 묻기 전에 상황이 어떻게 제대로 굴러갈 수 있는지부터 의심해야 한다"고 말했다.

오스트리아학파의 또 다른 지론은 개인의 선호체계를 확장해서 집단을 파악하는 작업이 허구라는 것이다. 개개인의 취향과 인식이 다르기 때문에 고전파 경제학에서 자주 하는 것처럼 집단 전체에 단일한 수요곡선을 적용할 수 없다. 르웰린 록웰은 이에 대해서 "경제 안에서 모든 행위자는 가치와 선호, 수요와 욕망, 어떤 목적을 달성하기 위한 시간적 여건 등이 모두 각기 다르다"라고 말했다. 이러한 경제 내 구성원들이 갖는 이질성에 대한 신념은 하이에크가 제시한 '생산삼각형'에서 가장 잘 드러난다. 〈그림 2-1〉은 이 삼각형을 단순화시킨 것으로, 총 다섯 단계에 걸쳐 서로 다른 경제주체의 행동을 보여준다.

생산삼각형의 핵심은 기업들의 의사결정이 상황에 따라 서로 다른 방식으로 결정된다는 것이다. 생산삼각형의 1단계는 연구개발

〈그림 2-1〉 하이에크의 생산삼각형

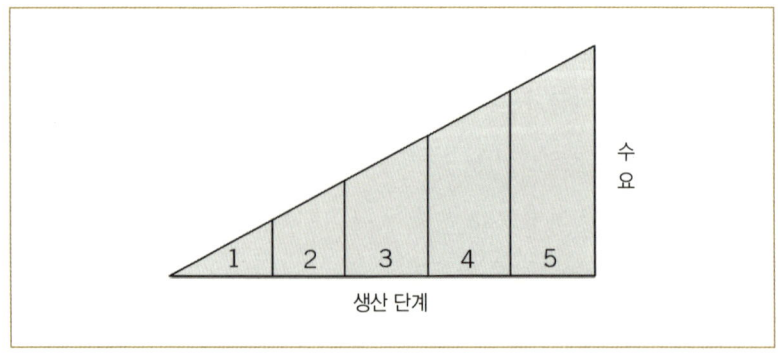

같은 초기 단계의 생산 과정으로 이 단계에 있는 기업들은 수년 후에나 구체화될 수 있는 손익 계산에 바탕을 두고 의사결정을 내린다. 초기 단계는 문자 그대로 투자의 단계로 당장의 이윤을 포기하고 미래의 이윤을 지향하는 일이므로 단기적인 수요 전망이 부진하다고 해도 기업은 투자를 결정할 수 있다. 반대로 2단계 이후의 생산 기능은 실제 대량생산을 통해 물건을 시장에 공급하는 상황이므로 재고나 운전자본의 양과 같은, 연구개발 단계와는 전혀 다른 기준들에 의해서 생산에 대한 의사결정이 내려진다.

이처럼 초기 단계의 의사결정에 영향을 주는 요인과 이후의 생산 과정에 영향을 주는 요인이 서로 다르기 때문에, 오스트리아학파는 전체 경제집단을 단일한 구성원들의 집합으로 일반화하는 것이 부적절하다고 생각한다.

하이에크 생산삼각형에서 빗변의 기울기는 기업가가 추구하는 이익의 지표라고 볼 수 있다. 경사가 가파른 삼각형은 생산자 다음 단계의 상태로 넘어가는 데 매우 큰 수요의 증가를 요구한다는 것을 뜻한다. 가파른 생산삼각형을 따르는 기업가에게 1단계 연구개발 투자와 같은 장기간의 회수 기간이 필요한 초기 투자는 최소화된다. 반대로 경사가 낮은 삼각형은 마진에 대한 요구가 낮다는 것을 의미하며, 낮은 기울기의 생산삼각형을 따르는 기업가들은 장기적인 안목에서 연구개발과 같은 투자를 강조하게 된다. 결국 생산삼각형에서 경사도는 돈의 시간 가치를 대변하며, 투자 여부를 결정하는 주요 지표가 된다.

오스트리아학파 이론의 세 번째 전제는 소비와 저축이 상충 관계에 놓여 있다는 것이다. 저축은 소비를 하지 않고 아낀 자원으로 하는 것이며, 마찬가지로 소비는 저축을 희생해서 하는 것이다. 이런 소비 대 저축의 대결구도는 돈의 가격이라고 할 수 있는 금리에 의해서 좌우된다고 주장한다.

중앙은행과 유동성 공급, 과잉투자

오스트리아학파는 서로 대립하는 소비와 투자의 관계에서 금리가 자원을 적절히 분배되도록 만드는 역할을 하고 있다고 생각한다. 〈그림 2-2〉는 금리(즉 돈의 가격)가 어떻게 소비와 투자의 균형점을 만들어 내는지를 보여준다.

앞서 언급했듯이 중앙은행의 개입은 오스트리아학파가 혼란과 문제만을 일으키는 행위라고 생각했던 것이다. 자본주의 사회에서는 사회가 중앙은행에게 경제 발전을 자극할 것을 요구하기 때문에 대부분의 경우 중앙은행들은 적정 수준보다 이자를 낮게 설정하는 경향을 보인다. 금리가 낮아지면 생산삼각형의 빗변 기울기 역시 낮아지면서 연구개발, 공장 확장과 같은 장기적인 관점에서의 투자가 증가한다. 금리가 낮다는 것은 기업의 투자 결정 측면에서 보면 투자의 효과를 실제보다 더 좋아 보이게 하기 때문이다. 이런 왜곡은 대개 중앙은행의 금리 조작을 통해 이뤄지지만 금리를 낮추지 않더라도 중앙은행이 시중은행의 금리를 통제하거나 지급준비율을 낮추는 등의 행위를 통해 돈을 찍어내어 유사한 효과를 얻을 수 있다.

〈그림 2-2〉 금리가 만들어 낸 소비와 투자의 균형점

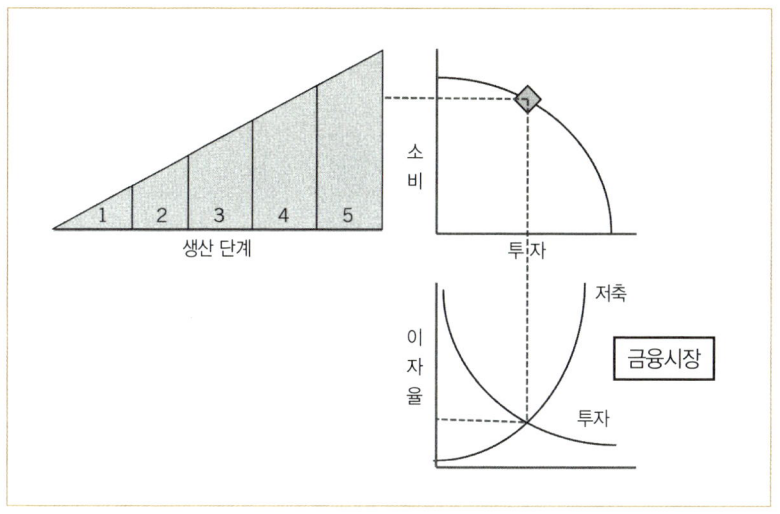

　비정상적으로 낮은 금리는 과잉 소비를 초래할 수도 있다. 앞서 말했듯이 오스트리아학파의 관점에서 저축과 소비는 상충 관계에 있기 때문에 낮은 금리는 저축의 효용성을 낮추고 결국 소비자들은 저축을 줄이고 소비를 늘리게 된다. 이렇게 늘어난 소비는 하이에크 생산삼각형에서 기업들이 더 많은 투자를 집행하도록 자극하게 된다. 과잉소비가 다시 과잉투자를 부추기게 되는 것이다. 〈그림 2-3〉은 지나치게 낮은 금리가 어떻게 과잉투자(윗부분)와 과소비(아랫부분)를 동시에 자극하는지를 보여준다.
　인위적인 저금리가 만들어내는 과잉투자, 과잉소비가 도를 넘어서게 되면 어느 순간 지나치게 많은 부채와 지나치게 부족한 저축의 문제에 직면하게 된다. 이런 시점은 대개 호황이 정점에 달하고 버

〈그림 2-3〉 지나치게 낮은 금리로 인한 과잉투자와 과소비

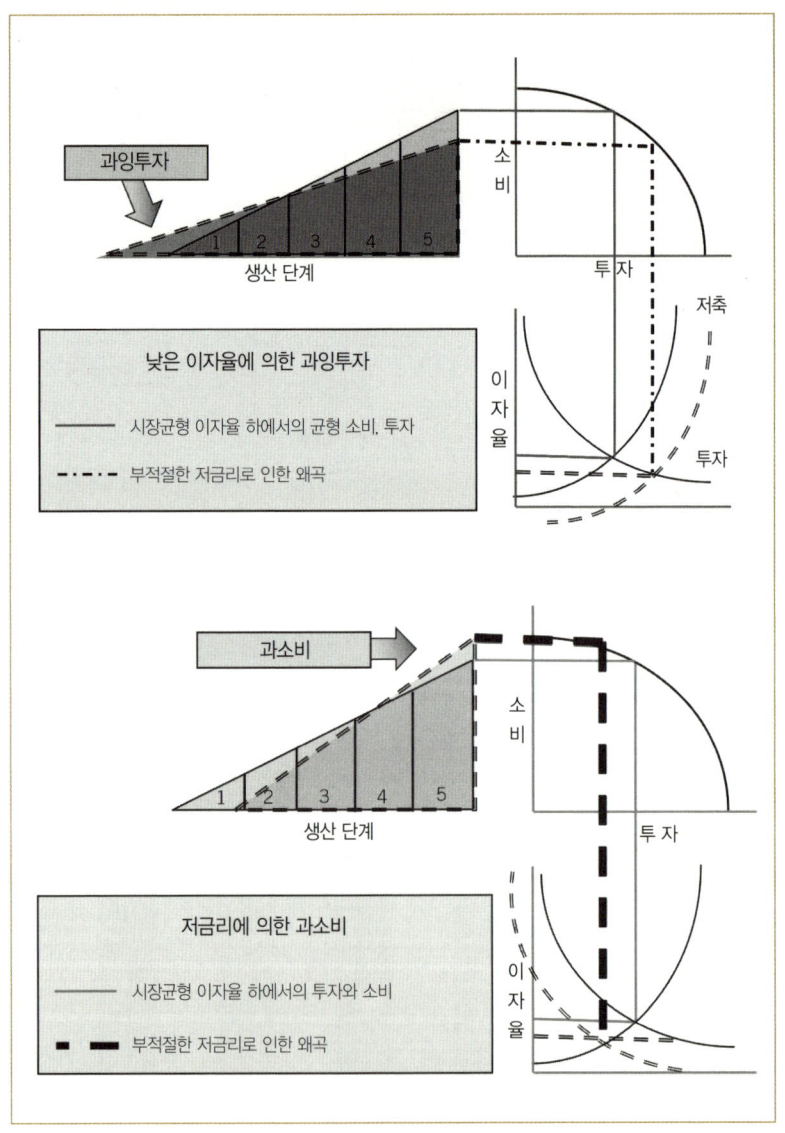

블의 붕괴가 시작되는 시점이다. 경제주체들이 지나치게 많은 빚을 지고 있고 지나치게 많은 소비를 하고 있다는, '과잉'에 대한 공포심을 갖게 될 때 이 공포에서 벗어나기 위해 소비를 줄이고 저축을 늘려 부채를 갚는 시도를 하게 된다. 앞서 리처드 쿠가 말하는 재무상태표 불황의 현상이 나타나게 되는 것이다.

과잉투자로 인한 공급 초과의 문제가 뚜렷해지면 디플레이션 압력이 생기며, 디플레이션이 진행되면 부채의 실질가치가 증가하면서 경제 전반을 짓누르는 압력이 더 커진다. 오스트리아학파는 이런 악순환 과정에서 벗어나기 위해서는 경제가 과잉투자와 과잉소비를 해결하도록 순리대로 그대로 두어야 하며, 구제금융이나 다른 식의 정부 개입이 있어서는 안 된다고 믿었다.

과잉투자와 과소비를 불러오는 요인과 그 관계들에 대한 설명에서 분명히 알 수 있듯이, 오스트리아학파는 버블의 형성과 붕괴로 이어지는 경제 사이클의 근본적인 원인이 중앙은행에 의해서 강제되는 부적절하게 낮은 금리라고 믿는다. 연방준비제도와 같은 현대의 중앙은행들은 사실상 돈을 무한정 찍어 낼 수 있다. 이렇게 찍어 낸 돈은 은행의 유동성으로 공급되고 승수 효과로 인해 중앙은행이 공급한 신규 유동성은 시중은행간의 복잡한 대출 관계를 통해 원래 중앙은행이 찍어 낸 돈의 몇 배 크기로 신규 신용을 창출한다. 그리 크지 않는 규모의 유동성 공급만으로도 시중의 '돈의 공급'을 크게 증가시킬 수 있고 이는 돈에 대한 수요와 공급의 균형에 따라 돈의 가격인 금리가 내려가는 효과를 가져온다. 결국 연방준비제도와 같은 중앙은행들은 사실상 단기 금리를 원하는 대로 얼마든지 결정할 수 있다.

오스트리아학파는 '시장을 가장 잘 알고 있다'고 주장하는 연방준비제도(연준) 소속의 경제학자들이 내적 모순을 가지고 있다고 말한다. "여러 측면에서 연준은 공산주의나 사회주의국가에서 볼 수 있는 중앙계획경제 조직의 역할을 하고 있다." 조지 소로스가 사회과학 전반에 취하고 있는 관점과 비슷하게, 오스트리아학파는 선험적인 경제 예측은 불가능하다고 생각하며 설사 경제학자들이 경제의 방향을 효과적으로 예측할 수 있다고 하더라도 시장에 관여하는 순간 모든 가정과 예상들이 왜곡될 수밖에 없다고 믿는다. 중앙은행과 관련한 이런 생각은 미국 하원의원이자 2008년 대선후보였던 론 폴 Ron Paul의 발언에서도 잘 나타난다. "수십 년간 연준 공무원들과 만나온 경험, 연준 의장들과의 개인적인 논의, 평생 경제학 전문서적을 읽어온 경험과 그리고 현재 연준에 주어진 자유가 갖는 심각한 위험성 등을 종합해 볼 때, 연준이 책임 있는 화폐정책을 시행할 가능성은 절대 없습니다."

거시경제 이론들의 통합

이 장에서 제시한 관점 중에서는 주류 경제학자들이 완전히 수용하지 않는 이론들도 있다. 그러나 이들은 버블의 형성과 붕괴 과정을 이해하도록 해주는 강력한 도구가 된다. 더 나아가 여기서 다룬 오스트리아학파의 이론, 민스키의 금융 불안정성 가설, 부채 디플레이션 이론들은 하나의 일관된 이론적 구축물로 통합될 수 있다.

〈그림 2-4〉는 이 요소들을 거시경제학적 관점으로 통합하여 극단적인 금융 상황을 평가하는 법을 보여준다. 순환구조에서 보이듯, 부채의 순환적 성격이 이 틀의 근본 원동력이 된다.

중앙은행이 경기 부양을 위해 의도적으로 낮은 금리를 유지하게 되면, 오스트리아학파의 이론에 따라 과잉투자와 과잉소비가 발생해 경제 내의 부채가 증가하게 된다. 부채의 증가가 과도한 수준까지 도달하게 되면 하이먼 민스키의 민스키 모멘트에까지 도달하게

〈그림 2-4〉 신용 순환 구조

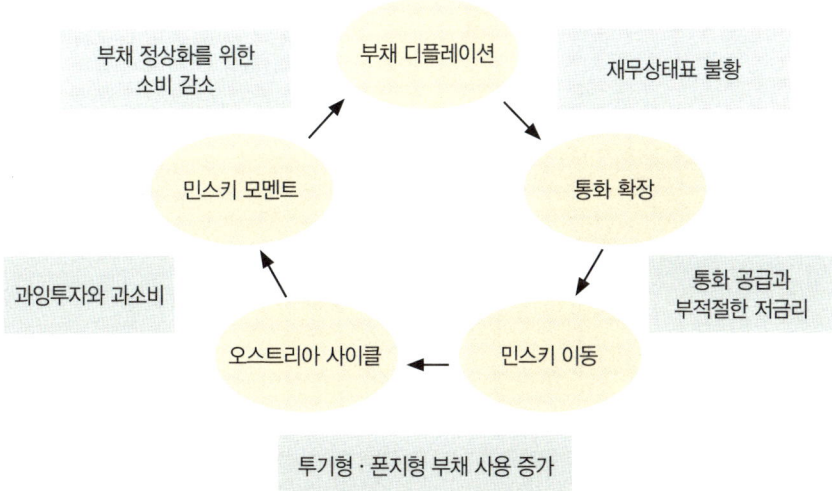

되고 버블은 붕괴하기 시작한다. 과도한 부채 상태에서 한계에 직면한 버블은 어빙 피셔의 부채 디플레이션 이론에 따라 끝도 없는 악순환의 고리를 보이며 경제를 위축시키게 되는 것이다.

다음 장에서는 딱딱한 경제학에서 벗어나 좀 더 흥미로운 심리학적 관점에서 인간의 의사결정이 어떻게 비합리성에 빠지게 되고 버블의 형성을 촉진하게 되는지를 알아볼 것이다.

세 번째 렌즈 : 심리학
― 호모 이코노미쿠스와 호모 사피엔스의 만남 ―

[
투자는 IQ 160짜리가 IQ 130짜리를 이기는 게임이 아니다.
평범한 수준의 지능만 있으면 그 다음부터는 충동을 조절할 수 있는
능력이 필요하다. 사람들이 투자에 실패하는 이유는
충동을 조절할 수 있는 능력이 없기 때문이다.
― 워렌 버핏
]

 버블의 형성과 붕괴의 원리를 관찰할 세 번째 관점은 심리학이다. 경제적인 관념의 한계에서 벗어나 실제 인간의 행동을 관찰함으로써 우리는 경제적 현상에 대한 새로운 지식을 얻을 수 있을 것이다.
 대부분의 경제학 이론에 깔려 있는 핵심적인 가정은 인간이 합리적 개인이라는 것이다. '합리적'이라는 용어는 다양한 방식으로 해석할 수 있겠지만, 일반적으로는 자신의 이익을 극대화하기 위해 스스

로에게 최적화된 의사결정을 한다는 뜻이다. 이런 '경제주체의 합리적 선택'이라는 논리에 따르면 인간은 선택에 따른 비용과 효용을 비교해 자신에게 가장 이득이 되는 결정을 내릴 수 있는 능력을 가지고 있음을 가정하고 있다. 경제주체가 합리적인 판단 능력을 가지고 있다는 관념은 경제학을 넘어서 대부분의 사회과학 영역에 지배적인 영향을 끼쳐 왔다. 영국 에식스대학의 존 스콧John Scott은, "합리적 선택 이론은 합리적이고 계산적인 행동 외의 어떤 행동도 인정하지 않는다"고 말했다.

합리적 선택 이론에서는 개인의 선택이 다음 3가지 법칙을 따른다고 가정한다.

첫 번째는 이행성의 법칙으로 어떤 사람이 X를 Y보다 선호하고 Y보다 Z를 선호한다면 반드시 Z를 X보다 선호해야 한다는 법칙이다. 두 번째는 완결성의 법칙으로 선택지가 X와 Y뿐이라면 반드시 이 중에서 어느 한쪽을 더 좋아해야 한다는 것이다. 마지막 세 번째 불변성의 법칙은 첫 번째 관측에서 X보다 Y를 좋아했다면 이후 어떤 순간에도 X보다 Y를 좋아해야 한다는 법칙이다.

합리적 선호체계를 가정하는 이론들의 구체적인 예를 들어보자. 합리적인 사고체계를 가진 사람인 A에게 사과와 오렌지 중 무엇을 더 좋아하냐고 물어보면 A는 사과나 오렌지 중에서 선택을 하지 세 살배기 아이처럼 "딸기를 원한다"고 말하지는 않을 것이다. 이것이 완결성이다. 또 A가 오렌지를 골랐다고 해보자. 그런데 오렌지를 까기 직전에 딸기를 추가로 선택할 수 있게 되었다. 만약 A가 이 상황에서 딸기를 선택했다면 두 번의 선택으로 사과, 오렌지, 딸기에 대한 A의 선호도는 완벽하게 파악될 수 있다. 이행성의 법칙에 따르면 A는 딸기를 오렌지보다 좋아하고, 오렌지를 사과보다 좋아하므로 딸기를 사과보다 좋아할 것이다. 이렇게 인간이 가진 선호체계에 규칙을 세움으로써 경제학은 과학적 방법으로 사회현상을 해석할 수 있게 되었다. 수학적인 등식과 공식으로 인간의 행동을 모델링할 수 있게 됨으로써 경제학은 물리법칙과 같은 엄밀함을 획득하게 된 것이다.

하지만 비교적 최근에 들어서야 학자들은 인간이 이렇게 엄밀하고 합리적이지 않다는 것을 발견하기 시작했다. 심리학의 한 종류인 행동과학적 관점에서 볼 때 "인간은 합리적인 논리가 아닌 인지편향cognitive bias에서 비롯된 비합리적 판단에 의해 움직이며, 대개의 경우 자신의 판단이 인지편향에 따라 왜곡되는 것을 인식하지 못한다". 심리학자들은 인지편향에 대한 수백 가지 실증 연구를 통해 사람들이 이런저런 이유로 인해 경제적으로 합리적인 선택을 하지 않는다는 것을 밝혀냈다. 인간 선택의 비합리성에 대한 심리학자들의 연구 성과가 경제학에 영향을 미치기 시작하면서 경제학 내에서도 합리적 선택을 가정하는 기존 경제학에서 벗어난 새로운 학문 분야가 탄생했다. 바로 '행동경제학behavioral economics'이다.

새로운 학문 영역이 단지 한두 명만의 작업으로 태어났다고 할 수 있는 경우는 극히 드물지만, 행동경제학은 바로 그런 학문 분야이다. 프린스턴대학의 교수 대니얼 카너먼Daniel Kahneman과 고(故) 아모스 트버스키Amos Tversky가 현재 행동경제학이라고 알려진 분야를 개척했다. 2006년 미국 경제협회American Economic Association 연설에서 카너먼은 연구를 시작하게 된 동기에 대해 다음과 같이 회고했다.

경제학의 심리학적 측면을 처음 접하게 된 계기는 브루노 페이Bruno Fey가 1970년대 초반에 이 주제에 대해 쓴 논문을 봤을 때였다. 첫 문장인가 두 번째 문장에서 경제학 이론의 '행위자는 합리적이고 이기적이며 선호도는 항상 일정하다'라는 기본 가정에 대한 그의 생각이 나온다. 페이는 이 가정이 상당히 충격적이라고 했는데, 그가 심리학을 공부할 때 저런 말을 절대 믿어서는 안 된다고 훈련받았기 때문이다.

이 장에서는 행동경제학이라는 새로운 학문의 최신 연구 결과를 살펴볼 것이다. 이를 통해 우리 모두가 의사결정을 할 때 꾸준히 어느 한쪽으로 치우치는 편향성을 보인다는 것을 알아갈 것이다. 인지 편향은 우리가 합리적이라고 믿는 것과는 정반대의 방향으로 우리를 이끌고 간다. 이 장에서 소개할 연구 결과들은 어떻게 비합리성이 비정상이 아니라 정상일 수 있는지, 왜 경제가 균형을 유지하지 못하고 버블의 형성과 붕괴를 반복하는지를 이해하는 데 도움을 줄 것이다. 말하자면 버블의 형성과 붕괴의 심리학적 속성에 대한 밑그림을 그려줄 것이다.

■ 비합리성에 대한 연구의 태동 ■

에드워드 루소J. Edward Russo와 폴 슈메이커Paul Shoemaker의 저서 『이기는 결정Winning Decisions』에는 다음과 같은 테스트가 있다. 잠시 시간을 내어 〈표 3–1〉에 나오는 질문들에 답해 보자. 각각의 설문에 대해 '추정'이라고 된 열에 정답에 가장 가깝다고 생각되는 것을 채우면 된다.

추정치를 다 쓰고 나면 옆에 있는 두 칸에 각각 추정치를 포함하는 범위를 적어 보자. 원래 추정치를 고치지 않고 최소–최대 범위는

〈표 3–1〉 상식 테스트

질문	추정	최소	최대	정답 여부
1. 승객이 탑승하지 않은 에어버스A 340–600의 무게는?				
2. 존 스타인벡이 노벨문학상을 받은 해는?				
3. 지구와 달 사이의 거리는?				
4. 마드리드와 바그다드 사이의 거리는?				
5. 로마의 콜로세움이 설립된 해는?				
6. 이집트 아스완 하이댐(세계 최대의 댐)의 높이는?				
7. 마젤란의 함대가 세계 일주에 성공한 해는?				
8. 간디가 태어난 해는?				
9. 지중해의 면적은?				
10. 대왕고래의 임신 기간은?				

출처 : 에드워드 루소·폴 슈메이커, 『이기는 결정』(2002)

가능한 한 작게 잡되 실제 정답이 범위 안에 있을 확률이 90%가 될 수 있도록 충분하게 설정하자. "잘 모르겠지만 이 범위 안에는 꼭 들어올 것 같다"라고 생각하는 최소-최대치를 적으면 된다. 이 장의 내용을 충분히 잘 이해하기 위해, 책을 더 읽어나가기 전에 설문에 대한 응답을 꼭 해보기를 권한다.

〈표 3-2〉는 정답표이다. 앞에 당신이 적은 최소값과 최대값의 범위 안에 정답이 포함된 문항이 몇 개인지 확인해 보자. 추정치가 정답과 일치할 필요는 없다. 정답이 최대-최소의 범위 사이에만 있으면 된다. 정답의 수가 9개 이하인가? 9개 이하이면 당신의 자신감이 지나쳤다는 뜻이다. 문제 풀이 방법을 설명할 때 설정한 범위 안에 정답이 있을 확률이 90%가 되도록 하자는 내용이 있었다. 당신이 이

〈표 3-2〉 상식 테스트 정답

질문	정답
1. 승객이 탑승하지 않은 에어버스A 340-600의 무게는?	21만 8,000kg 혹은 240톤
2. 존 스타인벡이 노벨문학상을 받은 해는?	1962년
3. 지구와 달 사이의 거리는?	38만 4,400 km
4. 마드리드와 바그다드 사이의 거리는?	4,308km
5. 로마의 콜로세움이 설립된 해는?	서기 80년
6. 이집트 아스완 하이댐(세계 최대의 댐)의 높이는?	114미터
7. 마젤란의 함대가 세계 일주에 성공한 해는?	1522년
8. 간디가 태어난 해는?	1869년
9. 지중해의 면적은?	251만 제곱킬로미터
10. 대왕고래의 임신 기간은?	335일

지침에 충분히 따랐다면 확률적으로 10개 중 9개는 범위 안에 들어와야 한다.

아마 위에 제시한 문제들은 아무런 맥락도 없고, 운이 아니면 도저히 맞출 수 없는 문제라고 생각할 것이다. 그러나 이 테스트는 학문적으로 메타지식(자신이 무엇을 알고 무엇을 모르는지에 대한 지식—역자)과 자기확신의 정도를 검증하는 데 탁월하다는 사실이 입증된 것이다. 루소와 슈메이커는 연구 결과에 대해 다음과 같이 말한다.

> 이 테스트를 미국계, 아시아계, 유럽계 기업 관리자급 인사 2,000명을 대상으로 실시해 본 결과 정답 확률 90%의 범위를 제대로 설정한 사람은 전체의 1% 미만이었다. 대부분의 정답률은 4~7개 정도에 그쳤다.

사실 이 테스트를 통과할 수 있는 사람은 거의 없다. 나도 미국을 포함한 여러 나라의 학부생, MBA 학생, 경영자, 대학교수들에게 이 테스트를 해 보았다. 대부분은 3~6문제 정도만이 최소-최대의 범위 안에 들어왔을 뿐이다. 사실 이 테스트를 통과하는 것은 매우 쉽다. 범위를 아주 크게 잡기만 하면 된다. 하지만 사람들은 그렇게 하지 않고 자신의 지식 수준이나 예측 능력에 대해 과도한 자신감을 보인다. (아니면 될 대로 되라는 식으로 정답을 마구잡이로 적든지 말이다.) 이 테스트의 결과는 인간의 합리성에 대한 믿음 혹은 버블의 형성과 붕괴의 과정에서 시장참여자들이 합리적으로 행동할 것이라는 전통적인 경제학의 믿음을 뒤집어 버린다. 인간의 의사결정이 왜 그렇게 늘 비합리적인지 행동경제학의 성과들을 좀 더 자세히 살펴보도록 하자.

경험이 어떻게 우리를 망치는가

1970년대 초, 카너먼과 트버스키는 사람들이 불확실한 상황에서 어떻게 결정을 내리는지에 대한 연구를 시작했고 경제학의 합리적 행위 모델과 모순되는 흥미로운 결과들을 찾아냈다. 인간은 의사결정 과정에서 비용과 효용을 매번 컴퓨터처럼 정확하게 따지지 않는다. 인간은 계산보다는 과거의 몇 가지 경험heuristics에 근거해 복잡한 비용과 효용에 대한 분석을 단순화시키려고 한다. 대부분의 상황에서 이렇게 과거의 경험에 의존하는 것이 판단을 단순화시키는 데 유용하기는 하지만, 가끔은 치명적이고 체계적인 오류를 만들어 낼 수도 있다.

트버스키와 카너먼은 간단한 사례를 통해 경험에 의존하는 습관이 만들어 낼 수 있는 오류들과 이것이 어떻게 우리를 잘못된 판단으로 반복해서 이끄는지를 보여주었다.

사물과의 거리를 판단하는 기준 가운데 하나는 뚜렷함이다. 사물이 더 선명하게 보일수록 더 가깝다고 할 수 있다. 이 방법이 일리가 있는 것이, 멀리 있는 것은 가까이 있는 것보다 항상 흐릿하게 보이기 때문이다. 그러나 이 법칙을 따르면 거리를 가늠할 때 체계적 오류에 빠지게 된다.

'선명함=가까움'이라는 경험적 법칙을 바탕으로 하면, 시야가 나쁠 때 사물과의 거리를 실제보다 더 멀게 추정하거나 시야가 좋을 때 거리가 실제보다 가깝다고 믿게 된다. 따라서 선명함이라는 기준은 일반적으로는 유용하지만 이를 일관되게 적용하는 것은 부정확한 결론에 이르게 될 가능성을 높인다.

행동경제학의 연구들은 인간의 의사결정이 왜곡되는 가장 주요한 두 가지 오류를 찾아냈다. 물론 합리적 판단을 방해하는 경험의 존적 오류의 종류는 세부적으로는 수십 가지도 더 되겠지만 우리의 의사결정 능력을 끊임없이 저해하는 가장 대표적인 오류가 두 가지 있다. 이 두 가지는 대표성 추론법과 가용성 추론법이다. 우리는 이들이 어떻게 인지편향을 일으키는지 그리고 버블의 형성과 붕괴에 어떤 의미를 갖는지를 살펴볼 것이다.

1. 대표성 추론법

대표성 추론법은 우리가 빠른 결론을 내릴 때 무의식중에 종종 사용하는 방법이다. 우리는 어떤 사람에 대해 판단할 때 만약 그 사람이 속한 집단을 알고 있다면 그 집단의 이미지로 개인의 속성까지 규정해 버리는 경우가 있다. 이처럼 대표성 추론법은 몇 가지 개별적인 관찰에서 보인 특성이 전체를 대표할 것이라고 인지해 버리는 것이다.

예를 들어 보스턴에서 마르고 운동선수 같은 외모에 스니커즈를 신고 있는 사람이 길을 묻는다고 하자. 마침 이틀 후가 보스턴 마라톤이면, 아마도 대개의 경우 이 사람을 마라톤대회 참가자라고 여길 것이다. 마찬가지로 대학가에서 흐트러지고 엉성한 옷매무새에 정신없이 종이 뭉치를 들고 가는 중년 남성을 보면 십중팔구 대학교수라고 생각하게 된다.

이처럼 제한된 정보로 빠른 결론을 냈을 때, 그 결론이 반드시 옳다는 보장은 없다. 트버스키와 카너먼의 연구에 등장하는 대표성 추론의 예를 살펴보자.

스탠리라는 사람은 숫기가 없고 내성적이며 남을 정말 잘 도와주고 꼼꼼하며 조용하지만 깔끔하다. 이 사람의 직업은 농부, 자동차 세일즈맨, 비서, 화가, 의사, 도서관 사서 중 무엇일까? 실험에서 스탠리의 직업에 어울리는 것을 순서대로 나열하라고 했을 때, 대부분은 스탠리가 도서관 사서라고 생각했다고 한다. 스탠리에게 어울리는 직업의 순서를 나열하는 과정은 각 직업에 대해 우리가 가진 고정관념의 영향을 받는다. 어떤 대상에 대한 고정관념에 바탕을 둔 추론법은 잘 통하는 경우도 있지만, 불행히도 많은 경우에서 인지편향에 따른 오류로 이어진다. 대표성 추론 때문에 편향이 생기는 가장 큰 이유는 몇 가지 특징에만 집중하다 보니 결과에 영향을 주는 다른 확률적인 변수들을 고려하지 않기 때문이다. 대표성 추론법으로 인해 나타나는 인지편향 오류는 크게 다섯 가지이다.

① **기저 확률의 간과** 아무런 사전 정보나 제약이 없을 때 상식적으로 생각할 수 있는 확률을 기저 확률이라고 한다. 만약 스탠리의 성격이나 외모에 대한 설명을 전혀 하지 않고 직업을 맞춰보라고 문제를 냈다면 우리는 어쩔 수 없이 기저 확률에 의지해야만 한다. 직업을 추론할 때 사용할 수 있는 기저 확률은 우리 주변에 농부, 세일즈맨, 비서, 화가, 의사, 사서가 몇 명이나 있는지 생각해 보는 것이다. 즉 사서라는 직업이 실제로 주변에 흔하지 않다면 기저 확률상 스탠리가 사서일 확률도 낮아진다. 만약 주변에 사서보다 의사가 많다면 스탠리가 의사일 확률은 올라가게 될 것이다. 하지만 스탠리에 대한 설명을 듣는 순간, 우리는 이런 기저 확률을 쉽게 무시한다. 사서라는 직업을 갖는다는 것이 얼마나 희귀한 일인지보다는 그저 우리가 생각하는 사서의 이미지와 스탠리가 어울린다는 것에만 관심을 기울인다.

우리의 뇌는 우리가 중요하다고 생각하는 특징, 즉 대표성을 중시하고 일반적인 기저 확률은 무시하는 경향이 있다. 대표성 추론법은 의사결정을 할 때 통계적 가능성을 경시하거나 아예 배제하는 인지편향으로 쉽게 연결된다. 미국에는 의사가 사서보다 훨씬 많다. 하지만 위의 실험에서 많은 사람들은 스탠리를 사서라고 추측했다.

② **표본의 크기에 대한 무지** 트버스키와 카너먼은 어느 날 학생

들에게 이런 문제를 냈다.

어떤 마을에 병원 두 곳이 있다. 큰 병원에서는 매일 아기가 45명 태어나고 작은 병원에서는 15명이 태어난다. 모두 알다시피 아기의 50%는 남자아이다. 그러나 남자아이의 비율은 날마다 조금씩 다르다. 어떤 날은 50%를 넘는 반면 어떤 날에는 이에 못 미친다. 1년간 각 병원은 남자아이의 수가 60% 이상인 날을 조사해 보았다. 어느 병원에서 이런 날이 더 많을까?

A. 큰 병원
B. 작은 병원
C. 비슷하다(차이 5% 이내)

응답한 학생 중 50% 이상이 비슷하다는 C를 답했으며, 나머지 두 보기는 비슷한 비율이 나왔다. 하지만 어떤 통계이든 표본의 수가 커질수록 그 결과는 확률적인 평균치에 근접하게 된다. 동전을 던져 앞면이 75% 이상 나올 경우를 떠올려 보자. 동전을 네 번 던져서 앞면이 세 번 나오기가 4,000번 던져서 앞면이 3,000번 나오는 것보다 훨씬 더 쉽다. 트버스키와 카너먼은 "많은 사람들이 직관을 발휘할 때 이러한 통계의 근본 개념을 생각하지 않는다"고 말한다.

확률을 예측하는 데 있어서 표본의 크기는 매우 중요하다. 하지만 우리는 대부분의 상황에서 단순한 산술적 경향만을 생각하며, 표본 크기가 작을 때 생길지 모르는 편차는 무시하는 경향이 있다.

③ **도박사의 오류**   베이저만Bazerman과 무어Moore는 행동경제학적 의사결정에 관한 연구를 진행하면서 다음과 같은 문제를 고안했다.

> 당신과 배우자는 아이가 셋인데 모두 딸이다. 그리고 넷째를 임신했는데 이번에는 아들일 수 있을지 궁금하다. 딸이 또 나올 확률은 얼마일까?
> A. 6.25%(1/16), 왜냐하면 딸이 연속 네 번 나올 확률이 1/16이기 때문
> B. 50%(1/2), 왜냐하면 아들과 딸 중 하나가 나올 확률은 대략 반반이기 때문
> C. 6.25%와 50% 중간 어디쯤

이 실험에서 대부분의 응답자는 연속으로 딸 넷을 낳을 확률이 매우 낮다고 생각해 A와 C를 선택했다. 우리는 너무 쉽게 과거에 일어난 사건이 미래에 일어날 사건에 영향을 미칠 것이라고 생각한다. '이미 딸을 셋이나 낳았는데 또 딸이 태어날 확률이 얼마나 되겠어'라고 쉽게 치부한다. 그러나 베이저만과 무어는 "이런 사고의 문제는 아이가 태어날 때 성별의 문제는 과거의 사건과 서로 독립된 사건이라는 점을 간과하는 데 있다. 아이의 성별을 결정하는 정자는 그 집에 딸이 몇 있는지를 모른다"라고 말한다.

이런 상황은 룰렛 앞에 앉은 도박사의 생각과 흡사하다. 빨간색이 다섯 번 연속으로 나온 것을 본 도박사는 다음 숫자가 검은색일 확

률이 빨간색일 확률보다 높다고 확신한다. 그러나 검은색이 나올 확률은 언제나 18/37이거나 18/38이다. 이 확률은 당신이 룰렛 앞에서 몇 시간을 앉아 있건 변하지 않는다.

확률 계산의 오류는 근본적으로 우리 뇌가 질서를 원하기 때문에 발생한다. 그래서 무작위적인 것에도 우리는 무의식중에 질서를 부여하려 한다. 트버스키와 카너먼의 해석은 이런 우리의 오점을 명확하게 설명해 준다. "사람들은 확률이 자기 조정 기능을 가지고 있어서 한쪽에서 예외가 생기면 다른 쪽에서 이를 상쇄하는 일이 일어나 균형을 회복할 것이라고 믿는다. 사실 예외는 조정되지 않는다. 단지 사건이 여러 번 발생하면서 예외가 희석될 뿐이다."

④ **평균회귀의 무시**   앞서 도박사의 오류의 예에서 우리는 독립적인 사건들이 서로 영향을 미칠 것이라고 착각하며 통계적인 예외가 조정될 것이라고 믿는 오류를 살펴보았다. 그런데 이와는 반대로 통계적 예외가 조정되지 않을 것이라고 믿기 때문에 생기는 오류도 있다. 다른 펀드들이 다 죽을 쑤고 있는 상황에서 유독 수익률이 좋은 펀드가 있으면, 우리는 쉽게 펀드매니저의 능력 때문일 것이라고 단정한다. 하지만 어느 순간에나 상대적인 성과가 좋은 펀드는 항상 있으며 시간이 지나면 이 펀드의 성과가 나빠져 평균으로 회귀하고 수익률이 좋지 않던 다른 펀드가 두각을 드러낸다. 카너먼과 트버스키는 예언의 심리학에 관한 초기 저작에서 이에 관해 유명한 예를 들었다.

성적이 나쁜 학생에게 벌을 주고 성적이 좋은 사람들에게 상을 주었더니, 성적이 나쁜 사람들은 성적이 오르고 성적이 좋은 사람들은 성적이 떨어졌다. 벌은 성적 향상에 효과적인 수단이고 상은 자만심만을 키우는 나쁜 수단인 것일까?

카너먼과 트버스키는 이 결과에 대해 벌이나 상 같은 것은 사실 성적과 아무런 관계가 없었으며 단지 성적이 평균에 수렴하는 회귀 현상 때문에 그런 결과가 나왔다고 해석한다. 우리의 뇌는 한 가지 자료나 수치에만 지나치게 의존함으로써 잘하는 사람은 과대평가하고 못하는 사람은 과소평가한다.

⑤ **집합의 오류** 통계학에서는 부분집합의 확률이 전체집합의 확률보다 클 수 없다. 어떤 사람이 보스턴 출신의 금발인 여성일 확률은 이 사람이 여성일 확률, 금발일 확률, 보스턴 출신일 확률보다 반드시 낮거나 같아야 한다. 이 사람이 보스턴에서 온 금발 여성일 확률이 50%인데 보스턴 출신일 확률이 5%일 수는 없는 것이다. 보스턴 출신 인구가 전체의 5%라면, 모든 보스턴 사람이 여성이고 금발일 경우에도 이 사람이 보스턴 출신의 금발 여성일 확률은 5%가 된다. 그러나 보스턴 사람 중 일부가 금발이 아니거나 여성이 아니라면 보스턴 출신의 금발 여성일 가능성은 반드시 5% 미만이어야 한다.

그러나 대표성 추론 때문에 우리의 확률 계산은 쉽게 뒤틀린다.

어떤 여자가 "car"를 "cah"로 발음하는 등 뉴잉글랜드 사투리를 심하게 쓰면 우리의 뇌는 이 사람이 여자일 확률보다 보스턴 출신 여자일 확률이 더 높다고 여겨버린다. 베이저만과 무어의 예를 보자.

린다는 31살이고 독신이며 자기주장이 분명하고 아주 똑똑하다. 그녀는 철학을 전공했다. 학생 때는 차별과 사회 정의에 대해 관심이 깊었고, 반핵 운동에 참여했다. 그녀에 대한 아래의 여덟 가지 설명 중 확률이 높은 것부터 순서대로 나열해 보자.

A. 린다는 초등학교 선생님이다.
B. 린다는 서점에서 일하고 요가를 배운다.
C. 린다는 여성주의 운동을 한다.
D. 린다는 공공 심리상담사이다.
E. 린다는 여성 유권자회 회원이다.
F. 린다는 은행원이다.
G. 린다는 보험설계사이다.
H. 린다는 여성주의 운동을 하는 은행원이다.

대부분의 응답자들이 H를 C보다, H를 F보다 높은 순위로 두었다. 즉 이 연구에 참여한 사람들은 린다가 은행원일 가능성보다 여성주의자 은행원일 확률이 높다고 생각했다. 여성주의자라는 특성은 린다에 대한 정보를 구체화하는 것이기 때문에(여성주의자 은행원은 은행원의 부분집합이다) 여성주의자 은행원일 확률이 그냥 은행원이거나 그냥 여성주의자일 확률보다 높을 수 없다.

린다에 대한 설명을 보면 은행원보다는 여성주의자 은행원에 가깝기 때문에, 대표성 추론이 작동되고 부분집합의 확률이 전체집합의 확률보다 더 크다고 생각하는 오류를 범하게 된다.

2. 가용성 추론법

가용성 추론법은 대표성 추론법과 더불어 인지편향의 대표적인 원인으로 거론되는 인지편향이다. 트버스키와 카너먼은 이것을 다음과 같이 간결하게 요약한다. "사람들이 어떤 확률을 평가할 때, 마음속에 쉽게 떠오르는 예나 생각을 활용하곤 한다." 가용성 추론은 객관적인 경험이나 지식보다 개인적 경험이나 생각을 중시하는 것을 일컫는다. 사람들은 자신이 직접 경험한 일을 더 잘 기억하기 때문에 개인적인 경험에 비추어 결론을 내린다. 가용성 추론법은 일상생활에 대한 판단에서는 유용한 편이다. 일상의 사건들은 우리가 이제까지 경험해 온 일에서 크게 벗어나지 않기 때문이다.

문제는 세상의 일이 우리가 경험했다고 해서 쉽게 발생하는 사건이 아니며, 우리가 경험하지 않았다고 해서 절대 일어나지 않을 일은 아니라는 것이다. 우리는 기억하기 쉽거나 뇌리에 강렬하게 남아 있는 일에 집중하느라 다른 요소들을 균형 있게 고려하지 못한다. 따라서 통계적인 확률과 관계없이 생생하고 기억하기 쉬운 것들이 확률적으로 더 많이 일어날 것이라 판단하게 된다. 베이저만과 무어에 따르면 "우리는 기억해 낼 수 있는 것들을 가장 대표적인 경험이라고 믿는다. 심지어는 우리가 직접 경험하지 않은 일까지도 대표할 수 있다고 여긴다"고 한다. 가용성 추론의 대표적인 사례들을 살펴보자.

회상용이성 우리의 기억은 최근에 일어난 일일수록 그리고 강렬한 경험일수록 더 잘 인식하는 구조를 가지고 있다. 이를 회상용이성 ease-of-recall bias 라고 한다. 아래는 베이저만과 무어가 제시한 회상용이성의 사례다.

1990년에서 2000년 사이 미국인의 사망 원인을 맞춰 보도록 하자. 아래 보기로 제시된 각 요인 옆에 예상되는 발생 빈도에 따라서 순위를 숫자로 적어보자.

__ 담배
__ 불량한 식습관/운동 부족
__ 자동차 사고
__ 총기 사고
__ 약물 오남용

이제 각 요인별 사망자 수를 추정해 보자.

〈미국 의료협회지〉에 따르면, 사망 원인 1위는 담배이며, 그 다음이 불량한 식습관/운동 부족이다. 나머지 세 가지 이유가 자동차 사고, 총기 사고, 약물 오남용이다. 순위를 정확히 매긴 사람도 드물지만 상대적 빈도를 제대로 맞춘 사람은 더 드물다. 아래의 목록은 실제 사망자 수이다.

담배   43만 5,000명
식습관   40만 명
자동차 사고   4만 3,000명
총기   2만 9,000명
약물   1만 7,000명

순위가 낮은 세 가지 요인이 더 생생하고 떠올리기 쉽기 때문에 (아마 언론에서 많이 다루는 항목이 우리 기억에 생생하기 때문일 것이다), 대부분의 사람들은 이런 사건의 발생빈도를 과대평가하는 한편 강렬함이 덜한 식습관 같은 요인은 과소평가한다. 약물, 총기, 자동차 관련 사망사고에 관한 생생하고 눈에 띄는 이야기가 많기 때문에 이런 것들을 기억하기가 쉽다. 우리는 가장 가까운 기억이 현실을 더 잘 반영한다고 과장해서 믿는 경향이 있다.

복원편향   회상용이성이 경험의 시점이나 강렬함의 정도에 영향을 받는 것이라면, 기억의 구조상 떠올리기 쉬운 일일수록 발생할 확률이 높다고 착각하는 것을 행동경제학의 용어로 복원편향 retrievability bias이라고 한다. 예를 들어 아래의 질문에 빨리 대답해 보도록 하자.

a로 시작하는 단어가 많을까, a가 세 번째 글자로 들어가는 단어가 많을까?

대부분의 사람들은 'a'로 시작하는 단어가 'a'가 세 번째 글자로 들어가는 단어보다 많다고 믿는다. 하지만 실상은 다르다. 영어 단어 중 대략 6% 정도가 'a'로 시작하는 반면 'a'가 세 번째 글자로 들어가는 단어는 9%에 육박한다. 대부분의 사람들에게는 a로 시작하는 단어를 떠올리기가 더 쉽게 느껴질 것이다. 우리의 기억 구조는 'a'로 시작하는 단어를 훨씬 더 잘 연상해 낼 수 있기 때문에 이런 단어들의 발생빈도를 과대평가하게 된다.

트버스키와 카너먼의 실험에서 실험 참가자들은 유명인사의 이름 목록을 쭉 듣고 목록에 남자가 많은지 여자가 많은지를 답하게 된다. 트버스키와 카너먼은 집단별로 서로 다른 목록을 읽어주었다. 남녀의 수는 같았지만 어떤 목록에서는 남자들의 인지도가 여자보다 높았으며, 다른 목록에서는 그 반대였다. 참가자들은 남자들의 인지도가 더 높을 경우 목록 전체에서 남자가 더 많다고 대답했고, 여자들의 상대적 인지도가 더 높은 경우에는 전체에서 여자가 더 많다고 응답했다.

우리는 복원하기 쉬운 기억일수록 발생 확률이 더 높다고 믿는 경향을 보인다. 그러나 실제 빈도는 우리가 자료를 복원하는 능력과 상관이 거의 없다. 불행히도 미디어는 통계적으로 대표성을 갖는 사건보다는 신문 판매부수나 시청률을 높여줄 만한 사건만을 강조하기 때문에 미디어에 노출될수록 우리가 복원편향에 빠질 확률이 높아진다. 대학원생이 억만장자가 되는 일은 극히 드물지만 구글 창업자인 래리 페이지Larry Page나 세르게이 브린Sergey Brin의 이야기는 엄청난 주목을 받았다. 따라서 사람들은 사업가로 변신하는 대학원생들이 성공한다는 인식을 가지게 된다. 구글 이야기를 통해 대학원생들이 리스크가 큰 벤처사업에 더 많이 뛰어들거나 벤처 캐피탈이 대학원생들에게 투자를 더 많이 하게 된다면 합리적인 것일까?

불완전한 뇌 : 또 다른 인지편향의 문제들

앞에서 두 가지 주된 인지편향의 사례에 대해 알아보았다. 앞의 사례에 포함되지는 않지만 올바른 의사결정을 하기 위해 반드시 염두에 둘 만한 몇 가지 판단의 오류들을 추가로 다루어 보도록 하자.

정박효과(앵커링)와 조정의 오류

앞의 〈표 3-1〉에서 본 낯선 질문 목록을 떠올려 보자. 질문은 연도, 면적 등 다양한 변수들을 추측해 보라는 것이었다. 당신은 아마도 가장 확률이 높다고 생각하는 답을 적은 후에 그 수치를 기준으로 범위를 지정했을 것이다. 만약 틀렸다면 최초에 정답에 가장 근접했을 것이라고 생각한 수치에 지나치게 집착해 범위를 너무 좁게 잡았기 때문일 것이다. 우리는 알 수 없는 숫자를 추정하는 과정에서, 일단 특정 숫자를 점찍고 적절하다고 생각하는 범위를 반영하여 값을 조정한다. 범위를 결정하는 데 있어서 최초에 점찍은 값에 집착하는 현상을 정박효과anchoring(앵커링)라고 부른다. 로마에 콜로세움이 세워진 해를 추측하는 일이 애초에 정확할 리가 없는데도 불구하고 최초의 추정치를 가운데 놓고 위아래로 범위를 잡는다. 만약 범위를 500년이나 1,000년 정도로 했다면 정답이 범위 안에 들어올 확률은 거의 100%에 가까워졌을 것이다. 하지만 당신은 아마도 그렇게 넓게 범위를 잡지 않았을 것이다. 이런 현상을 행동경제학에서는 '객관적 조정이 이루어지지 못했다'라고 한다. 트버스키와 카너먼의 실험은 정박과 조정의 오류를 잘 보여준다.

정박 효과를 증명하기 위한 실험에서, 참가자들은 % 형식으로 된 다양한 값을 맞춰보기로 했다. 예를 들면 UN 회원국 중 아프리카 국가의 비율 같은 것을 맞추는 것이다. 방법은 다음과 같다. 첫째, 각각의 문제에 대해 0부터 100까지 적혀 있는 회전판을 돌린다. 둘째, 숫자판에 나온 결과값이 자신이 생각하는 정답보다 큰지 작은지를 말하고 원래 생각한 값을 이야기한다.

이 실험이 흥미로운 것은 회전판을 돌려 나오는 임의의 숫자가 사람들의 추정치에 영향을 주었다는 점이다. UN 회원국 중 아프리카 대륙에 속한 나라의 비율을 추정하는 문제에서 숫자판을 돌렸을 때 10이 나온 경우, 실험 참가자들이 말한 추정치는 평균 25%였으며, 65가 나온 경우에는 응답자들은 평균적으로 45%를 대답했다. 정답을 맞춘 사람에게 보상을 주는 규칙을 추가해서 집중력을 올려도 정답률은 올라가지 않았다. 사람들이 잘 모르는 숫자를 추정할 때 처음 주어진 아무 의미 없는 숫자의 영향을 받는다는 것은 상당히 획기적인 발견이었다. 합리적인 인간에게는 있을 수 없는 일이었기 때문이다.

가령 어떤 주식의 가격이 한 주에 300달러인데 여러 가지 분석을 통해 나온 적정 가격이 100달러였다. 또 다른 주식은 가격이 150달러인데 분석을 통해 100달러라는 가격이 나왔다고 하자. 사람들은 300달러짜리를 100달러로 평가한 결과보다는 150달러짜리를 100달러짜리로 평가한 분석을 신뢰하게 된다. 왜일까? 300달러라는 현재의 시장가격이 판단에 있어서 강력한 정박점(앵커링 포인트 anchoring point)이 되어 정박점에서 크게 범위를 벗어나는 평가는 뭔가 무리가 따르는, 못 믿을 평가라고 생각하기 때문이다. 사람들이 장기적인 관점에서의 정확한 분석보다는 현재의 가격에 더 주의를 기울이는 것은 놀랄 일도 아니다. 펀드 수익률을 생각해 보자. 2009년에 어떤 펀드는 75%의 수익률을 기록해 대단한 주목을 받은 적이 있다. 하지만 사실 이 펀드의 2008년 수익률은 -95%였지만 이에 관심을 갖는 사람은 별로 없었다. 버블의 시기에는 이런 식의 정박효과와 조정의 오류가 비합리적인 행위를 심하게 부추길 수 있다.

프레이밍

질문을 할 때는 무엇을 묻는가보다 어떻게 묻는가가 중요할까? 대부분은 당연히 무엇을 묻는가가 중요하다고 생각할 것이다. 하지만 카너먼과 트버스키의 실험을 보면 재미있는 결과가 나온다. 이 실험은 "어떻게 질문을 하는가에 따라 대답이 달라진다"는 획기적인 연구 결과를 보여준다. 아래의 예는 이들의 1981년 논문 「결정의 프레이밍과 선택의 심리학」에 나온 것이다.

미국 보건당국이 아시아에서 발병한 특이한 전염병에 대비하고 있다고 생각해 보자. 이 병에 대해 아무 대책도 세우지 않으면 600명이 사망할 것으로 예상된다. 대응을 위해 두 가지 방안이 나왔다. 각각의 안에 따른 결과는 다음과 같다.
A안을 사용하면 600명 중 200명이 살아남을 것이다.
B안을 사용하면 600명 모두 생존할 확률이 1/3이고, 600명 모두 사망할 확률이 2/3이다.
어떤 안을 선택하겠는가?

확률적으로 볼 때 두 안의 예상 생존율은 동일한 것이지만, 이 질문에 답한 사람 중 70%가 200명을 확실히 살리는 A안을 택했다. '살아남는다'라는 표현을 쓴 A안이 '사망'을 직접적으로 언급한 B안보다 안전한 것으로 느껴졌기 때문이다. 트버스키와 카너먼은 각각의 질문 문구들을 조금씩 고쳐 추가 실험을 진행했다. 수정한 내용은 다음과 같다.

> A안이 채택되면 400명이 사망할 것이다.
> B안이 채택되면 아무도 죽지 않을 확률이 1/3이고, 600명이 모두 사망할 확률이 2/3이다.
> 어떤 안을 선택하겠는가?

이 질문에 대해서는 80%에 가까운 응답자가 B안을 선택했다. 사실상 문구가 조금 달라진 것 빼고 수정 전후의 내용은 완전히 똑같은 것이다. 그럼에도 불구하고 단지 질문 방식을 바꾼 것만으로 선호도가 완전히 뒤집혔다. 왜 그럴까?

대부분의 사람은 얻는 것에 대한 선택에서는 '위험 회피' 성향을 보이고, 잃는 것에 대한 선택에서는 위험을 감수하는 성향을 보인다. 기본적으로 우리는 확실한 이득은 굳게 지키려고 하지만(승리는 승리이고, 엄청나게 큰 승리는 꼭 필요 없다) 확실한 손해는 좋아하지 않는다(따라서 우리는 더 큰 손해를 감수하고 도박을 건다). 위의 질문에서 수정하기 전의 버전은 얻는 것의 관점에서 질문을 했기 때문에 대부분의 응답자가 위험 회피 성향을 보였고, 200명이라도 확실히 지키려고 했다. 반면 같은 문제를 다른 틀에서 설명하며 "확실히 400명을 잃는다"라고 하자 응답자들은 400명의 확실한 손해를 가만히 두기보다 600명을 걸어서라도 손해를 막아야겠다고 생각한 것이다.

질문을 던지는 방식에 따라 동일한 내용에 대한 선호도가 바뀐다는 사실은 합리적 선택 이론의 근본적인 믿음인 선호도 불변 법칙을 무너뜨린다. 사실 합리적 선택 이론이 이 믿음을 고수한 진짜 이유는 선호도가 변한다고 가정하기 시작하면 인간의 행동을 일관되게 설명하기가 극도로 힘들어지기 때문에 학문적 편의성을 위한 어쩔 수 없는 선택이기도 하다.

판단하는 사람이 상황을 얻은 것으로 보느냐 혹은 잃는 것으로 보느냐를 우리는 '프레이밍framing'이라고 부른다. 생각의 프레이밍에 따라서 인간의 선호체계가 어떻게 뒤바뀌는지에 대한 사례를 더 들어보자.

'공짜'의 힘 :
어떤 실험에서 사람들에게 허쉬초콜릿을 1페니에 살지, 린트의 초콜릿 트러플(미국의 고급 초콜릿-역자)을 15페니에 살지 선택하게 했다. 대부분(70% 이상)은 린트의 트러플을 선택했다. 그러나 공짜 허쉬초콜릿과 14페니짜리 린트 트러플 중 선택하라고 하자 거의 70%가 허쉬초콜릿을 골랐다.

'부당함'에 대한 거부감

이 책을 쓰고 있는 지금, 매사추세츠 주 웨스턴 시에는 대규모 수도관 파열 사건으로 인해 저수지의 물을 이용한 수도 비상공급이 이뤄지고 있다. 비상공급으로 인해 보스턴 권역의 샤워, 변기, 소방용수가 원활하게 이루어질 수 있게 되었지만 관계 당국은 보스턴 대부분 지역에 공급되는 물은 1분 이상 끓이지 않을 경우 음용수로 부적격이라는 판단을 내렸다.

당연하겠지만 곧 생수 대란이 일어났다. 조치 발표 몇 시간 만에 보스턴 권역 상점들의 생수가 동났다. 전체 수요와 공급 체계에 이 정도의 수요 충격이 있다면, 생수가 남아 있는 가게들은 엄청난 수준으로 값을 올릴 것이라고 예상할 수 있다. 매사추세츠 주민 200만 명 이상에게 동시에 생수 수요가 생긴 것이기 때문이다. 그러나 이런 가격 폭등은 일어나지 않았다. 왜일까? 수요가 엄청나게 많아졌다고 해서 월마트, 코스트코, BJ's 같은 유통업체들이 물값을 다섯 배나 올렸을 경우에 사람들의 반응이 어떨지를 떠올려 보면 된다. 단순히 경제적 합리성을 본다면 값을 올리는 것이 타당하며, 수요와 공급에 의해 움직이는 시장 모델에서 볼 때는 이것이 논리적인 결론이다. 그러나 이런 일은 일어나지 않았다.

1980년대 중반에 카너먼, 네치, 탈러 등의 연구자들은 공정함이 우리의 의사결정 방식에 어떤 식으로 영향을 주는지에 관한 실험을 했다. 실험에서는 참가자들에게 기업이 제품 가격을 인상하는 것에 관한 질문을 했다. 질문의 범주는 두 가지였는데, 하나는 비용이 증가하는 상황에서 기업이 이익을 지키기 위해 제품 가격을 올리는 것에 대한 것이고, 다른 하나는 수요 변화로 인한 공급 부족 현상을 이용한 가격 인상과 관련된 것이었다. 결과는 일관되게 나왔는데, 이익을 지키는 것에 대해서는 대부분이 인정했지만 공급이나 수요 변화로 인해 이득을 취하는 것은 부당하다는 응답이 나왔다.

극한 상황을 가정하여 흥미로운 질문을 제기한 연구도 있다. 당신이 친구와 함께 있을 때 누군가가 나타나 거액의 돈(예를 들어 1억 원)을 당신과 친구에게 나눠 준다고 하자. 규칙은 친구가 먼저 둘 사이에 분배할 액수를 제시하면 당신은 무조건 받아들여야 한다는 것이다. 당신이 받아들이지 않으면 둘 다 돈을 못 받는다. 당신과 친구는 이 게임에 응하기로 한다. 그런데 친구는 자신이 9,900만 원을 갖고 당신에게 100만 원을 준다는 제안을 한다. 이를 받아들이겠는가?

이 제안을 거절하는 것이 인간의 심리이다. 철저하게 경제적이고 합리적인 관점에서 보면 100만 원은 제안을 거부해 돈을 받지 못했을 때의 0보다 크기 때문에 제안을 받아들이는 것이 당연히 낫다. 그런데 왜 이 제안을 거절할까? 이 경우 거절을 바라보는 방법은 크게 두 가지이다. 먼저 당신은 친구의 공평하지 못한 처사를 벌하는 데 100만 원을 기꺼이 쓸 용의가 있다. 둘째로 당신의 심리상 불공정한 거래는 그냥 싫은 것이다. 위의 예처럼 인간이 '공정함'이라는 심리적 욕망에 휩싸일 때, 경제주체들이 스스로의 이익을 합리적으로 추구한다는 미시경제학에서의 가정은 산산조각이 난다. 뒤의 사례를 통해 살펴보겠지만 공정함에 대한 인식이 자산 버블의 형성과 붕괴에도 많은 영향을 미친다.

심리적 회계 : 1달러는 1달러가 아니다

지갑에 있는 1달러는 옷장이나 차 안에 있는 1달러와 동일한 가치를 지닌다. 정말 그럴까? 최근의 연구에 따르면 아닐 수도 있다.

개리 벨스키Gary Belsky와 토마스 길로비치Thomas Gilovich의 책(『왜 똑똑한 사람들이 바보 같은 실수를 저지르는가Why smart people make big money mistakes and how to correct them』)에서 따온 아래의 이야기는 심리적 회계라고 부르는 현상을 재미있게 설명한다.

라스베이거스로 신혼여행을 온 한 신혼부부가 있다. 그들은 신혼여행 3일째가 되자, 도박에 쓰기로 한 1,000달러를 모두 써버렸다. 그날 밤 잘 준비를 하던 신랑은 옷장에서 반짝이는 물건을 보았다. 확인해 보니 기념으로 남겨 둔 5달러짜리 칩이었다. 이상하게도 칩에는 17이라는 숫자가 번뜩였다. 신의 계시라고 생각한 신랑은 목욕가운을 대충 걸치고 카지노로 뛰어가 옷장에 있던 칩을 룰렛판의 17이 써 있는 칸에 올려놓았다. 곧 공은 17칸에 들어갔고, 35배짜리 판이었기 때문에 단번에 175달러를 땄다. 그는 이 기세를 타 딴 돈 모두를 17에 다시 걸었고 6,125달러를 땄다. 이런 식으로 해서 그는 고작 5달러로 총 750만 달러를 벌게 되었다. 이때 불행히도 지배인이 와서 이번에 또 따면 돈을 내어줄 만큼의 현금이 카지노에 없다고 했다. 신랑은 의연하게 택시를 타고 여유자금이 더 많은 시내의 대형 카지노로 갔다. 다시 한 번 17에 돈을 모두 걸었고, 2억 6,200만 달러를 땄다. 흥분한 신랑은 한 번 더 돈을 걸었다. 그러나 이번에는 18에 공이 들어갔다. 빈털터리가 되어 기가 꺾인 신랑은 호텔까지 한 시간 거리를 터벅터벅 걸어갔다.

방에 들어가자 신부가 "어디 갔었어?" 하고 물었다.

"룰렛하러."

"좀 땄어?"

"그럭저럭. 5달러 잃었어."

이 이야기는 심리적 회계 사례를 극명하게 보여준다. 이 이야기에 나오는 신랑의 모습은 도박꾼들의 전형적인 인지편향을 보여준다. 경제학에서 말하는 합리적인 인간이라면 가진 돈을 어떻게 얻었는가와 상관없이 한 푼이라도 헛되이 쓰지 않을 것이며 함부로 도박에 걸지 않을 것이다. 그러나 위의 이야기처럼 도박으로 딴 돈은 경제적 인간이라는 개념과 모순된다. 경제학자 리처드 탈러Richard Thaler도 비슷한 사례를 제시하는데, 이 사례도 돈에 대해 인간이 합리적 판단을 한다는 생각을 근본적으로 흔들어 놓는다.

심리적 회계의 가장 고전적이고 보편적인 예라고 할 수 있는 아래의 질문에 최대한 솔직하게 답해 보자.

콘서트를 보러 공연장에 도착했는데 200달러짜리 표를 잃어버렸다. 다행히 비슷한 자리의 표를 200달러에 살 수 있다고 한다. 표를 사겠는가?

질문을 약간 바꿔보자. 콘서트장에 표를 사러 갔는데, 주차장에서 매표소로 가는 길에 200달러를 잃어버렸다. 다행히 표를 살 돈은 남아 있다. 그냥 가서 사겠는가?

이 질문에서 많은 사람들이 첫 번째 질문에는 '예', 두번째 질문에는 '아니오'라고 대답한다. 왜일까? 사람들은 원래 샀던 표를 한 번 더 사는 것에 대해서는 400달러를 썼다고 생각하지만, 200달러를 잃어버린 후에 200달러짜리 표를 사는 것은 200달러의 소비와 200달러 손실이라고 생각한다. 비록 200달러의 손해 역시 소비와 관련된 것이고 운이 나빴기 때문이지만, 우리의 마음은 손해와 소비를 다르게 취급한다.

버블이 형성되는 시기에 사람들이 버블로 인해 거액의 돈을 번 경우, 이런 심리적 회계 때문에 버블의 형성과 붕괴를 이해하는 것이 엄청나게 복잡해진다. 투자자들이 도박으로 딴 돈을 굴리고 있는 상태에서 그들이 합리적이고 논리적인 판단을 하고 있다고 장담하기 어렵다. 주식을 5달러에 샀는데 지금 가격이 50달러라고 해보자. 주식을 다 팔 것인가 아니면 10%만 팔 것인가? 10%만 팔면 나머지 90%가 남아 있으므로 당신은 도박으로 딴 돈을 계속 굴리는 것이 된다. 합리적인 의사결정에 의하면 10배나 벌었으니 이익을 실현해야 하지만, 그런 경우는 거의 없고 대부분의 사람들은 계속해서 자신의 운을 시험한다.

소유효과 : 왜 이미 손에 쥔 것이 더 소중한가

의사결정 행동에 대한 연구가 증명한 또 다른 효과는 소유효과 Endowment Effect이다. 소유효과란 대상의 소유 여부가 인간의 지각이 영향을 미치는 현상을 말한다. 소유효과는 흔히 가격에 대한 지불의사(구매하고 싶은 가격)와 수용의사(판매하고 싶은 가격)의 차이로 설명된다. 합리적인 행위자라면 물건을 갖기 전과 갖고 나서 가치를 평가하는 기준의 차이가 존재해서는 안 된다. 하지만 현실에서 사람들은 그들이 소유하고 있는 것에 대한 가치를 소유하지 않은 경우에 비해 더 크게 평가한다.

카너먼, 네치, 탈러가 공동으로 시행한 1990년의 실험을 보자. 이 실험은 이제 아주 유명해진 머그잔 실험이다. 이들은 코넬대학교의 학부생들을 한 명씩 따로 불러 머그잔을 보여주고 그 머그잔의 가격을 매겨보라고 했다. 그리고 일부 학생들에게는 그 머그잔을 주었다. 그 다음 머그잔을 받은 학생과 잔을 받지 못한 다른 학생이 다 같이 모인 수업시간에 다시 머그잔의 값을 매겨보라고 했다. 여기에서 머그잔을 가진 사람은 머그잔을 판매하고 싶은 가격(가격 수용 의사)을 표현하게 되고, 머그잔이 없는 학생은 사고 싶은 가격(가격 지불 의사)을 표현하게 된다. 평균적인 판매가격은 5달러가 넘었고, 머그잔을 가지지 못한 학생들의 평균 매입가격은 2달러를 약간 넘었다. 최초에 머그잔을 주지 않았을 때에는 실험집단간에 이 정도의 가격 차이가 존재하지 않았다. 둘 사이의 차이는 소유효과의 존재를 잘 보여준다. 이와 유사한 수많은 연구에서 물건을 가진 사람들이 원하는 판매 가격은 구매를 원하는 가격의 2배에서 5배로 나타났다.

소유효과의 영향은 특히 다른 인지편향의 사례들과 결합될 경우에 금융시장에 엄청난 충격을 줄 수 있다. 만일 사람들이 자신이 소유한 자산의 가격을 사려는 사람이 생각하는 가격의 5배 정도로 매긴다면, 버블 붕괴 시기가 얼마나 혹독할지를 예상할 수 있다. 버블이 한창일 때는 파는 사람들이 생각하는 가격을 기준으로 시장가격이 형성되겠지만 어쩔 수 없이 자산을 처분해야만 할 때 어마어마한 가격 하락으로 연결될 것이다. 자산을 매각하려 하는데 구매자가 제시하는 가격이 당신이 생각하는 적정 가격에 비해 터무니없이 낮다면 어떻게 팔 수 있을까?

일치추단법

일치추단법congruence heuristic은 심리학계에서는 가설긍정 추론이라고도 부르는데, 우리의 사고과정이 어떤 문제에 대해 우리가 가진 가정을 의심하고 시험하기보다는 애초의 가정이 맞다고 보여지도록 스스로의 판단을 체계적으로 왜곡한다는 내용이다.

예를 들어 "농촌 지역에는 도시보다 대가족이 많은가?"라는 질문을 생각해 보자.

합리적인 의사결정 과정에서는 농촌에 살면서 식구가 많은 집, 농촌에 살지만 식구가 적은 집, 도시에 살고 식구가 많은 집, 도시에 살고 식구가 적은 집 등 4가지 집단을 모두 따져봐야 한다. 막연한 농촌과 도시에 대한 이미지를 제거하고 객관적으로 이 4가지 경우를 모두 살펴본 후에야 우리는 각각의 경우가 얼마나 많이 일어나는지를 판단할 수 있다. 그러나 이 질문을 받은 사람의 대다수는 자기가 알고 있는 농촌에 사는 지인들과 도시에 사는 지인들을 비교한다.

우리의 뇌가 하는 이런 제한적인 조사 과정은 금융시장에서 우리를 잘못된 길로 이끌 수 있다. 특히 다른 인지편향 효과(소유효과, 정박효과 등)와 결합할 경우에 주식이나 채권에 대한 우리의 판단이 실제 상황과 매우 다르다는 증거들을 눈앞에 두고도 이를 애써 무시하다가 뒤늦게야 잘못되었음을 깨닫게 된다. 특히 수백만 명이 동시에 이런 오판을 내렸을 때 전체 시장에 인간의 심리가 미치는 영향은 어마어마해진다.

■ 불확실성의 확실성 ■

우리는 매우 불확실한 세계를 살아가고 있다. 불확실한 환경은 우리의 부족한 인지 능력을 더욱 혼란스럽게 만들고 있으므로, 우리가 가진 판단 능력의 한계를 알고 심리적인 함정에서 벗어나는 것이 중요하다. 심리학적 관점에서 버블의 형성과 붕괴 과정을 이해하기 위해 이 장에서 다룬 내용을 〈표 3-3〉에 요약했다.

수많은 인지편향들이 인간의 의사결정 과정을 지배하고 있고, 이로 인해 경제주체들의 합리성은 심각하게 왜곡될 가능성이 높다. 금융의 특이 상황을 잘 이해하는 데에는 이 모든 편향(과 여기에 언급하지 않은 것들)이 모두 다 중요하다. 이러한 인지편향의 문제들이 심각한 근본적인 이유는 인간의 판단에 이런 오류들이 끊임없이 작용하기 때문이다. 대부분의 판단에서 합리적이고, 아주 특수한 경우에만 오류에 빠진다면 사실 이런 심리적인 요인들은 큰 문제가 되지 않는다. 하지만 2부의 사례에서 보듯이 인지편향의 문제는 인간의 행동에서 끝없이 나타난다. 2부에서 과거 버블의 실제 사례들을 살펴볼

〈표 3-3〉 인간의 비합리성이 금융 버블의 형성과 붕괴에 어떻게 영향을 주는가

인지편향의 유형	오류로 연결되는 사례
기저확률의 간과	공대 대학원생의 창업 성공 확률은 높다. 구글을 보라.
표본 크기에 대한 무지	동전을 두 번 던져 한 번 뒷면이 나올 확률보다 2,000번 던져 1,000번 뒷면이 나올 확률이 훨씬 더 크다는 것을 모른다.
도박사의 오류	짝수만 네 번이 나왔으니 이제 홀수가 나올 차례라고 생각한다.
평균회귀의 무시	"하늘 끝까지 성장할 것이다."
집합의 오류	추세 분석의 오류. 미시적인 추세를 거시로 확장
회상용이성	사건의 발생 빈도에 대한 잘못된 믿음
복원편향	대학을 중퇴한 기업가가 성공한다. 빌 게이츠, 마크 주커버그
정박효과와 조정의 오류	지금 주가가 300달러인데, 목표주가 100달러짜리 보고서는 믿을 수가 없다.
프레이밍	상황은 같은데 어떻게 접근하느냐에 따라 다른 판단을 내리는 것.
'부당함'에 대한 거부감	이윤을 극대화하기보다는 '공정함'을 추구하려 한다.
심리적 회계	'도박에서 딴 돈' 효과. 수익이 나고 있는 동안 팔기를 꺼려한다. "끝까지 계속 가보자."
소유효과	소유한 대상에 대해서는 비합리적으로 높은 평가를 내린다.
일치추단법	애초의 가정과 일치되는 증거들만을 보고는 자신은 충분히 검증해 봤다고 믿는 현상

때 특히 자신감 과잉의 개념을 중점적으로 설명할 것이다. 흔히 이야기하는 '이번에는 다르다'라는 말은 사회의 자신감이 과잉 상태에 있다는 대표적인 표현이다. 다음 장에서는 정치적인 관점에서 재산권과 가격결정구조의 제도적 왜곡이 버블의 형성과 붕괴의 토대에 어떤 영향을 미치는지 살펴보도록 하자.

네 번째 렌즈 : 정치
— 재산권과 가격결정구조, 정치에 의한 왜곡 —

[
정부에게 사하라 사막의 관리를 맡겨 놓는다면
5년 내에 모래가 부족해질 것이다.
— 밀튼 프리드만
]

인간이 사회를 조직하는 방법에는 여러 가지가 있는데, 어떤 체계 안에서 사회를 구성할지를 결정하는 데에는 정치철학이 중요한 역할을 하게 된다. 이 장에서는 한 사회의 버블의 형성과 붕괴에 대한 취약성의 정도를 결정하는 두 가지 핵심적인 정치적 결정에 주목하고자 한다. 그 중 첫째는 재산권으로, 우리는 재산권을 둘러싼 일련의 정치 철학들을 비교해 볼 것이다. 사회가 사유재산을 허용하고 이 재산을 보호할 수 있게 적절한 권리를 부여하는 것은 자산의 가격이 시장의 수요와 공급에 의해 결정되도록 하는 본질적인 선행 조건이다. 사유재산권이 없다면 버블의 형성과 붕괴라는 개념도 고려할 필요가 없다. 국가가 모든 것을 갖고 있기 때문에 가격은 의미가 없어진다.

두 번째는 가격결정의 메커니즘에 대한 사회의 합의이다. 가격이 정해지는 방식은 여러 가지가 있겠지만, 그 중 중요한 것은 두 가지이다. 첫째는 수요와 공급을 균형에 맡기는 방식으로 이는 구매자와 판매자 간의 상호거래를 통해 일어난다. 둘째는 중앙집중형 가격결정 방식으로, 재화와 서비스의 가격은 고정되어 있거나 이에 대한 정부의 입김이 센 경우이다. 정치적으로 어떤 가격결정 방법론을 선택하느냐에 따라 버블의 형성과 붕괴의 여파가 어느 정도일지가 정해진다. 국가가 모든 가격을 결정하는 사회에서 자산의 가격이 극단적인 변동성을 보일 가능성은 거의 없다. 대신 상품을 구할 수 있는 가용성의 여부가 극적으로 변화한다는 문제가 발생하게 된다. 정부가 가격을 완전히 통제하지는 않지만 가격의 상한선과 하한선을 정하는 방식을 쓴다면 가격결정 과정에 혼란이 올 수 있다. 또 정부의 세제정책에 의해 일부 상품의 수요나 공급이 왜곡될 수 있는데 어떤 때는 이 왜곡의 정도가 믿을 수 없이 커지기도 한다.

버블의 형성과 붕괴 과정에서 정치의 역할을 구체적으로 논하기 전에 우선 재산과 가격의 문제를 살펴보도록 하자.

■ 아무나 무엇이든 소유할 수 있을까 ■

경제학 백과사전에서 '재산권' 항목을 찾으면 다음과 같은 설명이 나온다.

> 정부나 개인이 자신이 소유한 자원이 어떻게 사용될지 결정하는 독점적 권한인 …… 사유재산권에는 자원 사용 결정 권한 말고도 두 가지 속성이 더 있다. 하나는 소유한 자원으로 인해 생기는 서비스에 관한 독점적 권리이다. 그리고 나머지 하나는 거래나 증여를 통해 이 권리의 일부 혹은 전부를 위임, 임대, 판매하는 권리인데, 이때의 가격은 소유주가 원하는 어떤 가격이어도 상관없다 (단 거래를 하는 상대가 이 가격을 지불할 의사가 있어야 한다).

위의 설명을 정리하면 사유재산권에는 세 가지 주요 특징이 있다. (1) 재산이 어떻게 쓰일지를 결정할 독점적 권리, (2) 이 재산으로 인한 서비스에 대한 독점적 권리, (3) 재산을 판매하거나 교환할 독점적 권리이다.

국가가 모든 재산을 완전하게 소유하는 것부터 민간이 모든 재산을 완전히 소유하는 것까지 재산권에 대한 사회체제의 스펙트럼은 매우 넓다. 사유재산권은 자본주의의 특징이며, 사유재산제도의 부재(즉 모든 자산의 국유제)는 공산주의로 분류된다. 카를 마르크스는 〈공산당 선언〉에서 공산주의의 본질을 다음과 같이 간결하게 설명한다. "공산주의 이론을 한 마디로 요약하면 사유재산의 금지이다."

마르크스 이념의 근간에는 사유재산으로 인해 시간이 지날수록 불평등이 커지며, 궁극적으로 빈부 격차가 너무 커져 사회 전체가 무너질 정도의 위협이 된다는 믿음이 깔려 있다. 사유재산권이 없고 모든 것을 국가가 소유한 사회라면 모두에게 필요한 것이 공평하게 돌아가도록 모두가 열심히 일하는 사회를 이룰지도 모른다. 마르크스와 엥겔스는 이러한 이상을 "능력에 따라 일하고 필요한 만큼 가져가자!"라는 구호로 압축하여 표현했다.

사유재산제의 철폐가 재산권 제도의 한쪽 극단이라면 그 대척점에는 완전한 사유재산제를 표방하는 자유방임형 자본주의가 있다. 재산권은 자본주의의 시장 메커니즘이 작동하기 위한 근본이다. 만일 재산권에 의한 경제적 보상이 없다면, 자본주의의 가장 큰 장점이라고 할 수 있는 개인의 이익 추구에 의한 사회 발전은 애초에 존재하지도 않을 것이다. 자본주의 체제 하에서 살아가고 있는 우리는 재산권의 보장을 당연하게 여긴다. 하지만 자본주의 체제 혹은 시장경제 체제에서 정부가 재산권을 박탈하거나 제한하는 일은 생각보다 자주 발생한다.

세계 최대의 강관 및 석유·가스관 생산 업체인 테나리스Tenaris는 상당한 자본을 투자하여 베네수엘라에 생산시설을 짓고 운영 중이었다. 이 시설은 수익성이 꽤 좋았으며, 수익성 전망도 밝았다. 그런데 2009년 5월 22일, 베네수엘라 정부가 테나리스의 경영진에게 이 생산시설을 국유화할 수도 있다고 통보했다. 국유화 통보를 통해 베네수엘라 정부는 베네수엘라에서 사유재산권이 인정되지 않는다는 메시지를 전했다. 합리적인 투자자나 기업이 투자한 것에 대한 권리가 인정되지 않는 나라에 투자를 할까? 당연히 투자자들은 베네수엘라에 투자할 의사를 버렸다.

베네수엘라의 사례처럼 국유화는 원자재가 풍부한 독재국가에서만 일어나는 것은 아니다. 〈표 4-1〉은 2000년 이후 일어난 국유화의 사례이다. 물론 해당 기업이나 산업이 망하는 것을 막기 위한 국유화, 즉 구제 조치라고 불릴 만한 국유화는 제외했다.

국유화는 한 번 부여된 재산권이 바뀌는 방식 중 가장 극단적인 사례일 것이다. 하지만 재산권에 대한 정의가 제대로 되어 있지 않거나 재산권에 제약이 있는 경우도 문제가 된다. 대표적으로 영토 분쟁 지역에서는 재산권에 대한 정의가 불명확해 진다. 예를 들어 동남아시아에 있는 난사군도는 6개 이상의 나라가 서로 영유권을 주장하고 있다. 베트남, 필리핀, 브루나이, 말레이시아, 중국, 대만이 각각 이곳을 자국의 영해라고 주장한다. 1990년대 중반, 이 지역에

〈표 4-1〉 2000년 이후 대표적 국유화 사례

국가	연도	대상
볼리비아	2006	천연가스 산업
독일	2008	연방 인쇄국
뉴질랜드	2001, 2008	철도 노선
영국	2001	철도 노선
미국	2001	공항 보안

석유 매장량이 상당하다는 소문이 있었으며 실제로 이 때문에 무력 충돌이 있었다. 미국 덴버에 소재한 에너지 회사인 크레스톤 에너지는 중국으로부터 채굴권을 획득하여, 이것이 정당한 권리라고 믿고 있었다. 베트남 정부는 이 영토에 대한 자국의 영유권을 주장하며 크레스톤의 채굴권에 이의를 제기하였다. 후일 베트남이 이 지역에 굴착시설을 보냈을 때, 중국은 해군력을 동원하여 베트남 시설에 대한 보급물자 공급을 방해했다.

비슷한 경우로 뉴펀들랜드 그랜드 뱅크의 어업권은 명확하게 정리되어 있지 않다. 그 결과 미국과 캐나다의 어부들이 이 지역에서 경쟁적으로 남획을 벌였으며, 이로 인해 결국 조업이 불가능하게 되었다.

정부의 개입을 통한 왜곡의 또 다른 형태는 재산권의 제한이다. 미국의 석유·가스 회사인 유노컬Unocal이 중국 국영 석유회사에 자사를 매각하려 한 사건의 말로를 떠올려 보자. 이 거래는 사실상 국부 유출을 우려한 미국 정부의 개입으로 무산되었다. 또 런던의 항만 운영회사인 페닌슐라&오리엔탈(P&O)Peninsular &Oriental Steam Navigation Company이 자산(이 중에는 미국 소재 항구의 시설도 있었다)을 아랍에미리트의 두바이 정부 산하 투자회사인 DP월드DP World에 매각하려던 사건을 생각해 보자. 정치권과 여론의 반발로 인해 에미리트 투자회사는 미국 항구에 있는 시설에 대한 권리를 포기하고 나서야 P&O의 자산을 매입할 수 있었다.

재산권에 대한 국유화, 분쟁, 제한 등은 버블의 형성과 붕괴 과정에 큰 영향을 미친다. 재산권이 잘 보장되어 있지 못하거나 재산권에 대한 정의가 분명하지 않은 시장은 투자자들의 욕망도 제한할 것이기 때문에 버블의 형성 가능성도 약화될 것이다. 대통령이던 우고 차베스가 여러 산업을 국유화한 베네수엘라에서는 아마도 투자 과열이 발생하기가 쉽지 않을 것이다. 마찬가지로 국가간의 영토 분쟁이 발생하거나 재산권 보장이 모호한 지역에 위험을 무릅쓰고 투자할 사람은 별로 없을 것이다. 재산권의 완전하고 자유로운 보장은 버블이 만들어지기 위한 기본적인 조건이다. 이 말을 곰곰이 생각해보면 원래 재산권의 보장이 없거나 제한되었던 영역에 새롭게 재산권의 보장이 발생하게 되면 참여자들의 욕망을 자극해 버블을 촉발시킬 수 있는 가능성이 있다는 생각을 해볼 수 있다. 중국과 러시아와 같은 공산주의 체제를 따르던 국가들에 재산권의 개념이 도입되면서 주택시장에 어떤 일이 일어났는지를 떠올려 보면 이해가 될 것이다.

■ 가격 : 만드느냐 따르느냐 ■

재산권이 있고 그것이 보장된다면, 그 다음 질문은 "재산의 가격이 어떻게 결정되느냐?"이다. 사소한 질문 같지만 이 질문은 자유방임주의부터 공산주의까지 모든 정치 철학의 핵심을 관통한다.

만일 면화로 실을 잣고, 각종 열매와 야채에서 짜낸 물로 염색을 하고, 이 실로 아름다운 무늬를 만들어가며 정교하게 짠 수제 스웨터가 있다면, 이 옷은 분명히 나뭇잎 몇 조각을 이어 붙여 만든 옷보다 가치가 있을 것이다. 이 정교한 스웨터는 굉장히 오랜 시간이 걸려서 만든 것이고, 그만큼 노동이 많이 투입되었다. 이런 논리는 나뭇잎 옷이 더 만들기 쉬우며 따라서 값이 더 낮아야 한다는 생각을 내포한다. 가격과 가치에 대한 초창기 경제 이론들은 이처럼 재화나 서비스의 가격이 투입된 노동 시간을 기준으로 해야 한다는 생각에서 출발했다. 이런 접근 방식은 최소한 현대 경제이론의 기틀을 만든 애덤 스미스의 말까지 거슬러 올라간다.

> 모든 것의 합리적인 가격, 즉 그것을 갖고 싶어 하는 사람이 지불해야 하는 돈은 물건을 만들기 위해 들이는 수고만큼이다. 어떤 재화를 획득한 사람에게 혹은 그 재화를 내놓아 다른 것과 교환하길 원하는 사람에게 해당 재화의 가치는 재화를 얻음으로써 본인이나 다른 사람들이 아끼게 되는 수고의 가치이다.

하지만 이런 전통적인 노동가치설이 가격을 설명할 수 없는 영역이 분명히 존재한다. 특히 자연에 존재하는 자원 영역에서 그렇다. 애덤 스미스는 물과 다이아몬드의 가격에 대한 이야기를 통해 노동가치설의 범주를 넘어선다.

> 물보다 더 가치 있는 것은 없지만 물로 다른 것을 살 수는 없다.

반면 다이아몬드는 물에 비해서 일상생활에서 사용 가치가 거의 없다. 하지만 적은 양의 다이아몬드로 다른 재화를 엄청나게 많이 교환할 수 있다.

물과 다이아몬드의 역설을 가장 잘 설명해 주는 아이디어는 '수요와 공급의 논리'이다. 각 상품의 한계가치(상품이 한 단위씩 더 소비하게 될 때의 가치)에 초점을 맞추면, 왜 각각의 상품이 그런 가격을 갖게 되었는지를 이해하기가 쉽다. 해마다 한 잔씩 물을 더 마시기 위해 얼마를 더 낼 수 있을 것 같은가? 대부분은 많이 내려고 하지 않을 것이다. 세계 대부분의 지역에서 물은 풍부하기 때문이다. 노벨상을 수상한 경제학자 조셉 스티글리츠Joseph Stiglitz는 『국부론』에 나오는 물과 다이아몬드의 역설에 대해 다음과 같이 논한다. "물은 가격이 낮지만, 그것은 물의 총가치가 낮기 때문이 아니라 한계가치가 낮기 때문이다. 총가치는 분명히 높다. 다이아몬드 없이 살 수는 있지만 물 없이 어떻게 살 수 있겠는가?"

한계가치에 따른 수요와 공급의 균형 원리는 현대 자본주의 가격결정체계의 주류로 자리 잡고 있다. 하지만 어느 한편에서는 정부 관료들이 가격을 결정하는 중앙집중형 가격결정구조도 존재하고 있다. 사회가 희소자원을 배분하는 데 있어 가격이 어떤 역할을 하는지에 대한 시각에 따라 어느 방식을 선택할지가 정해진다. 시장 중심의 수요 공급 접근 방식은 일반적으로 가격이 투자와 소비를 이끌도록 장려하는 상황에서 사용된다. 반면 중앙계획 방식은 역사적으로 정부가 사회와 경제의 안정을 유지하기 위해 가격을 정하는 사회에서 사용되어 왔다.

시장 중심 접근 방식

수요와 공급의 논리에 따른 시장에 의한 가격결정이 효율적이고 효과적이라는 우리의 일반적 생각에는 가격이 자원을 적절히 배분하는 정보를 담고 있다는 믿음이 깔려 있다. 아래 이야기는 시장이 가격을 결정한다는 생각을 땅값에 적용해 꾸며본 가상의 상황이다.

맨해튼 중심부의 알짜배기 땅이 매물로 나왔다고 생각해 보자. 이 땅에는 아직 초고층 건물도, 포장도로도 없다. 무성한 잡초와 다 쓰러져 가는 담장만 있는 빈 땅이다. 물론 맨해튼 중심가의 토지 가치를 생각한다면 이 땅을 그냥 빈 땅으로 놔둘 사람은 없을 것이다. 분명히 이 땅이 팔리는 가격은 이 빈 땅을 다른 용도로 어떻게 사용할 것인가에 대한 가치를 반영할 것이다. 돼지 사육 농가에서 이 땅을 매입해 맨해튼 중심부에 세계 최고의 도축시설을 들여놓아야 할까? 돼지 도축장을 만들겠다는 생각이 반드시 잘못된 것이라고 할 수는 없다. 그러나 그것이 이 땅을 가장 잘 쓰는 방법이 아니라는 점에는 누구나 동의할 것이다. 부동산업자는 마땅히 여기에 사무실이나 고급 아파트를 지었을 때 창출할 수 있는 가치를 인식하고, 돼지농가보다는 훨씬 더 높은 가격을 제시할 것이다. 결국 이 땅의 가격은 땅의 가치를 가장 높이 평가하는 개인이나 기업이 제시하는 가격이 될 것이다.

경매 방식으로 이 땅을 판다면 호가가 올라가면서 부적절한 투자 수요가 정리되고 땅의 가치나 효용을 극대화하는 투자가 효과적으로 선택되는 과정이 나타날 것이다. 그 과정을 예로 들어보겠다. 열 살짜리 조니라는 아이가 그 땅에 음료수 가판을 차리면 좋겠다고 생각해 뉴저지에서 버스를 타고 와서 돼지저금통에 들어있던 9.28달러로 입찰을 했다. 이 금액은 이 땅에다 작은 집을 지어 가정을 꾸리려고 하는 제3세계 이민자 부부의 입찰가 2만 5,000달러에 밀린다. 다음에는 주차장 회사가 와서 맨해튼의 주차 공간이 부족하기 때문에 비싼 가격을 주고 땅을 사겠다고 한다. 3층짜리 주차 건물을 짓는 것이 목적인 그들이 제시한 입찰가는 50만 달러이다. 직업훈련소를 짓겠다는 사업가가 쿨하게 100만 달러를 제시하면서, 맨해튼에는 이런 시설에 대한 수요는 있으나 마땅한 시설이 없다고 자신 있게 주장한다.

다음에는 양돈 관계자들이 소시지 소비의 증가를 이야기하며 소시지가 곧 닭가슴살을 대체할 것이라는 전망을 내놓는다. 양돈업자는 1,000만 달러를 제시한다. 돼지농가 다음에는 모텔 프랜차이즈의 임원들이 온다. 그들은 세계의 경기 침체로 인해 여행객들이 깔끔하면서도 저렴한, 경우에 따라서는 대실도 가능한 숙박시설을 원할 것이라고 보고 5,000만 달러를 들여 땅을 매입하려고 한다. 다음 입찰자는 부동산 개발회사이다. 그들은 맨해튼에 30층짜리 건물을 지으면 입주자가 꽉 찰 것이라고 예측한다. 건축비와 운영비를 계산해 보니 토지 비용으로 2억 5,000만 달러를 지불해도 이익이 남을 것으로 예상된다. 마지막 입찰자는 호텔 개발회사로, 뉴욕 최고의 6성급 호텔을 지어 (세계 최고 호텔 회사인) 시즌스 칼튼Seasons Carlton에 운영권을 넘길 수 있을 것이라고 전망한다. 예상 객실 점유율은 97%이고 평균 숙박료는 750달러로 잡고 있으며, 회사는 부지 매입비용으로 10억 달러를 제시한다. 드디어 낙찰이다.

위의 과정이 보여주듯 땅의 입찰 가격은 구매 희망자들에게 이 땅의 적절한 용도를 알려준다. 가격을 통해 돼지 도축시설이 맨해튼 한가운데 들어갈 수 없음이 분명해지고, 직업훈련소 시설은 교외로 나가게 만들었다. 결국 희소한 땅을 가장 가치 있게 사용할 수 있도록 배분한 것은 가격이다. 시장결정가격은 역동적이기 때문에 자산은 시간이 지남에 따라 그 시점의 가치에 가장 잘 맞는 용도를 찾아간다고 볼 수 있다.

말이 안 되기는 하지만 다음과 같은 상황을 가정해 보자. MIT 최고의 과학자들이 국가건강센터와 질병관리·예방센터와의 공동 연구를 통해 도축 후 4시간 이내에 조리된 돼지고기는 콜레스테롤 수치와 혈압을 낮추고 신진대사를 활성화하며 근육을 키워주고 전반적인 지능 증진에 도움이 되므로 수명을 상당히 늘려주는 효과가 있다는 결과를 발표했다고 치자. 이 연구를 발표한 즉시 존스홉킨스 의과대학의 저명한 교수들도 갓 도축한 돼지고기를 먹으면 콜레스테롤, 고혈압, 당뇨, 기타 여러 질병의 치료제 역할을 한다는 실험 결과를 발표했다고 해보자. 돼지고기가 의료보험 적용 품목이 되기까지 한다면 갓 잡은 신선한 돼지고기의 가격은 아마도 5달러에서

1,000달러로 즉시 폭등할 것이다.

이런 상황이 된다면 앞에 나온 양돈회사 중역이 맨해튼에 돌아와서 부동산 개발업자에게 새로운 제안을 할 것이다. 뉴욕에는 도축한 지 4시간 이내의 갓 잡은 돼지고기가 없기 때문에 많은 회사들이 근로자 복지를 위해 갓 잡은 돼지고기를 구할 수 있는 뉴저지로 이전한 상태이다. 따라서 맨해튼의 임대료가 낮아졌다. 이 새로운 시장 환경으로 인해 양돈업자들은 호텔을 건설한 부동산 개발자에게서 맨해튼 중심부의 땅을 매입해, 호텔을 부수고 돼지 도축시설을 새로 지었다. 2년이 지나자 이 시설은 세계돈육도축연합이 선정한 최우수 돼지 도축시설로 평가받았다.

위 이야기에서 일어난 일은 가격이 정보를 많이 담고 있다는 사실을 보여준다. 높은 돼지고기 가격은 도축장 아저씨들이 맨해튼에 투자할 만한 좋은 동기를 제공했다. 또 맨해튼의 숙박료가 내려갔기 때문에 호텔 개발업자는 이 땅을 팔았다. 가격에 담긴 정보와 지식이 전해져서 이런 결정이 가능하게 되었다. 이 이야기는 한마디로 시장이 가격을 결정한다는 주장의 기본적인 논리이다.

정부에 의한 가격 통제 방식

시장에 의한 가격결정에 반대하는 사람들의 논리는 시장의 힘만으로는 가격이 합리적으로 정해지지 않으며, 여러 가지 불합리한 변수로 인해 요동친다는 것이다. 이런 이유로 정부가 가격을 결정하는 중앙계획경제는 시장의 수요와 공급의 원리를 통한 가격결정을 무시한다.

구 소련 및 기타 사회주의 경제에서 가격은 법령으로 정해졌다. 어떤 때는 정부가 적절한 시장가격을 추정해 보고 이를 가격으로 정했다. 스티글리츠는 이런 접근의 무의미함을 다음과 같은 말로 설명한다.

> 정부가 적정 가격을 성공적으로 정했다 해도, 이 가격이 최종적으로 반영되기 위해서는 오랜 관료적이고 행정적인 과정이 수반된다. 하지만 이처럼 길고 복잡한 행정 절차가 일어나는 동안 경제 상황이 변하기 때문에 정부에서 고지한 가격은 실제 시장가격과 잘 맞아떨어지지 않았다.

정부가 개입하여 물건의 가격을 너무 높거나 낮게 책정하는 바람에 상품의 공급 부족(가격이 너무 낮으면 수요가 지나치거나 공급이 적어진다)이나 공급 과잉(가격이 너무 높아 수요가 적거나 공급이 과잉 상태가 된다) 현상이 수시로 발생했다. 당연히 정부의 가격 규제를 피하기 위한 암시장이 생겨났다. 하지만 이런 문제에도 불구하고 20세기 이후에도 많은 나라들이 정치적, 행정적 절차를 통해 정부에서 물건의 가격을 정하는 제도를 도입했다.

가격 메커니즘에 대해 정부가 개입하는 방식

민주주의 정부는 여론에 상당한 신경을 쓰고 시장에서 결정된 가격에 대한 여론의 반대에 대응책을 내놓기 마련이다. 여러 가지 방법이 있지만, 가장 빠른 것은 간단하게 가격의 상한(혹은 하한)을 적용하도록 법령을 발표하는 것이다. 공산주의 방식과 별반 다를 게 없으며, 초과 공급이나 초과 수요 혹은 수요나 공급의 부족을 초래하기가 쉽다. 가격의 이상 급등이나 급락의 근본 원인이 수요와 공급의 균형이고 가격은 증상일 뿐이라면 가격을 통제하는 것은 증상만을 건드리고 원인은 외면하는 행동이다.

가격 상한선과 하한선 정부는 가격의 상한선을 설정하는 제도를 잘 사용한다. 시행하기도 매우 쉬운 데다가 이 방법을 쓰면 시민들도 상품이나 재화를 안정적인 가격에 살 수 있다고 믿고 기업 등도 제품에 대해 합당한 가격을 보장받을 수 있다고 생각하기 때문이다. 정부 입장에서는 가격이 적정 수준에 비해 지나치게 높거나 낮은 원인(가격이 낮음에도 공급이 지나치거나 가격이 높음에도 수요가 많거나 공급이 부족한 상황)을 근본적으로 해결하기보다는 가격을 지정해 버리는 일이 더 쉬울 것이다. 이렇게 상품의 가격이 규제가 되기 시작하면 수요와 공급 과정에서 의도하지 않은 결과가 일어나게 된다. 생산자와 소비자 둘 다 인위적인 가격 신호에 대응하게 되고, 그 결과 부적절한 자원 배분이 일어나 버블이 발생하거나 붕괴할 가능성이 커진다.

자연스러운 가격 형성에 반하여 가격 하한선을 두는 가장 흔한 예는 최저임금제도일 것이다. 노동시장은 일반적으로 노동의 가격 즉

임금을 결정하기 위해 수요와 공급 원리를 사용하지만 최저임금제도가 하한선을 설정해 가격이 자유롭게 변동하는 것을 제한한다. 최저임금제도는 비숙련 노동자의 임금을 수요와 공급의 원리에 따라 결정되는 수준보다 더 높인다. 따라서 더 많은 노동력이 시장에 투입되도록 장려하는 역할을 하지만, 기업의 부담을 높여 원하는 가격에 원하는 만큼의 인력을 고용하려는 기업의 시도를 억제하게 된다. 그 결과 최저임금제는 실업률을 높이게 될 수도 있다. 왜곡된 결과는 불행히도 경제가 어려울 때 더 악화된다. 정치권에서는 최저임금을 시급히 올리면 단기적으로 지지도를 올릴 수 있겠지만 대신 장기적인 고용지표는 악화되게 된다.

가격 상한선의 가장 흔한 예는 임대료 상한제이다. 가격 상한선은 소비자들이 너무 비싸지 않은 임대료를 내고 주택을 구할 수 있도록 보장하지만 의도치 않게 임대 주택의 부족을 초래할 수 있다. 그 이유는 단순하다. 더 많은 사람들이 임차할 집을 구하지만 집주인은 충분한 보상이 없기 때문에 임대를 할 의사가 없어진다. 임대료 통제는 매우 어려운 문제이다. 단기적으로는 시민들의 주거비용이 줄어들기 때문에 정치적 효과가 생기지만 임대주택 공급이 정체된다는 문제를 수반한다. 따라서 임대료 통제는 의도는 좋을지 몰라도 사실상 공급 부족을 조장하고 문제를 악화시킨다.

세금정책 미국 세법에는 '감가상각이 되는 영업용 자산에 대한 비용 처리'(26조 A항 1장)라는 항목이 있다. 나는 이 제도를 통해 남긴 돈을 BMW X5를 사는 데 보탰다. 왜 내가 차를 사는데 미국 정부가 차값의 일부를 내주게 되었을까?

세무회계사들은 이 조항을 흔히 'SUV 감면'이라고 부른다. 원래는 값비싼 농기계를 구입해야 하는 농부들을 위해 총중량 6,000파운드 이상의 자동차를 구입할 때 구입비용을 소득공제해 주는 정책이었다. 자동차 회사들은 이 법을 연구했고, 그 결과 내가 산 BMW는 무게가 6,005파운드로 출시되었다. 독일인들은 최소 기준보다 조금 더 넉넉히 무게를 늘려서 CD플레이어나 기타 등등의 옵션을 원하지 않는 사람들까지도 배려했다. 당시 개인사업을 하고 있던 나는 자동차값 전체를 그 해 소득에서 비용 처리할 수 있었다. 이렇게 해서 정부가 차값의 40% 정도를 내준 것이나 다름없게 되었다.

자동차를 구입하려고 여러 대리점 직원들과 이야기하면서, '12월 광풍'이라는 용어에 대해 배웠다. 온갖 개인사업자나 회사 중역들이 와서 무게 6,000파운드가 넘는 SUV를 척척 사는 것이다. 그래서 영업사원들은 매년 마지막 주에 이런 SUV를 완판하는 실적을 올린다. 머릿속에 그려지겠지만 이런 정책은 특정 종류의 차 구매를 효과적으로 지원함으로써 수요를 인위적으로 부풀린다. 이런 감면 혜택이 없으면 차 가격이 어떻게 되었을까? 10만 달러짜리 허머의 실수요가 얼마나 될까?

이처럼 정부의 세금정책이 수요와 공급 체계에 어처구니없는 영향을 준 예는 수도 없이 많다. 하이브리드 자동차에 대한 세금 감면, 수없이 많이 논의된 담보대출 금리 인하(이후에 나오는 주택 버블에 대

●●●●● 버블의 형성과 붕괴, 자본주의 사회 고유의 현상인가

자산가격의 버블 형성과 붕괴는 자본주의 역사상 빈번하게 발생했다. 민주 자본주의가 아닌 다른 체제에서는 어땠을까?

"내 기억에 구소련에는 버블이 없었다."

앨런 그린스펀의 말이다. 이 말처럼 버블의 형성과 붕괴는 순전히 자본주의적인 현상일까? 버블이 사회주의 경제에서도 일어날 수 있는 것일까? 앞서 살펴본 것처럼 버블은 두 가지 이념적인 요소인 재산권과 시장에 의한 가격결정이 보장되어야만 발생할 수 있다. 때문에 버블은 실상 자본주의 사회의 고유 현상인 것이다.

많은 자본주의 사회가 정치적으로 민주주의 체제를 택하고 있기 때문에 버블 현상이 극대화되기도 한다. 표를 의식하는 근시안적 정치인들은 장기적으로 필요한 신중한 정책적 접근보다는 단기적 목표를 우선시한다. 이로 인해 생산과 소비에 관한 결정을 왜곡시키는 일이 잦고 가격 체계는 심하게 갈팡질팡한다.

전통적인 공산주의와 현대의 민주적 자본주의를 섞어놓은 사회민주주의 체제의 경우는 버블에 있어서 좀 더 복잡하고 흥미로운 상황을 만들어 낸다. 최근 그리스, 이탈리아, 스페인, 포르투갈 등 유럽 주변 국가들의 사례에서 드러나듯이, 자본주의와 공산주의의 중간쯤에 있는 나라들도 버블에 매우 취약하다. 사회주의적 성향으로 인한 재정 지원으로 사회의 생산성이 떨어지고 각종 가격 규제로 인해 경제적 왜곡 현상이 발생하기 때문이다.

한 사례 연구에서 논의할 것이다) 등이 그 예이다. 시장의 가격결정 기능을 보완한다는 일반적인 목적과 달리 재산권에 대한 정부 개입이 버블의 개연성을 오히려 증대시켰음을 전기차, 태양전지, 바이오 연료 공장 등 수많은 사례에서 찾아볼 수 있다.

정치에 의한 재산권과 가격 왜곡

재산권과 가격결정구조에 대한 정치적 결정은 사회가 버블의 형성과 붕괴 과정을 얼마나 수용하고 통제할 수 있는지를 결정하는 근본적 토대라고 할 수 있다. 베네수엘라의 국유화 같은 정책이 벌어지는 국가는 버블 형성의 가능성 자체를 차단한다. 반대로 재산권이 없던 사회에서 재산권을 도입하는 것, 예를 들어 1990년대의 중국 주택제도 개혁은 버블을 촉진시키는 비옥한 토양을 만든다.

가격 상한선과 하한선을 설정해 재산권을 제한하는 것은 가격결정구조를 왜곡해 시장참여자들을 버블로 이끌 수 있다. 앞서 최저임금 제한의 사례를 통해 보았듯이, 가격하한선은 공급을 늘리고 수요를 억제해 만성적 공급 초과 상황을 만든다. 마찬가지로 임대료 상한제와 같은 가격 상한선 제도는 과도한 수요를 창출하는 대신 공급을 억제한다. 이 때문에 정치적인 이유로 인한 재산권의 제한은 보통 문제를 완화시키기보다는 악화시킨다.

이런 정책들로 인해 버블의 가능성이 어떻게 높아지는지는 쉽게 알 수 있다. 가격 상한제 때문에 공급자들이 충분한 이익을 보지 못해 투자가 끊긴다면 결국 심각한 공급 부족이 일어나고, 암시장을 통한 사재기가 일어나면서 공급 부족 문제는 갈수록 악화될 수도 있다. 마찬가지로 가격의 하한선을 통제하는 정책은 과잉투자를 이끌어내어 공급 초과를 일으키고 재고가 쌓여 결국 수요와 공급에 심각한 불균형을 초래하게 된다.

가격상한제와 하한제가 수요와 공급을 왜곡하듯이 세금도 교란 효과를 가지고 있다. 특정한 소비와 투자 행위를 보조하거나 규제함으로써 세금은 수요나 공급의 구도를 바꾼다. 이에 관한 가장 유명한 세금정책은 미국의 담보대출금리인하 제도가 있다. 미국 정부는 담보대출 이자의 일부를 정부가 대신 부담하면서 주택 구입비용을 실효적으로 낮추었다. 10장에서 이 주제에 대해 깊이 다루겠지만 요지는 명확하다. 이 정책은 주택 수요를 늘려 미국 주택 시장의 버블과 이에 따르는 붕괴를 촉진시켰다.

다음 장에서는 버블의 형성과 붕괴에 대한 통찰을 제공하는 또 다른 시각인 생태학적 관점을 살펴보겠다. 생태학적 관점의 두 가지 주제가 특히 버블을 분석하는 데 도움을 준다. 전염 현상은 버블의 상대적 진행 정도를 이해하도록 해주며, 이머전스라는 개념을 응용하면 서로 독립된 개인들이 서로 일치된 행동을 보이는 과정을 이해하게 될 것이다.

다섯 번째 렌즈 : 생태학
― 전염과 이머전스 ―

[
아주 합리적인 사람이라 할지라도 다른 사람들의 판단과 행동을 보며
자신의 행동을 결정한다면 비합리적인 군중 효과에 휘말릴 수 있다.
다른 사람들이 비이성적이라는 것을 알지만 어쩔 수 없이
그들에 휩쓸려 그런 선택을 하게 되는 것이다.
때문에 합리적인 개인들의 집합이라고 해도
전체 집단 차원에서는 얼마든지 비합리적인 행동이 나타날 수 있다.
― 로버트 쉴러
]

이 장에서는 생태학적인 관점에서 버블의 형성과 붕괴 과정을 살펴볼 것이다. 전염epidemiology과 이머전스emergence ('창발(創發)'로 번역되나 원어 그대로 사용되는 예가 더 많아 이 책에서는 이머전스로 번역하였다―역자)라는 두 가지 개념이 중요하다. 이후에 설명하듯이 전염은 버블이 얼마나 무르익었는지와 버블의 붕괴가 얼마나 다가왔는지를 판단할 수 있게 도와준다. 이머전스는 집단이 어떻게 비합리적

인 의사결정의 오류에 빠지게 되는지를 이해하게 해주는 강력한 틀을 제공한다.

질병의 전염은 과학계에서 수백 년 동안 연구되어온 주제였다. 주로 감염의 과정과 속도를 결정하는 요소들에 대한 연구가 진행되어 왔다. 버블의 형성 시기에 나타나는 현상을 일종의 '열병'이라고 생각한다면 질병의 전염에 대한 과학적 연구의 틀은 버블의 형성 과정을 살펴보는 데에도 적용할 수 있을 것이다.

이머전스라는 현상은 큰 규모의 무리를 이루는 동물들이 개별 개체의 무질서한 행동에도 불구하고 집단 전체로는 어떻게 탄탄하고 유연한 질서를 가진 집단을 만들 수 있는지 연구하는 과정에서 발견되었다. 이머전스는 생태학적인 현상이지만 도시의 형성과 같은 다른 사회과학적인 영역에서도 이머전스의 예가 존재한다. 이 장에서는 사회적 곤충과 동물 무리에서 관찰되는 이머전스를 살펴보고 인간 사회와 금융시장의 상황에서 이러한 현상이 어떤 의미를 갖는지 생각해 보도록 하자.

버블이 얼마나 진행되었는지 알아보기

전염병학은 질병이 사람들 사이에서 확산되는 과정에 대한 연구를 수행하는 학문이다. 금융시장의 버블을 시장 참여자들 사이에서 특정한 '질병'(새로운 것에 대한 열병)이 옮아가는 과정으로 생각한다면, 전염병학의 기본 개념들이 버블에 대한 연구에도 놀랍도록 잘 들어맞는다는 것을 알게 될 것이다.

학자들은 질병 전염에 대해 엄청나게 복잡한 모델을 개발해 왔다. 그러나 수많은 복잡한 모델들 사이에서 기본적으로 관찰되는 단순한 요소들이 있다. 바로 감염률과 제거율이다. 감염률은 병에 감염된 사람에게서 감염이 가능한 사람에게로 병이 옮는 비율이다. 제거율은 감염된 사람이 더 이상 병의 전달자 역할을 하지 않게 되는 비율인데, 제거는 완치되어 병에 면역이 생기거나 병원균이 죽었을 때 일어난다. 재발도 가능하지만, 여기서는 병원균이 죽거나 환자의 상태가 회복되면 면역상태로 돌아간다고 가정한다.

이 두 비율의 변화에 따라 어떤 일이 일어나는지를 이해하기 위해 세 가지 기본 시나리오를 고려해 보자. (1) 감염률 〉 제거율 = 0, (2) 감염률 〉 제거율 〉 0, (3) 제거율 〉 감염률 〉 0 의 세 가지 상태이다.

첫 번째 시나리오에서는 감염률이 제거율보다 크고 제거율은 0이기 때문에 결국 모든 사람이 병에 걸린다. 병이 퍼지는 속도는 감염률에 따라 다르다. 전염 정도를 그래프로 도식할 때 제거율 0인 시나리오는 수학에서 로지스틱 커브라고 부르는 형태를 따르며 그 형태는 〈그림 5-1〉과 같다. 그래프에서 보듯, 최초에는 감염자의 비율이 천천히 오른다. 제거율은 0이기 때문에 감염된 사람의 수는 감염률과 비례한다. 로버트 쉴러Robert Shiller는 저서 『비이성적 과열Irrational Exuberance』에서 다음과 같이 말한다.

〈그림 5-1〉 감염률 〉 제거율 = 0%

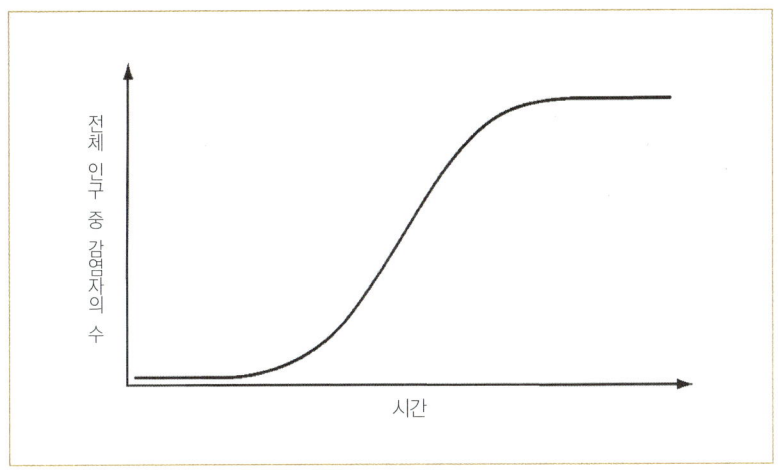

감염률은 초반에는 별로 증가하지 않는 것 같지만 시간이 지날수록 병에 걸린 사람의 비율은 점점 더 빨리 증가한다. …… 그러나 시간이 흘러 감염률이 한계치를 넘어 새로 감염될 사람의 수가 고갈되면 증가율도 줄어든다.

두 번째 시나리오는 감염률이 제거율보다 높지만 제거율은 0보다 높은 상황이다. 시간의 변화에 따른 감염자의 숫자는 종 모양의 곡선 형태를 보이게 된다. 그림으로 나타내 보면 감염자가 0에서 천천히 올라가다가 최고조에 갈수록 증가율이 높아지며, 이후 다시 0으로 돌아가게 된다. 이론적으로는 전체 집단의 100%가 감염될 수 있지만 다양한 외부 요인 때문에 100%에 도달하기 전에 최고치를 찍을 가능성이 높다. 〈그림 5-2〉는 이 시나리오를 요약해서 나타낸 것

〈그림 5-2〉 감염률 〉 제거율 〉 0%

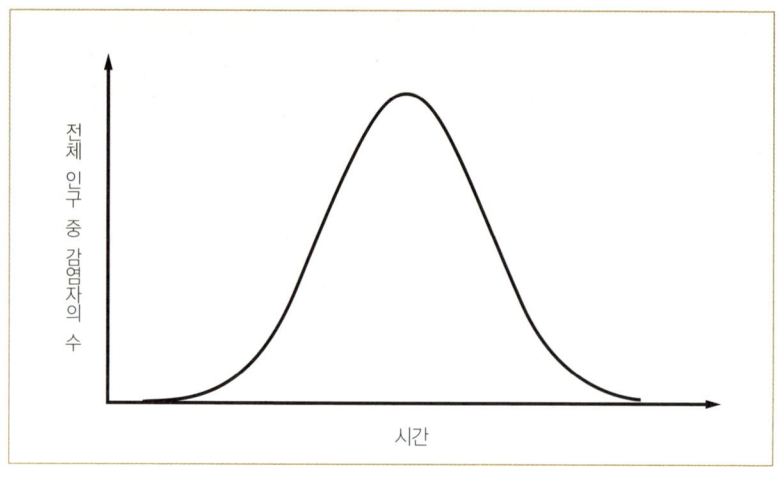

이다.

세 번째 시나리오는 제거율이 감염률보다 높고 감염률도 0보다 높은 것인데, 전염 자체가 일어나지 않기 때문에 살펴볼 만한 가치가 별로 없는 경우이다. 병이 퍼지는 속도보다 치료가 더 빠르며, 따라서 감염 인구가 증가하지 않는 비전염성 질병이다.

전염병의 연구 모델을 금융시장에 적용하는 학문적 시도가 학계에서 별로 인기가 있지는 않았지만, 예전부터 금융시장에서 벌어지는 구전현상에 대한 연구들이 있었다. 사람들의 생각이 타인에게 전파되는 양상은 생태학의 질병처럼 전파 특성이 일관적이지 않으며, 로버트 쉴러가 '돌연변이 발생률'이라고 지칭한 전파 과정에서의 와전에도 취약하다. 쉴러는 생각의 전파가 아이들의 전화놀이와 비슷해서 전달이 되면 될수록 왜곡이 심해지고 몇 번만 전달되면 우스꽝

스럽게 내용이 바뀐다고 말한다. 더욱이 뉴스거리가 될 만한 소재(살인, 교통사고, 연예인의 죽음)들은 더욱더 와전이 심한데, 이런 특성이 감염률에 영향을 미친다. 생각의 주제가 사회적으로 얼마나 주목받을 수 있는가에 따라서 생각의 전파 속도가 달라지게 된다.

이렇게 사회적 현상에 생태학의 감염 모형을 그대로 적용하기는 어렵지만, 필자는 여기서 버블이 만들어지는 시기에 사람들 사이에 생각이 퍼져나가는 현상을 생태학적으로 설명해 보려고 한다. 감염률, 제거율, 돌연변이율과 같은 생태학의 개념들은 완전하지는 않지만 버블의 현상을 개념적으로 이해하는 데에는 충분히 유용하다. 쉴러는 전염병 모델을 사회적 현상에 적용할 때의 한계점을 명시하면서도 생태학의 기본적 개념들이 투기 광풍을 이해할 때 얼마나 유용한지를 다음과 같이 강조했다.

> 새로운 생각이나 개념이 대중에게 미치는 영향을 이해하기 위해서는 감염률과 제거율을 따져봐야 한다. 대부분의 사람들은 타인과의 관계를 통해서 생각을 주고받고 행동에 대한 영향을 받기 때문이다. 인상적이고 생생한 이야깃거리가 많은 아이디어들은 사회 전반에 퍼져 시장가격에 영향을 미칠 가능성이 높다. ……입소문은 긍정적이든 부정적이든 투기적인 버블이 만들어지는 과정의 본질적인 부분이다.

생태학의 전염 현상에 대한 이해는 지속 가능하지 않은 버블이 어느 정도까지 성숙되었는지 대략적으로 가늠할 수 있게 해주는 잣대로서 유용하다. 상대적으로 많이 진행된(즉 붕괴 시점이 가까워진) 버블 상태에서는 버블의 초기 단계보다 당연히 훨씬 더 많은 사람들이 전염되어 있으며, 반대로 버블의 초기 단계에는 상대적으로 '앞으로 버블에 감염될 사람들'이 더 많이 남아 있을 것이다. 감염되지 않은 사람이나 감염된 사람의 수를 정확히 파악하는 것은 매우 어렵기 때문에 위험 수위에 도달했음을 알려주는 신호나 지표들로 이를 간접적으로 판단하는 방법이 유용하다. 예를 들어 특정 자산을 거래하는 아마추어나 초보 투자자가 늘어나는 것은 감염이 어느 정도 성숙되었음을 의미하는 강력한 신호이다. 전문적인 투자자들은 물론 아무런 경험이 없는 초보자들까지도 모두 어떤 생각에 감염되었다면 이제 열병에 새로 감염될 사람이 누가 남아 있겠는가? 따라서 금융시장에 새로운 신입생들이 많아지기 시작하면 버블의 붕괴가 도래했음을 짐작할 수 있다.

■ 미시적 단순함이 거시적 복잡함으로 ■

생태학 연구자들은 개별 개체들의 무질서한 행동이 질서 있는 집단 행위로 연결되는 사례들을 관찰했다. 개미나 벌처럼 군집을 이루는 동물들은 어떻게 한 몸이 된 것처럼 통일성 있게 행동할 수 있을까? 이런 질문들은 생태학 연구의 주요 주제였고, 이런 연구들은 이머전스라고 부르는 새로운 개념을 만들었다. 이머전스는 생태학에서 활발히 연구되는 최신 분야로 그 개념이 정립되기 전인 1970년대부터 이미 유사한 연구들이 수행되었다. 이 주제에 대한 최초의 연구는 대서양 연안의 대구 떼의 행동에 대한 것이었다.

마이애미대학의 생태학자 브라이언 파트리지Brian Partridge는 길이가 약 3피트, 무게는 40~50파운드 정도 되는 대구 20~30마리를 모아 직경 33피트의 동그란 수조에 넣었다. 각각의 물고기에 식별표를 붙이고 1만 장이 넘는 분량의 사진을 촬영하고 밀착된 관찰을 병행하여 개별 물고기의 움직임을 파악하고 전체 대구 집단이 어떻게 집단행동을 만들어 내는지 연구했다. 이 고된 연구를 완료한 후, 파트리지와 그의 연구진들은 대구 집단 내에서 개별 대구들은 두 가지 규칙에 따라 움직인다고 결론 내렸다. 그 규칙은 '바로 앞에 있는 물고기 뒤를 따라갈 것'과 '옆에 있는 물고기와 속도를 맞출 것'이었다. 이 두 가지 규칙은 단순해 보이지만 대구가 어떤 식으로 포식자의 위협이나 장애물을 피해 나가는지를 보여준다.

2010년 여름에 나는 국제철인3종경기대회에 출전하기로 결심했다. 선수들에게 독특한 경험을 제공하기 위해, 주최측은 수영경기에서 수백 명을 한꺼번에 출발시키기로 했다. 대략 1마일을 수영하는 동안, 나는 다른 선수들 사이에 끼어 있었다. 속도를 내면 다른 선수들과 부딪쳤고 속도를 줄이면 다른 사람들이 내게 와서 부딪쳤다. 왼쪽으로 움직이려 했지만 다른 선수와 또 부딪쳤다. 오른쪽으로 움직여도 마찬가지였다. 결국 파트리지의 연구진들이 대구 집단에서 발견한 법칙을 따라보기로 했다. 그러자 놀랍게도 엄청난 평화가 찾아왔다. 내가 경기하는 모습을 구경하던 친구들은 나중에 "꼭 물고기 떼가 움직이는 것 같더라 …… 네가 속한 그룹은 전체가 한 번씩 괜히 방향을 틀거나 지그재그로 움직였는데 꼭 누가 시켜서 그렇게 하는 것 같던데"라고 말했다. 나는 아무도 지휘 같은 것은 하지 않았다는 것을 알기에 개인 차원에서의 무질서와 혼란이 집단 차원에서의 질서로 변하는 과정 즉 이머전스 현상을 몸소 체험한 것에 깊은 인상을 받았다.

대구 떼의 움직임이나 철인3종경기 집단의 움직임에서 나타나는 질서란 개인이 자신을 위해 단순한 규칙을 따르면서 자연스럽게 나타나는 질서이다. 여기서 집단의 질서에 대한 개인의 복종을 강제하는 규칙이나 집단의식 같은 것은 필요하지 않다. 개인 차원에서는 단순한 규칙을 따르고 있을 뿐인데 외부 관찰자 입장에서는 집단이 마치 누군가의 지휘나 조종을 받는 것처럼 일사불란하게 보인다. 비슷한 예로 야구장에서의 파도타기 응원을 생각해 보자. 수많은 사람들을 일사분란하게 움직이게 하는 데에는 아주 간단한 원칙만 필요하다. "옆사람이 일어나는 것을 보자마자 일어나서 손을 들 것(그리고 다시 내릴 것)." 이 간단한 원칙만으로 수많은 군중이 거대한 질서를 이루며 움직인다.

이런 이머전스 현상이 어떻게 일어나는지를 더 잘 이해하려면 몇몇 사회적 곤충의 행동을 관찰하면 된다. 메뚜기, 벌, 개미는 일관적이고 조직적이며 체계적인 집단행동을 하는 능력을 증명하였는데,

수십억 마리나 되는 개체가 어떤 지휘나 신호를 받는 것이 아님에도 불구하고 조직적 행동이 가능하다. 집단의 복잡한 행동이 어떻게 개별 곤충의 단순한 행위에서 연유할 수 있는지를 살펴보도록 하자.

무질서해 보이는 메뚜기떼의 규칙

약 1만 2,000종류의 메뚜기목 곤충들 중 오직 20개 이하의 종들만이 메뚜기로 분류된다. 메뚜기의 종류가 많지는 않지만 그럼에도 불구하고 메뚜기로 인한 농작물의 피해는 성경에도 기록될 만큼 역사가 길다. 지금도 세계 인구의 10%가 메뚜기로 인해 고통 받고 있다. 이 때문에 과학자들은 오래 전부터 메뚜기의 행동을 관찰해 왔다.

메뚜기는 다른 메뚜기목의 곤충들에 비해 아주 크고 중요한 차이를 보인다. 메뚜기는 여럿이 모여 있을 때의 행동이 개별 개체가 따로 있을 때와는 극단적으로 다르다. 메뚜기목의 다른 곤충들은 서로 붙어 있으면 흩어지는 경향이 있지만, 메뚜기들은 근접한 개체의 움직임과 자신의 움직임을 일치시키는 경향이 있다. 메뚜기들이 일정 밀도 이상 모이면 무질서한 군중이 질서정연한 메뚜기 떼로 바뀐다. 연구 결과, 어린 메뚜기는 제곱피트당 7마리가 모이기 전까지는 무질서하게 움직이다가 이 숫자가 넘어가면 다른 메뚜기들과 함께 움직인다.

동물들이 보이는 집단행동의 대부분은 먹을 것을 찾기 위한 노력이다. 메뚜기가 먹어대는 엄청난 양(메뚜기 한 마리는 하루에 자기 몸무게만큼의 식물을 먹는다)을 생각하면 메뚜기 떼 안에서는 동족을 잡아먹는 현상도 비일비재하게 발생한다. 따라서 메뚜기는 집단 내에 있을 때 동료에게 잡아먹히지 않기 위해 끊임없이 움직인다. 앞서 대구 떼를 관찰하던 생태학자들의 눈에는 이것이 너무 자명해서 법칙으로 표시하지 않은 듯하지만, 우리는 메뚜기 떼 안에서 벌어지는 현상에서 군집행동의 세 번째 규칙을 발견했다. 세 번째 규칙은 '앞에 있는 구성원과 충돌하거나 뒤에 있는 구성원에게 충돌당하지 않도록 할 것'이다. 메뚜기에게 이런 회피 욕망이 있다면 집단을 구성하지 말고 그냥 서로서로 뿔뿔이 흩어지면 안 될까? 잡아먹히지 않는 가장 좋은 방법은 옆에 있는 굶주린 메뚜기를 피하는 것 아닌가?

렌 피셔Len Fisher(위트 있는 과학적 발견에 주는 '이그노벨상'을 받은 과학 칼럼니스트―역자)는 다음과 같이 말한다.

> 보통 때 수줍음 많고 혼자 있기를 좋아하는 메뚜기는 다른 메뚜기와 거리가 가까워지면 신경 전달물질인 세로토닌(스트레스를 경감시키고 충동을 억제하여 행복감을 주는 호르몬―역자) 분비가 촉진된다. 그러면 군집욕이 강해질 뿐만 아니라 근처의 메뚜기가 세로토닌을 분비하도록 만든다. 이런 연쇄 반응을 통해 부근의 모든 메뚜기가 무리를 찾아와 가담한다.

메뚜기는 말 그대로 파티를 좋아하는 곤충이다. 이렇게 모이고 나면, 심리적 반응으로 인해 활동성이 좋아진 메뚜기들이 무리 안에서 늘어난다. 처음에는 땅에서 움직이다가 공중으로 영역을 넓힌다. 메뚜기가 모이면 모일수록 각각의 메뚜기에게서 분비되는 세로토닌의 양은 더 많아지고 집단은 더욱 커진다. 강력한 군집활동은 메뚜기들이 서로 잡아먹지 않을 정도의 거리를 유지하면서 점점 더 큰 집단을 형성하게 된다. 파티가 진행될수록 무리는 점점 더 커져서 1,000억 마리가 500제곱마일에 걸쳐 모일 때까지 무리는 계속 커진다.

메뚜기떼는 무질서해 보이는 상황에서 세 가지의 단순한 규칙(회피, 정렬, 끌어당김)을 통해 집단행동이 어떻게 이머전스하는지를 잘 보여준다. 집단행동을 하는 또 하나의 대표적인 곤충인 벌은 집단의 형성 과정을 넘어서 집단의 의사결정이 일어나는 방식을 보여준다.

사회적 곤충, 벌떼의 규칙

벌은 무리지어 이동할 때 위에서 말한 세 가지 규칙을 따르는 사회적 곤충이다. 그러나 정찰임무를 맡은 벌은 특정 목표지점(새로운 벌집이나 식량)을 향해서 집단의 대오를 이탈할 수 있는 능력이 있다는 점에서 메뚜기와는 다르다. 정찰 역할을 맡은 벌이 무리와 목표지점까지의 거리와 방향을 알려주기 위해 춘다는 8자춤은 이미 너무나도 유명하지만, 최근의 연구에 의하면 8자춤만으로는 벌떼의 행동이 다 설명되지 않는다고 한다. 렌 피셔는 "벌집 안은 대낮에도 나이트클럽 정도의 밝기 정도인데 정찰벌은 여기에서 춤을 춘다. 따라서 가까이 있는 벌(전체의 5% 정도)만이 이 춤을 볼 수 있다. 대부분은 춤을 못 보기 때문에 아무것도 모른 채 날기 시작한다. 그렇다고 춤을 본 벌들이 앞장서서 길을 안내하지도 않는다. 춤을 본 벌들은 벌떼

중간에서 다른 벌들과 함께 날아간다"고 설명한다.

벌떼에서 확실한 리더가 없다면 집단이 목표물을 효과적으로 찾아가는 것도 불가능해 보인다. 무슨 일이 일어나는지를 더 잘 이해하기 위해, 과학자들은 카메라를 사용하여 벌 각각의 움직임을 포착하기로 했다. 이를 통해 벌의 집단 비행 패턴을 설명할 단서를 찾을 수 있을 것이라고 기대했다. 벌떼 아래에서 벌의 움직임을 찍으면서 셔터 스피드를 길게 하여 벌떼가 움직일 때 각각의 벌이 움직이는 방향을 볼 수 있도록 하였다. 개별 벌의 움직임은 사진상에서 짧은 선으로 나타날 것이다. 대부분의 선은 짧게 휘어졌지만, 어떤 벌의 움직임은 다른 벌에 비해 선이 약간 더 길었고(즉 속도가 더 빨랐다) 이들의 움직임은 목표를 똑바로 향했다.

과학자들은 목표를 향해 빠른 속도로 움직이는 이 벌들을 '인도자'라고 불렀다. 이 벌들이 해답을 쥐고 있었다. 집단 내 대다수가 집단행동에서 세 가지 간단한 규칙을 따를 때, 정보를 가진 벌들은 나머지 벌들보다 약간 빠르게 움직이면서 나머지 벌들을 조용히 이끌고 있었다.

피셔는 이 발견을 깔끔하게 요약한다.

목표가 확실하고 그 목표에 어떻게 가는지를 정확히 아는 개체 몇 마리만 있으면 집단 전체는 무엇을 향해 가는지도 모르면서 이들을 따라 목표를 향해갈 수 있다. 이를 위해서 필요한 것은 단지 집단에서 떨어지고 싶지 않다는 의식적 혹은 무의식적 욕망이 있고 집단이 추구하는 목표가 개체와 상충하지 않기만 하면 된다.

조용한 리더십으로 움직이는 개미떼

정보를 가진 극소수의 동물이 목표를 향해 집단을 이끄는 이 방식은 사회적 곤충이 집단의 의사결정을 이머전스하는 방식의 하나일 뿐이다. 개미는 먹이나 기타 목표에 도달하는 가장 빠른 경로를 찾아내는 데 벌만큼이나 능하지만, 개미의 방식은 벌과 정반대이다.

아르헨티나 개미굴에 관한 연구를 진행한 브뤼셀대학 연구진은 개미 집단이 어떻게 효과적이고 빠르게 목표를 향해 나아가는지를 이해하고자 하였다. 행동생태학과 소속의 과학자들은 개미굴과 먹이 사이에 포크 모양의 세 가지 경로를 만들었다. 경로에 따라 거리 차이는 최대 두 배였다. 처음 가는 개미는 무작위로 길을 선택해서 가지만 몇 분 내로 개미 전체가 가장 짧은 경로로 가고 있었다. 이런 일이 어떻게 일어났을까?

대답은 사실 꽤 간단하다. 그리고 이 이유를 이해하기만 하면 개미가 사용하는 방식은 굉장히 합리적으로 보인다. 개미는 페로몬(동물 개체 사이에서 신호 전달을 위해 이용되는 극소량의 화학 물질—역자)이라는 화학물질을 분비해 다른 개미를 안내한다. 페로몬이 많으면 개미가 더 빠르게 많이 모이는데, 페로몬은 시간이 지나면서 없어진다. 따라서 최단경로로 간 개미들은 더 빨리 길을 왕복하기 때문에 먼 길을 간 개미보다 길에 페로몬을 적어도 두 배 이상 더 많이 남기게 된다. 최단 경로에는 페로몬이 더 많이 남아 있기 때문에 다음 개미도 최단 경로를 선택할 가능성이 아주 높다.

더 먼 길을 선택한 개미들도 돌아오는 길에는 페로몬이 더 많이 남아 있는 길을 선택할 가능성이 높고, 이에 따라 그 길에는 페로몬 수치가 더욱더 올라간다. 몇 분 내로 짧은 경로의 페로몬 수치는 긴 경로의 수치를 압도하여 개미 전체가 짧은 길로 다니게 된다. 다시 말해 우리는 개별 개체가 단순한 규칙을 잘 지키는 것이 이 집합행동의 뿌리임을 확인하게 된다.

"개미들의 효과적인 행동은 각각의 개미가 두 가지의 아주 기본적인 규칙을 따르기 때문에 나온다. 페로몬을 분비하고, 다른 개미가 남긴 페로몬을 따르는 것."

개미 연구에서 발견한 또 다른 재미있는 사실은 (의도치 않거나 우연적이지만) 조용한 리더십을 통한 이머전스 현상이 개미떼를 목표까지 효과적으로 안내한다는 것이다. 따라서 여왕벌이나 여왕개미가 중요한 역할을 한다는 생각은 집단적 행동에 더 무게를 싣는 이런 연구들 덕분에 사장되었다. 이런 집단행동에 대한 연구는 집단의 의사결정에 대해 큰 함의를 던져준다.

▌ 인간 집단에서의 이머전스 현상 ▌

지구에서 가장 사회적이고 집단 중심의 동물인 인간에 대한 연구로 넘어가 보자. 동물의 의사결정과정은 단순한 규칙으로 설명될 수 있었지만 수많은 요인들을 복합적으로 생각하는 인간의 의사결정 과정은 좀 더 복잡한 '효용함수'를 통해 분석되었다. 불행히도 동물에 대한 연구와 인간 사회에 대한 연구는 최근까지도 완전히 통합되지 못했다. 하지만 동물과 인간 사회 간의 현상을 통합적으로 바라볼 수 있게 하는 몇 가지 관점들을 소개해 보겠다.

군집행동과 집단의 논리

사회적 곤충에 대한 연구를 인간에 대한 연구로 확장하면, 군집행동은 일반적인 생각보다도 훨씬 더 잘 적용된다. 책 후반부에서 역사적인 사례 연구를 통해 투자자들 사이의 군집행동이 어떻게 버블의 형성과 붕괴에 기여하는지 살펴보겠지만, 먼저 사회적 동물로서의 인간에 대한 연구들을 통해 군집행동의 사례를 알아보자.

우선 생태학자들의 최근 연구 동향을 살펴보자. 이 연구들은 경제학자나 금융전문가들이 잘 읽지 않는 학술지에 주로 실리기 때문에 경제계의 주목을 받지는 못했지만 생태학자들의 최근 연구 중 몇몇은 인간도 사회적 곤충과 같은 방식으로 집단 의사결정을 하고 있다는 암시를 주고 있다. 〈런던왕립학회지 Philosophical Transactions of the Royal Society of London〉 최근호는 "인간과 동물의 집단 의사결정"에 대한 특집을 다루었다. 이 연구들의 결과는 버블의 형성과 붕괴에 대한 우리의 연구에 깊이 있는 함의를 제시한다.

이 논문집에 나온 글 중 특히 재미있는 하나는 대학생 자원봉사자 집단에 대한 실험이다. 연구자들은 몇몇 학생들에게 방안을 아무렇게나 배회하되 다른 학생들과의 거리를 팔 하나 간격으로 유지하도록 부탁하였다. 팔 하나 간격은 집단 내에서 회피와 유인이 동시에 일어나는 적절한 거리이다. 실험 참가자들 사이의 대화는 금지되었지만 방 주변에는 일정한 형식으로 놓인 글자판들이 있었다. 실험 전에 학생 한둘에게만 표시된 글자판 중 하나로 향하라는 지시를 내렸다. 실험을 중지하자 대부분의 집단은 미리 지시를 받은 학생이 향한 글자 주변에 모여 있었다. 한두 명에게 비밀리에 지시가 있었다는 사실을 알리가 없는 학생들은 목표와 정보를 가진 소수 지도자의 인도를 따랐다.

정보 공유가 없는 인간 집단이 상호작용을 통해 숨어 있는 리더의 인도를 받을 수 있다는 사실 자체는 매우 흥미롭지만, 현실 세계에서는 서로 다른 목표를 지닌 리더 여럿이 동시에 존재한다는 점에서 이 논문의 실험은 현실과는 좀 다를 수 있다.

「동물 행동Animal Behavior」이라는 과학 학술지의 최근 논문은 이를 보완하여 위에서 언급한 연구와 실험 설계가 비슷하지만 사전에 비밀지령을 받은 두 학생에게 서로 다른 지점으로 이동하도록 목표를 주었다. 지령을 받은 두 학생의 '서로 다른 방향'이 상충됐지만 실험에 참가한 학생들이 두 목표물 앞으로 모이는데 걸리는 시간은 그다지 차이가 나지 않았다. 서로 다른 목표가 대립하는 상황에서도 집단행동이 가능할 뿐 아니라 매우 효율적이라는 의미였다.

두 명에게 서로 다른 목표를 주었지만 실험집단이 목표물에 도달하는 시간은 비슷했으며, 각각의 학생들이 상충되는 방향 가운데 어느 쪽으로 가야하는지를 빠르게 결정했다는 연구 결과는 버블 연구에서 큰 의미를 갖는다. 실험의 진짜 의도를 몰랐던 대부분의 사람들이 확신이나 의도를 가진 상대적으로 적은 수의 사람들에게 이끌릴 수 있다는 결과를 볼 때 소수의 확신이 집단 내에서 반복적으로 강화되면서 일반 투자자들을 투기적 행위에 동참시켜 버블을 만들 수 있다는 결론을 낼 수 있다.

스탠리 밀그램Stanley Milgram이 1960년대 말에 발표한 유명한 연구는 집단 내에서 조용한 리더십의 힘을 실증적으로 보여주었다. 밀그램 교수는 신호등에 사람을 세워 놓고 고층 건물 6층 창문을 바라보고 있게 하였다. "단 한 명이 위를 쳐다보고 있을 뿐인데 지나가는 사람의 40%가 같이 창문을 보았다. 두 명이 쳐다보고 있으면 창문을 보는 비율은 60%, 세 명일 때는 90%로 올라갔다." 이 연구는 소수가 훨씬 많은 사람들의 행동을 좌지우지할 수 있다는 사실을 확인시켜 주었다.

집단의 행동을 이끄는 사람들은 의도적으로 나머지를 호도하려는 것이 아닐 수도 있다. 하지만 최초의 의지를 가진 사람의 결정이 매우 중요하다는 것은 분명하다. 벌의 집단 의사결정 과정과 조용한 리더들이 집단의 행동을 결정할 수 있다는 다수의 연구 결과를 보고 난 후에 나도 간단한 실험을 해 보았다.

언젠가 라스베이거스 공항에 착륙할 일이 있었는데(개인적으로 이 공항은 너무나 친숙하다), 마침 내가 비행기에서 내리는 첫 승객이었다. 터미널은 왼쪽이었으나, 비행기에서 내려서 공항 사정을 잘 아는 듯 자신 있고 빠르게 오른쪽으로 향해 봤다. 공항 내 안내 표시는 전부 반대쪽을 향하고 있었지만, 내 바로 뒤에 내린 10~15명의 승객이 모두 '리더'를 따라 오른쪽으로 향하는 모습을 보고 나는 작은 희열을 느꼈다. 이후 6개월간 8번의 비행에서 그리고 여러 공항에서 똑같이 행동해 보았는데 결과는 비슷했다. 벌의 논리가 인간에게도 확실히 해당되는 것 같았다. 이 즉석 실험의 핵심은 인간은 집단 내에서 무언가를 잘 아는 것 같은 다른 구성원의 행동에 맞추는 경향이 있다는 것이다.

이제 특별한 이유 없이 내린 최초의 결정이 뒷사람들에게 어떤 영향을 미치는지 분석해 보자. 먼저 행동하는 사람의 결정을 무의식중에 의식하는 인간의 경향으로 인해 정보 도미노라는 현상이 만들어질 수 있으며, 이에 따라 재미있는 결과가 나오게 된다.

▌ 정보 도미노 현상과 집단행동 ▌

나란히 붙어 있는 괜찮은 식당 두 곳이 동시에 개업했다고 하자. 두 식당은 음식 종류, 가격, 분위기 등 모든 면에서 아주 비슷하다. 이제 젊은 커플이 지나가다가 둘 중 하나로 들어간다고 가정하자. 아직까지 두 집 모두 손님이 없고, 커플은 어느 집이 더 좋은지에 대한 정보를 가지고 있지 않다. 커플은 두 집 앞에 있는 메뉴를 살펴본 후 동전을 던져서 A식당으로 갔다.

두 번째 커플이 지나가다가 첫 번째 커플과 비슷한 상황을 맞게 되었고, 마찬가지로 정보는 거의 없지만 첫 번째 커플이 식당 A로 간 것은 알고 있다. 메뉴나 분위기는 비슷해서 어느 한 식당을 정하기 힘든 상황에서 두 번째 커플도 A 식당으로 갔다. 첫 번째 커플이 무언가 이유가 있어서 A 식당으로 갔을 것이라고 생각했기 때문이다. 그 다음 다섯 명의 가족이 지나가다가 A 식당에 사람이 더 많은 것을 보고 A 식당으로 간다. 이렇게 계속 하다 보면 A 식당은 붐비고 B 식당은 텅텅 비는 상황을 맞게 된다.

처음에 말했듯이 두 식당은 사실상 같은데 왜 한 식당은 손님이 가득하고 다른 식당은 저녁 내내 비었을까? 식당 안에 누군가 있는 것을 보고 뒤에 온 사람들이 먼저 들어간 사람들의 결정을 따랐기 때문에 사람들의 선택이 꼬리에 꼬리를 물고 다른 사람의 행동을 결정하는 상황이 발생한 것이다. 이를 정보 도미노 현상이라고 부른다. 이런 정보 도미노 현상이 군집행동의 주된 원인이라는 것은 널리 믿어지는 사실이다. 무리 앞에 있는 버펄로가 갑자기 멈춰서 오른쪽으로 가는 것은 사자를 보았기 때문일 것이다. 앞에 가는 50마리가 오른쪽으로 방향을 트는 것을 본 51번째 버펄로가 다른 버펄로의 행동을 무시하는 것은 현명한 행동이라고 할 수 없다. 그러나 금융시장에서는 무조건 앞사람의 행동을 따르는 것이 가격 형성 과정을 심각하게 왜곡시킬 수 있다.

●●●● 경력 리스크, 군집행동, 고객에 의한 버블

존 메이너드 케인스John Maynard Keynes는 자신의 저서 『고용, 이자, 화폐에 관한 일반이론』의 12장에서 "사회적인 명성 측면에서는 일반적인 방식으로 실패하는 것이 독특한 방식으로 성공하는 것보다 유리하다"라는 유명한 말을 남겼다. 보스턴에 기반을 둔 헤지펀드 GMO의 제레미 그랜덤Jeremy Grantham은 케인스의 말에서 '명성'이라는 단어를 '경력'으로 바꾸어 여러 번 언급하면서 '경력 리스크'라는 표현을 유행시켰다. 그랜덤은 투자자들이 특정 방향으로 다 같이 쏠리는 군집행동을 보이는 이유는 전문적인 투자자들의 지성이 부족해서가 아니라 집단에서 벗어난 특이한 결정을 내렸다가 실패했을 경우 경력에 위험을 초래하는 것이 더 위험하다는 것을 알고 있기 때문이라고 한다.

남들과 함께 실패하는 것은 상황을 탓하며 변명할 수 있지만 남들이 성공할 때 혼자 실패하면 경력은 끝장이 난다. 결국 남들 하는 대로 하면 직장을 잃을 가능성이 적고 다르게 하면 할수록 그 위험은 커진다. 그렇다면 무엇하러 불필요하게 자신의 직업을 날릴 수 있는 위험을 걸고 자신만의 선택을 하겠는가? 투자자들의 이런 입장이 금융시장의 버블을 부추기게 된다.

제레미 그랜덤은 자신의 회사인 GMO가 1990년대 버블 시기에 어떤 경험을 했는지를 통해 경력 리스크가 실제 상황에서 어떻게 작용하고 있는지 보여준다. 버블의 대세를 따른 대부분의 투자자들이 자산을 빠르게 키워 나갈 때, GMO는 시장이 고평가되어 있다는 결론을 내렸고 이 믿음에 따라 보수적으로 투자했다. 마지막에는 GMO의 선택이 옳았지만, 1996년부터 2001년까지 버블이 진행되는 동안 GMO 고객들은 다 떨어져 나갔다. 이 기간 동안 GMO 펀드의 자산은 증시 호황기였음에도 불구하고 28억 달러에서 6억 5,000달러로 75%나 감소했다.

『월스트리트를 평가하다Valuing Wall Street』의 저자인 앤드류 스미서스Andrew Smithers는 IT버블의 정점 무렵인 2000년 5월 13일에 쓴 글에서, 고객의 중요성을 강조하며 펀드매니저들이 처한 이 딜레마에 대해 아래와 같이 요약한다.

> 대부분의 펀드매니저들은 시장이 이미 위험하다는 것을 알고 있다. 펀드매니저들이 알지 못하고 결국 끝까지 알아내지 못할 것은 그 광기가 끝나는 시점이다. 펀드매니저들이 제정신을 지키고 자신이 믿는 바대로 행동할 수 있으려면 수년 동안 저조한 수익률을 참아주고 펀드매니저들의 판단을 믿어줄 충실한 고객이 있어야 한다. 불행히도 이런 고객은 드물다. 따라서 버블에 대해서는 펀드매니저가 아니라 고객을 욕하는 것이 합당하다.

■ 장님이 장님 인도하기 ■

이 장에서 살펴본 버블을 바라보는 생태학의 관점은 실생활에 광범위하게 적용될 수 있다. 전염의 개념은 버블의 상대적인 진행 정도와 붕괴의 시기를 평가하기에 아주 좋은 도구이지만 대략적인 가늠을 할 수 있을 뿐이다. 적극적으로 위험을 관리하는 사람들은 버블이 만들어지고 붕괴될 정확한 시점을 알고 싶어 하겠지만 정확한 시점을 안다는 것은 불가능한 일이다. 버블이 언제 터질지 그 날짜를 정확히 알려주는 기술이란 세상에 존재하지 않는다. 하지만 버블이 한창일 때 사람들의 생각을 지배하는 투기 광풍을 전염병이라고 생각해 보면, 전염병 모델은 버블의 진행 정도를 대략적으로 파악하는 데에 유용하다. 버블이 거의 막바지에 다다랐다는 가장 확실한 신호는 각계각층에서 너도나도 묻지마 투자에 뛰어드는 것이다.

이머전스 현상이 버블의 연구에 주는 함의는 상당히 극적이다. 정보 도미노 현상과 위에서 든 두 식당의 예를 보면 쉽게 이해가 될 것이다. 사소한 결정도 원래 그 결정을 내린 사람이 생각했던 것보다 훨씬 더 큰 사회적 의미를 얻게 되면서 그 효과가 눈덩이처럼 커질 수 있다. 정보가 없는 사람들은 누군가의 결정을 보면서 마치 메뚜기나 벌떼처럼 군집행동을 보이기 시작한다. 다른 사람들이 모두 부동산에 투자해서 돈을 버는데 나라고 왜 못할까? 남들도 다 따져보고 했을 것이고, 저렇게 많이들 하는데 부동산이 위험할 리가 없지 않겠는가? 그러나 모두가 "남들이 다 따져봤다"는 생각에 의지하기 시작하는 순간 잘못된 선택은 꼬리에 꼬리를 물고 사회 전체를 어딘가로 몰고 가게 된다.

정보 도미도 현상이 진행될 때 의도되지 않은 '조용한 리더십'을 발휘하는 것은 어려운 일이 아니다. 필요한 것은 상황을 잘 아는 (것처럼 보이는) 개인이다. 정찰벌들이 정보가 없는 나머지 벌떼를 이끌듯이, 상황을 잘 아는 듯한 (하지만 실제로는 모르는) 개인은 집단을 얼마든지 파탄으로 몰고 갈 수 있다. 내가 라스베이거스 공항에서 한 즉석 실험을 떠올려 보자. 내가 상황을 잘 아는 것처럼 보였기 때문에 (확고한 모습으로 한 방향을 향해 걸어가는 모습에서 그렇게 보였을 것이다) 다른 사람들은 허탕을 쳤다. 조용한 리더십이 눈덩이처럼 커져 작은 폭포를 만들었던 것이다. 당연히 모두가 나를 따라 반대 방향으로 향하지는 않았겠지만, 개미들의 페로몬처럼 내 뒤를 따라온 한 사람 한 사람은 다른 사람들을 잘못된 방향으로 연쇄적으로 안내한것이다. 정보가 없는 개인이 마찬가지로 정보가 없는(또는 정보가 없지만 무언가를 아는 것처럼 행동하는) 사람들을 따라가기가 쉽다는 것은 아주 중요한 발견이다. 이 발견 덕분에 왜 비이성적인 집단행동이 그렇게 격하게 일어나는지 설명된다.

만일 별 상관없는 사건이 눈덩이처럼 커져(식당의 선택에서처럼) 어떤 쪽으로 완전히 쏠린 선택을 이끄는 정보 도미노 현상이 발생한다면, 이것이 의미하는 바는 명백하고 중요하다. 시장의 효율성과 안정성은 개별 참여자들간의 상호작용으로 쉽게 뒤바뀔 수 있다. 전염과 이머전스 현상은 시장의 안정을 송두리째 뒤흔들고 시장의 가격이 균형점에서 멀어지게 만들어 버린다.

이 장이 1부의 마지막이며, 2부에서는 1부에서 살펴본 다섯 가지 관점들을 통해 역사적인 사례들을 살펴볼 것이다. 우선 튤립 광풍의 사례에서 이제까지 공부한 다섯 가지 관점들을 실제로 적용해 보자.

PART II

다섯 가지 렌즈로 바라본
버블의 생성과 붕괴

> 1부에서 제시한 다섯 가지 관점인 미시경제학, 거시경제학, 심리학, 정치, 생태학은 각각 분야에 따라 별개로 사용해도 된다. 그러나 모든 것이 불확실한 미스터리를 풀어내려면 다섯 가지 관점을 종합적으로 사용하는 것이 효과적이다. 2부에서는 과거 버블의 다섯 가지 사례 연구를 통해 통합적 접근의 힘을 보여줄 것이다. 네덜란드 튤립 투기에서부터 아시아의 금융 위기, 미국의 서브프라임 사태까지 전 세계 어느 한 곳도 금융 혼란에서 자유롭지 못했다.

네덜란드 튤립 투기
– 17세기 네덜란드의 버블 –

[
투기는 대중의 상상력이 상업이나 금융에서
새로워 보이는 것에 안착할 때 찾아온다.
형형색색의 튤립은 최초의 투기였다.

— 존 케네스 갤브레이스
]

1630년대 네덜란드에서는 최초의 금융 버블로 기록된 일련의 사건이 일어났다. 튤립 구근의 가격이 올라 희귀종의 경우 당시 평균 임금의 수십 년 치에 해당하는 가격에 거래되었다. 더욱 우려스러운 것은 오래지 않아 일반 품종의 구근도 희귀종과 비슷한 속도로 가격이 상승하기 시작했다는 것이다. 특별히 공급에 문제가 있는 것도 아니었다. 1636년 11월과 1637년 1월 사이, 단 두 달 만에 튤립 구근

가격은 대부분 10배가량 올랐다. 이 장에서는 튤립에 대한 일반적인 사항과 17세기 네덜란드에서 튤립이 왜 그토록 특이한 상품이었는지를 간단히 살펴보고, 이것의 사회적·정치적·경제적 배경을 논의할 것이다. 마지막으로 튤립 광풍을 미시경제학, 거시경제학, 심리학, 정치, 생물학 등 이제까지 우리가 살펴본 5가지 관점을 통해 평가할 것이다.

튤립의 독특함

튤립은 서유럽 고유의 품종이 아니다. 지중해 동부의 야생화인 튤립이 기록상 서유럽으로 처음 전해진 것은 1562년 콘스탄티노플에서 벨기에 앤트워프로 가는 선박을 통해서였다. 이로부터 1년 후인 1563년, 한 식물학자가 튤립 구근을 앤트워프에서 네덜란드로 가져갔다. 최초의 튤립 경작은 1593년 플랑드르의 식물학자인 샤를 드 레끌뤼즈가 원예 아카데미를 세우기 위해 레이던대학의 교수 자리를 승낙하면서 본격적으로 시작되었다고 알려져 있다.

튤립은 구근에서 자라나고, 4~5월에 1~2주간 꽃이 피며, 꽃이 지고 나면 원래의 구근은 사라진다. 모구근(원래 꽃을 피운 구근)이 사라진 자리에는 봉오리가 생기는데 이것이 새로운 구근의 기능을 한다. 이 새 구근에서 추가로 또 하나의 봉오리가 올라오기도 한다. 구근을 이용해 튤립을 번식시키면 1년에 최대 50% 정도 구근의 수를 늘리는 것이 고작이기 때문에 튤립 공급을 늘리는 데 제약이 있다. 구근이 아닌 씨를 통해 번식을 하면 번식 주기가 길고 과정이 느리기는 하지만 꽃 하나에 많은 씨가 열리기 때문에 생산량은 증가한다. 그러나 씨를 통한 번식으로 구근이 나오려면 7년에서 많게는 12년이나 걸린다.

튤립 버블과 그 배경에 관한 역사를 가장 상세하게 기록한 책이라 할 수 있는 『튤립, 그 아름다움과 투기의 역사Tulipomania』에서 마이크 대시Mike Dash는 다음과 같이 썼다.

> 17세기에 튤립이 원예학자들 사이에서 다른 꽃들과 비교해 얼마나 특별하게 여겨졌는지를 모르고서는 튤립 광풍을 이해할 수 없다. …… 튤립의 색은 다른 평범한 식물에 비해 더 강렬하고 진했다.

튤립 구근을 키우는 과정에서 모자이크 바이러스가 튤립에 침투하면 꽃잎에 생생한 색깔을 입히고 독특한 문양이나 특이한 무늬를 만들어 낸다. 바이러스로 인해 생기는 문양과 색깔은 구근을 통한 증식에 의해서만 복제된다는 사실이 중요하다. 씨를 통해 번식하면 바이러스가 없어지므로 그렇게 나온 튤립이 다시 바이러스에 감염될지 안 될지는 불확실하다. 감염된다 해도 원하는 문양이나 색이 나올지 알 수 없다. 바이러스는 구근의 건강 상태에도 영향을 줘서 튤립의 모양은 더 좋게 만들지 몰라도 구근의 번식력은 떨어뜨린다.

네덜란드에서 튤립의 인기가 점차 올라가면서, 네덜란드인들은 튤립을 색깔에 따라 네 가지 분류로 나누기 시작했다.

쿨루렌Coulouren — 빨강, 노랑, 흰색

로젠Rosen — 흰 바탕에 빨강이나 분홍

비올레텐Violetten — 흰 바탕에 보라나 라일락색

비자르덴Bizarden — 노랑 바탕에 빨강, 갈색이나 보라색

나아가 여러 튤립에는 화려한 이름이 붙기 시작했는데, 장군을 뜻하는 아드미라엘Admirael이나 제네라엘Generael이 앞에 붙는 경우가 많았다. 가장 유명하고 인기가 좋은 품종은 셈페르 아우구스투스Semper Augustus였다.

튤립 구근은 1년의 대부분을 땅에 묻혀 있어야 생존하기 때문에 5월과 9월 사이에만 캐거나 다시 심을 수 있었다. 즉 구근을 거래할 수 있는 시기는 1년 중 5월과 9월 사이뿐이었다. 튤립이 상류층 사회에서 인기를 끌자 투기꾼들은 1년 내내 튤립을 거래할 수 있도록 하기 위해서 아무 때나 튤립 구근을 매매할 수 있는 계약과 공증 방식을 고안했다. 이런 튤립 구근에 대한 계약은 선도 계약(장래의 일정 시점에 일정량의 특정 상품을 미리 정한 가격으로 매매하기로 맺은 계약. 보통 거래대금의 일정 비율만을 증거금 형식으로 지불하기 때문에 적은 금액으로 큰 거래를 할 수 있다—역자)의 형태로 대금을 완납하지 않아도 되었기 때문에 구매자들은 레버리지를 일으켜 튤립을 거래할 수 있

었다. 경제학자인 돈 랩Don Rapp은 튤립 거래에 대해 다음과 같이 말했다.

> 많은 거래는 구매자가 현금을 거의 내지 않고 나중에 물건을 받으면서 대금을 내는 형태로 이루어졌다. 따라서 구매자들은 레버리지에 상당히 의존했다.

1630년 경 전까지 대부분의 튤립 구근은 파운드 단위로 거래되었다. 1630년대가 되면서 가격이 폭등하자 금융계의 투자자들이 튤립에 관심을 갖기 시작했고, 튤립 구근은 아름다움이라는 가치 외에 투자 가치와 이윤 창출이라는 면에서 신규 수요를 창출했다. 튤립 거래로 단기간에 돈을 벌 수 있다는 이야기가 퍼지면서 튤립은 비로소 투기 수단이 되었다. 영국 기자 찰스 맥케이Charles Mackay는 1841년에 이렇게 썼다.

> 재산이 좀 있다는 사람들 사이에서 튤립 수집을 하지 않으면 수준이 떨어진다는 인식이 팽배했다. …… 튤립 소유 열풍은 금방 중산층을 사로잡았다. 상인, 가게 주인, 심지어는 평범한 주부들까지도 튤립을 샀다. 튤립이 귀해지면서 구매를 위한 경쟁이 생겼고, 튤립은 터무니없는 가격으로 거래되었다.

실제 구근 거래 행위에 대한 자료는 별로 없지만, 몇몇 거래 기록은 살펴볼 만하다. 1633년에는 희귀종 구근 세 개가 웬만한 시골집 한 채 값에 팔렸다. 이와 같은 거래 열풍은 4년 더 이어졌으며, 그 절정에는 비체로이viceroy라는 구근이 "밀 8,000파운드, 호밀 8,000파운드, 뚱뚱한 돼지 8마리, 뚱뚱한 양 12마리, 와인 두 통, 맥주 네 통, 버터 2톤, 치즈 1,000파운드, 침대 한 세트, 옷 한 벌, 은 잔 하나"에 팔렸다는 기록도 있었다. (튤립 구근 하나로 참 많은 것을 받지 않았는가!) 1636년에서 1637년에 일부 구근은 하루에 10번씩 거래되기도 했다.

투기 광풍의 종말은 어느 평범한 구근 경매시장에서 나왔다. 튤립 구근을 잘 사가던 큰손이 어느 날 경매장에 나타나지 않았다. 이 단순한 사실 하나로 며칠 새 온 나라가 갑자기 공포에 휩싸였다. 상인들이 수요를 떠받치기 위해 노력했지만 튤립시장은 순식간에 증발했다. 5,000길더를 호가하던 희귀종 구근이 몇 주 만에 1/100 가격으로 거래되었다.

■ 버블을 위한 완벽한 조건 ■

1630년대는 네덜란드 역사에서 아주 특별한 시기였다. 스페인으로부터 독립을 쟁취한 네덜란드는 평화와 번영의 황금기를 구가하고 있었다. 독립을 위한 군사 투쟁에 들어가던 많은 노력과 자원은 이제 상업과 경제에 돌아가게 되었다. 수익이 좋은 동인도회사 무역을 암스테르담이 장악했으며, 동인도에서 배가 한 척 올 때마다

400% 정도 이익을 남기는 것은 흔한 일이었다. 경제학자 피터 가버Peter Garber에 따르면 "1620년부터 1645년 사이에 네덜란드인들은 동인도 및 일본과 독점에 가까운 거래 체계를 구축했고, 브라질 대부분을 정복했으며, 카리브 해 섬의 일정 부분을 차지했고, 뉴욕을 세웠다. 스페인은 이제 유럽의 대세가 아니었으며, 인구와 자원이 적은 네덜란드가 국제 무역과 금융을 완전히 장악하면서 최강국이 되었다. 17세기의 무역과 금융에서 네덜란드의 위치는 19세기의 영국과 같은 수준이었다. 튤립 투기 시기에 네덜란드는 상업이 매우 발달하고 금융시장도 잘 갖추어져 있고 혁신적이었으며, 이재에 밝은 상인들이 많았다"고 한다.

새로운 번영의 시대를 축하하듯 암스테르담 전역에 대형 건물이 들어섰으며, 이런 건물의 대부분은 꽃밭으로 둘러쳐져 있었다. 마크 프랑캘Mark Frankel은 『튤립, 그 아름다움과 투기의 역사』에 대한 서평에서 "네덜란드 사람들은 분수에 넘친 생활이 지속될 수 있을지에 대한 공포와 장기적 성장에 대한 낙관이라는 두 가지 모순적인 충동 사이에서 갈팡질팡했던 것 같다"고 적었다.

번영에 대한 낙관과 지속의 여부에 대한 공포는 스페인과의 전쟁에서 승리를 거둔 이후 전례 없는 상업적 성공과 페스트(흑사병)가 동시에 찾아온 결과였다. 1635년부터 1637년까지 튤립 버블이 형성되던 바로 그 시기에 네덜란드에는 페스트가 창궐했다. 이 시기의 자료들 중 온전한 것이 별로 없지만, 당시 쓰인 아래의 글귀는 페스트의 파급력을 보여 준다.

- 1636년 암스테르담에서는 인구의 1/7 이상인 1만 8,000명 가까이가 페스트로 죽었다.
- 레이던에서는 1만 4,500명 이상이 죽었다. 이는 1622년의 인구 추정치의 1/3이 넘는 수이다.
- 1636년 8월부터 같은 해 11월까지 하를럼Haarlem 인구의 14% 이상이 페스트로 죽었다.

엄청난 호황과 전염병의 그림자, 불확실성, 죽음에 대한 공포 등이 맞물리면서 네덜란드 사람들 사이에서는 강력한 투기 욕망이 나타났다. 맥케이는 당시 튤립 버블의 형성과 붕괴에 대한 사회 분위기를 설명하며 투기의 본질을 잘 포착했다.

희귀 품종에 대한 수요는 1636년에 엄청나게 증가해서 암스테르담은 물론 로테르담, 하를럼, 레이던, 알크마르, 후른을 비롯한 각지의 주식거래소에 튤립 거래 부문이 생겼다. …… 벼락부자가 많아졌다. …… 모두가 튤립 열풍이 영원할 것이라 생각했고, 세계 각지의 부자들이 네덜란드로 와서 가격을 부르는 대로 튤립을 사갈 것이라 믿었다. 귀족, 시민, 농부, 기계공, 선원, 점원, 집사, 굴뚝청소부, 수선집 아줌마까지도 튤립에 손을 댔다. 모든 계층의 사람들이 재산을 현금화하여 '꽃'에 투자했다. ……
 그러나 결국 더 신중한 사람들은 이 바보놀음에 끝이 있다는 것을 알았다. 부자들은 더 이상 꽃을 사서 정원에 심어두지 않고, 대신 두 배로 남겨 팔기 시작했다. 누군가는 종국에 막심한 손실을 입는다는 것을 알게 된 것이다. 이에 대한 확신이 퍼지자 가격은 떨어지고, 결코 다시 오르지 않았다. 자신감이 무너졌고, 거래업자는 너나 할 것 없이 공포에 휩싸였다. …… 네덜란드 각지에서 파산한 사람들이 날마다 속출했다. 몇 달 전에 네덜란드라는 땅에 과연 가난이라는 것이 있는지 의아해 하던 사람들은 하루아침에 아무도 사지 않을 꽃 몇 송이만을 손에 쥐고 있었으며, 원래 구입했던 가격의 1/4에도 꽃을 팔 수 없었다. …… 소박한 삶을 살다가 아주 잠깐 동안 부자가 된 사람들은 다시 어디론가 떠내려갔다. 큰 상인들은 거의 거지가 되었고, 귀족들 중 저명인사들도 집과 재산이 넘어가는 걸 바라만 보는 상황이었다.

튤립 버블이 붕괴한 이유에 대해서는 정부의 개입부터 '폭탄 돌리기'까지 다양한 설명들이 제시되고 있다. 캘리포니아 주립대의 얼 톰슨Earl Thompson 교수는 튤립 버블의 형성과 붕괴의 주원인은 튤립 구근에 대한 선도 계약을 사실상의 옵션 계약으로 바꾸는 법의 개정 때문에, 리스크는 제한적이면서 보상은 엄청나게 커지는 불균등 때문이었다고 지적한다.

이런 거래 계약상의 변화가 투자자들의 의사결정에 극적인 변화를 불러온 이유를 이해하기 위해서는 선도거래와 옵션의 구조를 이해해야 한다. 튤립이 다 자라서 나오는 시점이 되면 선도 계약으로 튤립을 구매한 사람은 이익을 볼 수도 손해를 볼 수도 있다. 예를 들어 내가 오늘 셈페르 아우구스투스 구근을 2만 5,000달러에 사서 9개월 후에 받는다고 하면 나는 사실상 오늘 그 구근을 오늘부터 그 가격에 소유하고 있는 것이다. 반대로 옵션 계약은 9개월 뒤에 구근을 살 수 있는 권리를 가질 뿐 소유의 개념은 아니다. 구근 가격이 2만 5,000달러 이상이면 나는 구근을 원래 계약된 가격에 사서 이익을 볼 것이다. 그러나 만일 가격이 2만 5,000달러 이하가 되면 구매 권리를 포기하고 옵션 계약 당시 '구매 권리'를 갖기 위해 지불한 약간의 금액만을 손실로 인식하면 된다. 구근 가격이 반 토막이 난다고 해도 옵션 계약을 매수한 사람이 보는 손해는 최초에 지불한 금액으로 결정된다. 옵션은 이론적으로는 무한한 소득을 제공할 수 있는 반면 손해는 한정되어 있기 때문에 가격이 빠르게 오르는 국면에서는 투기꾼들에게 환상적인 투기 수단이 된다.

톰슨에 따르면 선도 계약을 사실상 옵션 계약으로 바꿔버린 1636년 11월의 법 개정으로 인해 튤립 가격이 급등했으며, 반면에 1637년에 다시 이 법을 원상 복귀시키면서 붕괴가 일어났다고 한다. "1637년 2월 초 튤립의 계약 가격은 법률 개정 당시인 1636년 11월 초와 재개정 시점인 1637년 5월 초 가격의 20배였다. …… 선도 계약이 잠시나마 법적으로 옵션 계약으로 바뀌었던 바로 그 시기에 가격이 폭등했다."

▌튤립 버블의 형성과 붕괴의 이해 ▌

튤립 광풍을 간단하게 설명했으니, 이제 1부에서 소개한 다섯 가지 관점들을 통해 튤립 광풍 현상을 설명해 보겠다. 이 절의 목표는 튤립 버블의 형성과 붕괴를 다양한 관점을 통해 통합적으로 살피는 것이다.

미시경제학

1장에서 설명했듯이 미시경제학적 관점의 주된 초점은 균형에 수렴하거나 균형에서 이탈하는 금융 현상이다. 튤립 버블과 관련한 자료가 완전하지는 않지만, 1636~1637년 튤립 가격의 흐름은 수요와 공급에 기반한 균형과는 전혀 거리가 멀었다. 오히려 버블이 정점으로 치닫던 몇 주간 희귀품종 구근의 가격이 몇 주 사이 수십 배 올랐다는 점은 1장에서 살펴본 재귀적인 현상과 가까웠다.

조시 소로스에 따르면 재귀적 현상은 가격이 현실을 반영할 뿐만 아니라 가격의 변화 자체가 현실에 영향을 미치는 현상이다. 1630년대 네덜란드에서도 재귀적 현상이 나타났을까? "하렘의 거래상이 구근 하나에 재산의 반을 털어넣었는데, 그가 튤립을 구매한 이유는 매매 차익을 내기 위해서가 아니라 그냥 개인 온실에 넣고 자신의 안목을 칭찬하며 즐기기 위한 것이었다"는 기록이 있다. 이 상인이 가졌던 튤립에 대한 욕망은 순수하게 꽃에 대한 욕망이었을까 아니면 당시 시대 분위기 혹은 천정부지로 솟아 오른 튤립의 가격이 그

욕망 자체에 영향을 미친 것일까?

경제학자 피터 가버는 희귀 튤립 구근의 가격은 상당 부분 당시 사람들의 실질 수요를 반영한다고 주장했다. 하지만 이런 주장을 한 가버조차도 희귀종이 아닌 일반 품종의 가격은 "설명이 불가능하다"고 인정한다. 튤립 구근 폭등에 어느 정도 실질적인 수요가 있었다고도 할 수 있지만 전반적으로 수요와 공급 법칙이 작동했다고 보기 어려우며 시장은 계속해서 균형을 이탈하고 있었다. 튤립 거래에 참여하는 사람들도 점점 늘어났는데 이는 튤립에 대한 사람들의 애정이 커졌기 때문이 아니라 단지 가격이 올랐기 때문이었다. 가격이 오를수록 수요가 늘어나는 이러한 관계는 재귀적 경제현상의 전형이라고 할 수 있다.

유동성과 돈

경제학자 덕 프렌치Doug French는 「튤립 광풍 시기 네덜란드의 통화 환경」이라는 글에서 통화 공급 증가가 튤립 가격에 준 영향에 대해 설명했다. 당시 네덜란드는 세계 경제를 지배했기 때문에, 엄청난 자본이 유입되고 있었다. 프렌치는 암스테르담 은행 체계의 안정성으로 인해 미국 대륙이나 일본에서 채취한 귀금속을 암스테르담으로 유입하려는 움직임이 강하게 일어났다고 설명한다. 네덜란드로 귀금속이 자발적으로 유입되는 것과 더불어, 전쟁에서 승리한 네덜란드가 아메리카 대륙에서 값나가는 물건을 한가득 싣고 돌아오는 스페인 함선들을 몰수하면서 귀금속 유입은 더욱더 많아졌다.

〈표 6-1〉은 네덜란드의 통화 공급 증가를 설명해 주는 자료로 당시 통화 공급이 얼마나 증가했는지 보여준다. 〈표 6-2〉는 암스테르담 은행Bank of Amsterdam의 예금 잔고와 귀금속 재고를 보여준다. 통화

〈표 6-1〉 17세기 남네덜란드의 총 신규 통화 발행

(단위 : 길더)

시기	금	은	동	합계	증가율 (%)
1628~1629	153,010	2,643,732	4,109	2,800,851	
1630~1632	364,414	8,838,411	6,679	9,209,503	228%
1633~1635	476,996	16,554,079		17,031,075	84%
1636~1638	2,917,826	20,172,257		23,090,083	36%
1639~1641	2,950,150	8,102,988		11,053,138	-52%
1642~1644	2,763,979	1,215,645	47,834	4,027,458	-63%

출처 : 덕 프렌치, 『튤립 투기 시대의 네덜란드 금융 환경』(1977)

〈표 6-2〉 암스테르담 은행 재무상태표

(단위 : 플로랭)

시기	예금잔고	증가율 (%)	귀금속 재고	증가율 (%)
1630	4,166,159		3,105,449	
1631	3,784,047	-9	2,976,742	-4
1632	3,636,079	-4	3,281,113	10
1633	4,272,224	17	3,866,890	18
1634	3,995,666	-6	3,474,527	-10
1635	3,860,342	-3	3,416,112	-2
1636	3,992,338	3	3,486,306	2
1367	5,680,522	42	5,315,576	52
1638	5,593,750	-2	5,256,606	-1
1639	5,802,729	4	5,446,002	4

출처 : J.G. 밴 딜렌, 「공공은행의 역사」, 『계간 오스트리아학파경제학회』(2006)

창출 과정에서 지급준비율의 중요성을 생각해 본다면 암스테르담 은행의 총잔고가 늘어난 이유는 신규 통화 발행의 증가로 볼 수 있다. 이처럼 경제 전체에 통화 공급이 늘어났고, 갈 곳 없는 돈이 튤립 시장에 흘러들어가 가격에 영향을 주었을 가능성이 있다.

자료가 한정적이기 때문에 증가한 통화가 정확히 어떤 작용을 했는지 규명하기는 어렵지만 늘어난 통화량이 튤립 수요를 자극했다는 설명은 타당성이 있다. 또 튤립 가격의 급상승이 역으로 통화량 증가를 부채질했을 것이라는 설명도 가능하다.

튤립 거래의 대부분이 재배 시기의 문제로 인해 오늘날 선도거래와 같은 파생 계약을 통해 거래되었기 때문에 시스템 전체가 엄청난 레버리지 위에 위태롭게 서 있었다고 할 수 있다. 구체적인 자료는 부족하지만 대부분의 거래에서 투기꾼들이 매매대금의 일부만을 선금으로 지불했다는 점에서 레버리지를 광범위하게 사용했다는 것을 알 수 있다. 레버리지를 일으켜 구근을 구매한 투기꾼들이 차입금을 갚을 능력이 없는 경우에 이들은 사실상 앞서 언급한 '폰지 금융' 상태로 빠져들게 된다. 2장에서 나온 민스키의 금융 불안정 가설에서 보았듯이 광범위한 레버리지의 사용은 근본적으로 붕괴가 임박했음을 나타내는 신호이다.

튤립 투기꾼의 심리 상태

스페인과의 전쟁이 끝나고 흑사병이 돌던 당시 상황을 고려하면 17세기 네덜란드 사람들의 심리는 매우 불안정했을 것이다. 통제할 수 없는 질병으로 인한 삶에 대한 불확실성은 지금 이 순간 코앞에 닥친 일에만 집중하는 풍토를 만들었다. 당시 사람들은 장기적인 안목이 쓸모없다고 여겼다. 사회 전반의 염세주의와 더불어 이와는 반대로 경제 호황에 따른 자신감 과잉 현상도 나타났다. 경제적 낙관주의와 염세주의가 결합하여 사회 전반의 도박적 성향이 강해졌고 이는 곧 버블을 자극했다. 물론 사회의 염세주의와 자신감 과잉 현상이 버블의 직접적 원인이었다는 이야기는 사후의 끼워 맞추기식 추론일 수도 있다. 하지만 당시의 사회적 심리 상황이 극단적인 경제 현상을 자극하고 조장했을 가능성은 매우 높아 보인다.

  튤립 사건에 대한 맥케이의 설명은 당시 사람들의 심리 상태를 잘 보여준다. "모두가 튤립 열풍이 영원할 것이라고 생각했다." 당시 네덜란드 국민들이 이룬 경제적 성공을 감안할 때, 튤립시장에 뛰어든 많은 사람들은 3장에서 소개한 다양한 심리적 편견에 노출되었을 것이다. 상승한 튤립 가격에 대한 정박효과 그리고 이 가격이 얼마나 내려갈 수 있는지에 대한 조정의 오류, 가격 붕괴 가능성은 낮다는 무조건적 믿음 등이 그것이다. 동인도를 통해 새로이 이룬 부는 튤립시장에서 도박 자금이 되었다. 마지막으로 판매자들이 소유한 물건의 가치를 지나치게 높게 평가하는 소유효과가 발생해 버블이 붕괴되는 기간 동안 시장에서 청산거래가 일어나는 것을 지연시켰다. 이는 결국 더 큰 파국으로 연결되었다.

정치적 측면

튤립 광풍 사례 연구와 정치학적 관점의 연관성이 큰 부분은 가격 결정 과정에 대한 정부 규제와 정치적 개입이다. 특히 선도 계약을 옵션 계약으로 바꾼 것이 가장 결정적이었다. 이런 정책 변화는 앞에서 언급한 재산권의 수정에 해당하며, 이런 식의 정부 개입은 가격을 결정하는 수요와 공급의 상황을 극적으로 바꿀 수 있다.

이러한 법률 개정의 배경에는 정치인을 포함하여 네덜란드의 영향력 있는 인물 대다수가 튤립 투기를 하고 있다는 사실이 있었다. 그들 역시 처음 튤립 가격의 조정이 발생했을 때 거액의 돈을 날렸다. 레버리지를 이용해 거래하는 전문 투기꾼들이 큰 손실을 보았고, 이전의 가격 폭등을 통해 한몫을 챙긴 튤립 재배자들이 비난의 대상이 되었다. 당연히 개인적으로 돈을 잃은 정치인들은 분노한 대중과 같은 입장이었고 해결책이 논의되었다. 결론은 선도 계약을 콜 옵션 계약으로 바꾸는 것이었다. 최초의 가격 조정이 이후의 더 큰 버블을 촉발시키는 최악의 선택으로 연결된 것이다.

가격을 떠받치기 위한 이러한 정부 차원의 노력은 튤립 구매 열풍을 불러왔다. 튤립 재배농과 투기꾼들의 대화는 거의 옵션 프리미엄의 액수에 관한 것뿐이었다. 공직자들과 투기꾼들(대부분 같은 사람들이었다)은 최초에 옵션 증거금이 원래 선도 계약 가격의 0%여야 한다고 제안했지만 재배농들이 반발했다. 옵션 가격을 둘러싼 재배농들과 구매상 사이의 이런 정치적 관계는 톰슨의 설명에서 잘 요약되어 있다.

공직자들은 0%를 제안했다. 그러나 재배농들도 정치적인 힘이 아예 없진 않았다. 오랜 기간의 검토와 조정 끝에 재배농들이 선도 계약을 옵션 계약으로 바꾸는 방안을 받아들이고 계약가의 10%만을 선불금으로 하기로 합의했다. 하지만 그 대신 옵션 계약으로 거래 방식이 바뀌는 날짜를 대부분 정부 관리들이 주장했던 10월이 아니라 그 이후로 미루자고 요구했다. 특히 재배농들은 2월 24일에 다시 한 번 성명을 냈는데, 11월 30일 이후 계약분에 대해서만 계약을 옵션으로 바꿀 것이라고 했다. 11월 30일이면 사실상 모든 거래자들이 선도를 옵션이 완전히 대체할 것으로 예상하는 시점이었다.

정부가 수요와 공급에 의한 가격결정 과정에 사실상 개입함으로써, 입법자들은 '한탕주의'식 투기를 부추겨서 결국 버블을 부풀렸다. 당연한 이야기지만 정부 관계자들이 선도 계약을 옵션 계약으로 바꾸는 방안을 고려한 이유 자체가 이런 상황을 노린 것이었다.

전염과 이머전스

생태학적 관점의 전염과 이머전스 효과는 튤립 광풍 현상과 상당히 잘 들어맞는다. 전염 효과는 버블의 진행 정도를 가늠할 흥미로운 틀을 제공하며, 조용한 리더십이 어떻게 무리를 움직이는지에 관한 예는 얼마나 많은 사람들이 부적절한 가격에 호도되는지를 설명해 준다.

전염 효과부터 살펴보자. 5장의 핵심은 아마추어 투자자들의 증가가 버블의 끝을 알리는 신호탄이라는 것이다. 전문 금융업 종사자들이 시장에 관여하는 것은 항상 있는 일이기 때문에 위기의 신호일 가능성이 거의 없지만, 기존에 참여하지 않던 사람들과 아마추어들이 관여하는 것은 우려스러운 상황이다. 따라서 귀족, 시민, 농부, 기계공, 선원, 서비스업 종사자, 하인, 굴뚝청소부와 심지어 수선집 아줌마까지 튤립시장에 뛰어든 것은 전염이 명백하게 상당히 진행되었다는 것을 의미했다.

생태학의 두 번째 주요 개념인 이머전스는 집단행동에서 정보를 가진 자들이 나머지 무리를 의도치 않게 이끄는 현상이다. 여기서 다시 맥케이의 설명이 도움이 된다. "휴바트Herwart 의원은 희귀종 수집으로 당시에 매우 유명했다"는 말이 있는 것으로 보아 사회 유력 인사들이 투기를 부추겼다는 것을 알 수 있다. 더욱이 "폼페이우스 드 안젤리스나 드 콘스탄티아라는 멋들어진 튤립 이름을 지은 유명 인사인 립시우스 레이단 같은 지식인들도 튤립에 흠뻑 빠져 있었다"는 사실은 상황을 잘 아는 것처럼 보이는 사람들의 조용한 리더십이 집단 심리를 만들어냈다는 추측을 뒷받침한다. (당시 자료가 많이 없기 때문에 명성 말고는 정보력을 가늠할 방법이 없으며, 위의 설명은 명망 있는 자들도 투기에 뛰어들었다는 점에서 당시 튤립 투기가 얼마나 퍼져 있었는지를 말해 준다.)

통합적 관점

　이 장에서는 튤립 광풍이나 이 시기의 면면을 빠짐없이 분석하려는 것이 아니라 복합적 틀을 통해 버블을 분석하는 방법의 힘을 보여주려는 데 목적이 있다. 튤립 광풍에 대한 논의는 〈표 6-3〉에 요약해 놓았다. 대공황을 다섯 가지 관점을 통해 분석해 보자. 이 도구가 얼마나 강력한지는 독자들도 느낄 수 있을 것이다.

〈표 6-3〉 다섯 가지 렌즈로 바라본 튤립 광풍

렌즈	해석
1 미시	가격 상승이 매수자를 불러내고, 가격 하락이 투매로 연결되는 재귀적 현상
2 거시	유동성 공급 선도 계약/옵션 계약을 통한 레버리지 증대
3 심리	사회 전반의 자신감 과잉 과시적 소비 새로운 시대가 열렸다는 생각
4 정치	전쟁의 끝 재산권에 대한 정부의 개입 가격결정구조를 왜곡시키는 정책
5 생태	아마추어 투자자들의 등장 유력인사

대공황
― 포효하는 1920년대에서 1930년대로 ―

> 낙관이 낙관을 낳아 가격이 올랐다. 그리고 나서 붕괴가 찾아왔고,
> 그제야 재능이 넘친다고 여겨져 남의 돈을 맡아 주식을 매매하던
> 사람들에게 심각한 정신적·도덕적 결함이 있다는 것을 발견하게 되었다.
> 운이 좋은 이들은 잊혀졌지만,
> 나쁜 경우는 대중의 지탄을 받고 감옥에 가거나 자살했다.
> ― 존 케네스 갤브레이스

대공황은 1929년에 미국 증시 붕괴와 함께 시작했으며, 순식간에 세계 경제를 혹독한 불황으로 내몰았다. 1929년의 대폭락 이전에 플로리다에서는 한 발 앞서 눈에 띄는 버블 붕괴 현상이 있었으며, 이는 당시의 사회상을 압축적으로 보여주는 현상이었다. 이 장에서는 1920년대 중반에 일어난 플로리다 토지 버블과 1920년대 후반의 가파른 증시 상승을 먼저 설명한 후, 1부에서 제시한 다섯 가지 관점을 통해 이 사례들을 평가하고자 한다.

■ 사상누각 ■

1920년대 플로리다의 대형 부동산 버블은 제1차 세계대전 이후 미국을 휩쓸던 투기 바람을 잘 보여준다. 1920년대 중반 플로리다 토지 시장에는 지속 불가능한 버블이 진행 중이었다. 당시 가장 저명한 부동산 개발업자인 칼 그레이엄 피셔Carl Graham Fisher는 레이싱 경기인 인디애나폴리스500을 주최했고, 최초의 대륙간 도로 건설에도 일조하였다. 피셔라는 인물 자체가 대호황 시기에 플로리다를 가장 뜨거운 시장으로 만든 장본인이었다. 피셔는 남부 플로리다에 골프장, 폴로경기장, 심해 낚시, 고급 호텔 등을 환상적으로 조합하여 지역을 화려하게 바꿔 놓았다.

플로리다 전역에 부동산 열풍이 번졌고, 이 열풍이 미국 동부와 서부 해안 곳곳에도 이어졌는데, 마이애미는 이러한 투기 열풍의 진원지 같은 곳이었다. 1931년에 나온 『지난날Only Yesterday』이라는 책의 "즐거운 나의 집 플로리다"라는 장을 보자.

> 열대기후인 마이애미의 1925년 여름과 가을은 나른함 따위는 없는 기념비적인 시기였다. 마이애미는 부동산 거래 열풍이 거셌다. 부동산 중개업체가 2,000곳을 넘어섰고 2만 5,000명의 중개사

가 주택용지나 토지를 팔기 위해 활동하고 있었다고 한다. ……
마이애미 시의회 의원들은 교통 체증을 방지하기 위해 거리에서
부동산을 팔지 못하게 하는 법을 통과시켜야 했으며, 심지어 길에
서 지도를 보여주는 것도 금지되었다. …… 꽉 막힌 도로의 차들
은 전국 각 주의 번호판을 달고 있었다. 호텔은 만원이었다. 사람
들은 머리 붙일 수 있는 곳이면 역 대합실이나 차 안 등 아무데서
나 잤다. 철도운영기관은 기근의 위험을 피하기 위해 음식물과 같
은 부패성 화물 외의 화물 운송을 금지해야 했다. 건축 자재는 기
차로 실을 수 없어 배로 왔으므로 항구는 수송선으로 분주했다.
신선한 야채 또한 매우 귀했다. 시청의 시설 담당 공무원들은 갑
자기 몇 배로 늘어난 전기, 가스, 전화회선 수요를 맞추느라 애를
썼다. 얼음도 계속해서 동났다.

당시 거래되는 집들은 주로 교외의 단독주택이었지만, 위에서 묘
사한 장면은 휴일에 한적하게 집을 보러 가는 광경과는 거리가 멀
다. 각지에서 사람들이 집이나 땅을 보러 오는 대소동이 일어났으
며, 이들은 투기 열풍에 휘말렸다. 이 시대에 흔한 모습 중 또 한 가
지는 토지 매입을 위해 투자금의 10%만을 지불하고 나머지는 대출
을 이용하는 것이었다. 이렇게 해서 매매가 쉬워졌고 복잡한 형식과
절차는 천천히 진행할 수 있었다. 애틀랜타 소재의 어느 부동산 금
융회사 중역은 이 판매 절차를 간결하게 설명했다.

주택용지는 조감도를 보고 구입합니다. 조감도로 볼 때 예뻐 보여요. …… 예약도 받습니다. 예약을 하려면 사려고 마음에 둔 땅 가격의 10%에 해당하는 수표가 필요합니다. 판매 첫날에 분양 사무실에서 예약 순서에 따라 대기자를 호명하고, 구매자가 와서 필지의 크기와 가격이 함께 나와 있는 보기 좋은 조감도를 보고 필지 하나나 여럿을 고른 후, 이 필지에 대한 설명이 있는 '서류철' 형태로 영수증을 받습니다. 그러면 파란색으로 구획해 놓은 조감도 한 칸에 '판매'라는 도장이 찍히는 짜릿함을 느낄 것입니다. 플로리다 땅이나 늪지대의 보통 필지 하나의 크기는 50×100피트입니다.

이런 땅을 사서 실제로 사용하려는 사람은 드물었다고 한다.

물론 계약 서류철을 받았다고 거래가 완료된 것은 아닙니다. 계약을 한 사람 중 극소수를 제외하고 이후의 잔금 지불에 대해 신경 쓰는 사람은 거의 없었습니다. 구매자 열 명 중 아홉은 오로지 되팔기 위해 필지를 샀으며, 한 달이 지나면 돌아오는 대금 지불일 이전에 다른 사람에게 짭짤한 이익을 보고 서류철을 넘기길 바랐습니다.

『지난날』의 저자는 1920년대 중반 플로리다에서 벌어진 땅 투기 버블의 주요 원인으로 다음 7가지를 제시한다.

1. 기후
2. 인구 밀집지역인 미국 북동부와의 접근성
3. 자동차 : 미국을 유목민의 나라로 만들었으며, 남녀노소에게 전국 방방곡곡을 다니는 모든 방법을 가르쳐 주었다.
4. 다년간 지속된 경제 번영에 따라 넘치는 자신감
5. 매연과 교통 체증으로 획일화된 20세기적 생활에 대한 반발과 전원생활에의 욕망
6. 남부 캘리포니아의 호화 주택 개발 성공
7. 플로리다에서 벼락부자가 된 사람들의 이야기

그러나 어느 순간 이 게임에 동참하는 바보들이 더 이상 나타나지 않으면서 버블이 붕괴했다. 토지 버블은 1926년 늦봄과 여름 무렵에 10%를 지불한 계약서를 가진 사람들이 잇달아 채무 불이행을 선언하며 무너지기 시작했다. 두 번의 허리케인을 포함한 여러 문제가 생기면서 과도한 레버리지를 일으킨 투자자들이 나앉게 되자 버블은 화룡점정을 찍었다.

계산상으로 엄청난 수익을 내던 많은 사람들이 모두 토지 가격의 10%만을 원금으로 냈을 뿐이었고 이런 부동산 다수가 지불 불능 상태가 되었다. 투자자들은 큰 손실을 감수하고 토지를 그냥 떠안거나 채무불이행을 선언하는 수밖에 없었다. 대다수의 경우에 해당 토지에는 세금 부담이 있는데, 가격이 무너진 후의 세금은 오히려 토지 가격보다 비쌌으며, 마이애미에는 짓다 만 건물이 허다했다. 디플레

이선이 확장되는 상황에서 허리케인 두 개가 연달아 왔고, 버블 붕괴에 쐐기를 박았다. 허리케인으로 400명이 죽고 6,300명이 다쳤으며 5만 명이 집을 잃었다.

버블 붕괴 직후, 헨리 비야드Henry Villard가 〈네이션The nation〉지에 기고한 글에는 당시 마이애미로 운전해 들어갈 때의 광경이 등장한다.

> 고속도로 옆에는 유령 주택단지들이 늘어서 있고, 부식해 가는 문짝에는 한껏 멋을 낸 이름들이 반쯤 지워진 채 새겨져 있다. 기나긴 시멘트 보도를 따라 가로등만이 외롭게 거리를 지키고 있고, 집이 들어서려던 보도 안쪽 자리는 풀과 야자나무가 차지했다. …… 단지 전체가 빈집이며, 죽음이 둘러싼 도시를 빠져나가듯 빠르게 이곳의 널찍한 길을 지나간다.

『지난날』의 저자는 마이애미가 받은 경제적 충격을 보여주기 위해 은행의 어음결제금액(〈표 7-1〉 참조)을 인용한다. 1920년대 초반

〈표 7-1〉 마이애미은행의 어음결제금액

연도	어음결제금액
1925	10억 6,652만 8,000달러
1926	6억 3,286만 7,000달러
1927	2억 6,003만 9,000달러
1928	1억 4,336만 4,000달러
1929	1억 4,231만 6,000달러

까지 꾸준히 올라 1925년에 10억 달러를 넘은 뒤에 어음결제금액은 꾸준히 떨어졌다.

마이애미의 경제 위기는 다른 곳에서 호황이 절정을 이루는 동안에 홀로 붕괴되었다. "서류상으로 쌓은 수백만 달러의 수익은 다 날아갔으며, 개발에 들어간 수백만 달러의 대부분이 어디론가 사라져 버렸고, 부풀려 있던 개인 신용은 땅에 떨어졌다. 거창한 계획과 앞뒤가 맞지 않은 기대감, 들뜬 분위기로 인해 만들어진 땅값 체계는 허구라는 교훈을 얻었으며, 그 수업료로 오랫동안의 고통스러운 디플레이션을 맞이해야 했다." 플로리다 버블에 대한 『지난날』의 결론이다.

버블의 20년대에서 붕괴의 30년대로

대공황을 이해하려면 '포효하는 20년대'를 이해해야 한다. 1920년대의 경제 호황이 버블의 역사에서 차지하는 비중은 대공황 자체의 중요도만큼이나 크다. 보통은 대공황에 관심이 더 많지만, 사람들이 별로 주목하지 않는 1920년대의 경제 호황이 없었다면 대공황도 그토록 큰 사건이 되지는 않았을 것이다.

1920년대의 버블을 설명해 주는 요인은 수없이 많다. 우선 튤립 투기 당시 네덜란드의 전쟁 승리처럼 미국과 동맹국들은 막 제1차 세계대전을 승리로 이끌었고, 스페인을 꺾은 네덜란드처럼 미국도 자신감에 넘쳐 있었다. 제1차 세계대전은 참혹한 전쟁이었지만 경제적인 측면에서는 미국이 농업중심 경제에서 공업국가로 전환하는 데 가속도를 붙이는 계기가 되었다. 연방준비제도Federal Reserve System는 1913년에 시작되었고 미국은 이 새로운 체제를 통해서 반복되는 경기순환주기의 문제를 해결한 것으로 여겨졌다. 즉 연방준비제도가 미세 조정을 통해 경제를 이끌어나가 버블, 붕괴, 파탄의 순환이 다시는 일어나지 않도록 할 수 있다고 생각했다.

대량생산이 자리를 잡기 시작하자 많은 상품들의 생산비용이 줄었지만, 생산성이 치솟는 반면 가격은 떨어졌다. 일부 산업은 세상을 바꿀 준비가 되어 있는 것 같았다. 특히 자동차와 라디오는 당시의 '새로운 것'이었고, 이런 물건들에 대해 끝없는 수요가 있는 듯했다. 자동차가 보편화되면서 1920년대 말에는 미국인의 50% 이상이 자동차를 갖고 있었다. 교통 혁명이 일어났고 기차와 자동차 덕분에 운송비가 갈수록 줄어들면서 내수 호황의 발판이 마련되었다. 세금은 낮았고 소비자들은 아주 낙관적이었으며 전기도 널리 보급되어 모든 미국인이 새로운 전력망의 혜택을 받았다. 농업을 제외한 대부분의 산업은 소비와 투자 양면에서 희망과 낙관주의라는 엄청난 순풍에 힘입어 호황을 누렸다.

존 케네스 갤브레이스에 따르면, 1925년에서 1929년 사이의 경제 발전은 상당했다. GNP는 5년간 13% 상승했고, 자동차 생산은 3년간 23% 상승했으며, 산업 생산은 7년간 64% 상승했다. 20년대에는 제조업에서 노동자 1인당 생산성이 약 43% 증가했다. 임금, 급여, 물가는 모두 상대적으로 안정세였다.

경제가 괄목할 수준으로 발전하고 생산성이 실제로 증가하면서, 자산가격—특히 주식시장—은 이런 발전을 적극적으로 반영했다. 주식시장이 언제부터 경제의 근본적 발전과 거리를 두고 투기적 잉여의 영역으로 들어섰는지를 정확히 알기는 힘들지만, 갤브레이스는 "1928년 초에 호황의 성격이 변했다"고 적는다. "사람들이 전부 허구의 세계로 도피하면서, 착실하게 시작한 투자자들 중 상당수가 난잡한 투기꾼이 되어버렸다. …… 투기의 시기가 항상 그렇듯이 인간은 현실에 있는 것을 믿지 않고 환상의 세계로 빠져나갈 구실만을 찾는 시기가 왔다."

갤브레이스는 나아가 주식 가격이 "천천히 차근차근 오르지 않고 성큼성큼" 오른 후에 폭풍 전야 같은 1928년 겨울이 어떻게 이어졌는지를 설명한다. 〈그림 7-1〉은 S&P 주가지수와 상장기업의 10년간 PER 추이를 통해 주가가 얼마나 올랐는지를 보여준다. 인플레이션을 감안한 보정계수를 적용하고 10년간의 이익을 평균 내어 사용한 이 자료는, 기업의 이익 창출 능력 대비 시장가격이 얼마나 비싸졌는지와 기업의 한두 해 실적과 시장가격이 아무 상관없었다는 것을 보여준다. 이 도표가 1881년부터 시작해서 시장 붕괴 직전인 1929년 10월에 끝난다는 점을 주목하자.

〈표 7-2〉는 1928년 3월 3일부터 1929년 9월 3일까지 사람들이 많이 보유한 인기 종목 12개의 가격 변동을 정리한 것이다. 당시 증시의 호황이 어느 정도였는지 짐작해 볼 수 있을 것이다.

〈그림 7-1〉 S&P 주가지수와 상장기업의 10년간 PER 추이 (1881. 01.~1929. 10.)

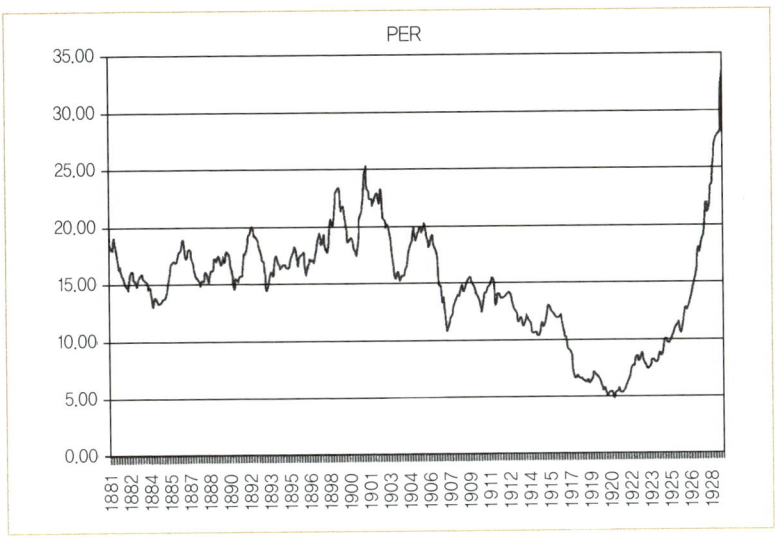

출처 : 로버트 쉴러의 예일대 홈페이지 (www.econ.yale.edu/~shiller/data.htm)

〈표 7-2〉 인기종목 12개의 수익률

종목	최초 가격 (1928.3.3.)	고가 (1929.3.9.)	수익률 (%)
아메리칸 캔	77	181.875	136.2
AT&T	179.5	335.625	86.9
아나콘다 코퍼	54.5	162	197.3
일렉트릭 본드앤셰어	89.75	203.625	126.9
제너럴 일렉트릭	128.75	396.75	208.2
몽고메리 워드	132.75	466.5	251.4
뉴욕 센트럴	160.5	256	59.5
RCA	94.5	505	434.4
유니언 카바이드	145	413.625	185.3
US 스틸	138.125	279.125	102.1
웨스팅 하우스	91.625	313	246.6
울워스	180.75	251	38.9

출처 : 프레드릭 루이스 앨런, 『바로 어제 : 1920년대의 역사』 (1931)

대개 대공황의 시작은 1929년 10월 주식시장의 붕괴에서 시작되었다고 믿어진다. 대공황을 연구하는 대부분의 사람들이 1929년 10월 29일 화요일의 폭락에 주목하지만, 그 전주 목요일을 포함하여 10월 29일 전 3거래일을 살펴보면 훨씬 더 많은 것을 알 수 있다.

1929년 10월 24일 검은 목요일은 여태까지 줄곧 강세를 유지해 오던 시장이 아무 그럴듯한 이유 없이 심각한 공황 상태에 진입한 날로 알려져 있다. 역사학자 에드워드 챈슬러Edward Chancellor는 "이전의 주식시장 공황과 달리 이때는 공황 발생 직전에 자금시장의 압박이 없었다. 부실 채무나 대규모 거래 실패 같은 사건들이 폭락을 촉발하지도 않았다. 그런데도 공황이 왔다"고 말했다. 수많은 주식들이 급락했고, JP모건과 다른 굴지의 금융회사들이 시장에 진입하여 주가를 지지하기 위해 주식을 사들이면서 시장이 진정되었다. 이날 오후, 다우존스 산업평균지수는 대부분의 손실을 회복하고 6포인트 떨어진 299로 마감했다. 뉴욕 증권거래소에서는 1,300만 주 이상이 거래되었는데, 평소 거래량의 거의 3배였다.

금요일은 상대적으로 조용한 날이었고, 많은 증권중개인들이 주말동안 근무를 하면서 거래를 재개하고 전략을 짜며 고객들에게 보낼 명세서들을 계산하느라 바빴다. 월요일에는 지수가 다시 38포인트 떨어져 260이 되었으며, 화요일이 되자 시장은 완전히 공황에 빠졌다. 챈슬러는 이 사건을 다음과 같이 묘사한다. "거래소에서는 주식 중개인들이 뉴스를 전해주는 '메신저'들의 머리채를 붙잡고 있었으며, 어떤 사람은 미치광이처럼 소리 지르며 도망쳤다. 재킷은 찢

<표 7-3> 급락한 인기 종목들

종목	1929년 10월 28일	1929년 10월 29일	하락률 (%)
RCA	40.25	26.00	-35.4
GSTC	60	35	-41.7
블루 리지	10	3	-70.0
유나이티드 코퍼레이션	26	19.30	-25.8
퍼스트 내셔널	5,200	1,600	-69.3
내셔널 시티	455	300	-34.1

어지고 옷깃은 떨어져나갔으며, 반쯤 미친 사무직원들은 서로 주먹을 휘갈겼다. …… 강세장 때 가장 잘나가던 주식들이 이날 제일 심한 손실을 입었다." <표 7-3>은 앞서 살펴본 인기 종목들이 이날 하루에 얼마나 하락했는지를 정리한 것이다.

주식시장 붕괴 이후에 나타나는 경기 침체에는 다양한 원인들이 있겠지만 중요한 것은 (1) 은행의 부실화 (2) 노동시장의 경직성 (3) 경제주체들의 기존 방식에 대한 집착 (4) 소비자 신용의 과도한 증가 (5) 민간의 과도한 레버리지 등이 있다.

『지난날』의 저자는 미국 증시의 대폭락이 대공황으로 이어진 원인이 된 일곱 요소들을 다음과 같이 정리하였다.

1. 자본과 상품의 과잉 생산
2. 인위적으로 정한 상품 가격
3. 은 가격 폭락과 이에 따른 아시아 소비자의 구매력 하락

4. 금이 프랑스와 미국으로 몰리면서 생긴 국제 금융시장의 혼란
5. 세계 각국의 사회 혼란
6. 심리의 자기강화와 악순환
7. 주식시장 붕괴에 따른 소비자들의 자신감 상실

제2차 세계대전 이후에 태어나고 자란 사람들은 1929년의 주식 대폭락에 뒤이은 대공황의 영향을 완전히 이해하기 힘들 것이다. 로버트 새뮤엘슨Robert Samuelson은 대공황이 미국 경제와 세계 경제 그리고 대공황 이후의 세계에 미친 엄청난 영향에 대해 다음과 같이 요약한다.

1930년대의 대공황은 미국 역사에서 현재까지도 가장 중요한 경제 사건이다. 대공황으로 인해 수천만 명이 어려움을 겪었으며, 은행, 회사, 농장의 상당수가 파산했다. 대공황 수급 과정에서 정부의 규모가 엄청나게 커짐으로써 미국 정치 지형이 바뀌었으며, 큰 정부를 통해 경제를 안정시키고 고통을 예방할 것이라는 기대가 생겼다. 민주당이 다수당이 되었다. 1929년 당시에는 공화당이 백악관과 의회를 장악했다. 1933년이 되자 민주당에서 대통령이 당선되고 의원선거에서도 민주당이 엄청난 표차로 승리했다(하원 310 대 117, 상원 60 대 35). 프랭클린 루스벨트 대통령의 뉴딜정책은 미국식 복지국가의 탄생이었다. 사회보장정책, 고용보험, 연방가족지원 등의 대표적 복지정책들은 모두 1930년대에 시작되었다.

세계적 경제 침체를 겪어 보지 않은 사람들은 이것의 위력을 완전히 이해하기 힘들다. 1930년에서 1939년 사이에 미국의 실업률은 평균 18.2%였다. 미국의 GNP는 1929년과 1933년 사이에 30%가 떨어졌으며, 1939년이 되어서야 1929년의 수준을 회복했다. 거의 모든 것의 가격(농산물, 원자재, 공산품, 주식)이 믿을 수 없을 만큼 떨어졌다. 농장 가격은 1929년에서 1933년 사이에 65%나 내려갔다. 세계 교역량도 쪼그라들었다. 1929년에서 1933년 사이에 무역 규모는 달러화 기준 65% 감소했고, 부피로 따지면 25% 줄어들었다. 대부분의 나라가 고통을 겪었다. 1932년에 영국의 실업률은 17.6%였다. 독일의 침체로 인해 히틀러가 급부상했으며, 이에 따라 제2차 세계대전의 발발에도 영향을 주었다.

대공황 시기 버블의 형성과 붕괴

1부에서 설명한 다섯 가지 관점을 적용하면 1920년대와 1930년대의 버블을 이해하는 데 큰 도움이 된다. 우선 플로리다 부동산 버블 상황을 평가하는 것으로 시작해서 '포효하는 20년대'를 살펴보고, 이어서 대공황을 다룰 것이다.

균형 이탈

적정하다고 생각했던 주식 가격이 바로 다음날 반값에도 안 팔린다고 하면 어떨까? 이런 일은 물론 완전히 '효율적인' 시장에서는 일어나지 않는다. 원래 전통적인 경제학의 핵심은 시장의 자발적인 균형가격 형성이었으나, 이 교리는 1920년대의 호황과 1930년대의 불황을 겪으면서 완전히 망가졌다.

레버리지로 인해, 호황기의 소비자들은 한결 용이해진 대출 조건 덕분에 더 많은 소비를 하게 된다. 할부제도와 같은 금융 혁신은 사실상 소비자의 수요를 증가시키는 효과를 낸다. 그러나 경기가 위축되면서 금융기관의 신용이 줄어들게 되자 자산에 대한 수요는 물론 일반적인 상품 수요도 사라졌다. 1920년대에 할 수 있는 신용을 다 당겨썼기 때문이다.

자기강화적인 균형 이탈의 가장 분명한 예는 아마 플로리다의 사례일 것이다. 『지난날』의 저자는 버블의 형성과 붕괴의 단맛과 쓴맛을 둘 다 경험한 사람의 운명을 묘사하면서 상황의 본질을 잘 보여준다.

1925년 초반 에이커당 12달러에 땅을 판 사람이 있는데, 연말에 땅값이 에이커당 17달러로 오르고 그 다음에 30달러 이어서 결국 60달러로 오르자 그는 무척이나 아까워했다. 그런데 1~2년 후 이렇게 거래되던 땅을 산 사람이 모두 채무 불이행을 선언해 버렸다. 원래 땅을 판 사람은 매각 대금을 회수하지 못했고, 유일한 방법은 돈 대신 땅을 다시 자신의 소유로 바꾸는 것뿐이라는 사실에 또 한 번 놀랐다.

가격이 오르면 새로운 수요가 나타나는 것처럼 가격이 하락하는 국면에서는 새로운 매도 세력이 나타난다. 가격에 따라 수요와 공급의 양이 변화하는 현실에서 균형 이탈은 어쩌면 당연한 현상인지도 모른다. 대폭락에 이어 찾아온 경제 붕괴는 매우 재귀적인 면이 있었는데, 경기가 불황으로 진입한다는 신호에 따라 사람들이 반응하면서 불황이 실제로 더 심해지는 상황이 반복되었다. 『지난날』에 묘사된 것처럼 파산, 지불 유예, 상환기간 단축 등이 상황을 더욱 악화시켰다. 경제는 하나가 무너지면 나머지도 연이어 쓰러지는 볼링핀과 같았다. 실직자들이 속출하면서 국가 전체적으로 구매력도 약해졌다.

부적절한 금리

오스트리아 경제학파가 유동성이 과잉 공급될 때 악성 과잉투자가 생긴다고 주장했던 것을 떠올려 보자. 그들은 이런 악성 과잉투자는 붕괴, 디플레이션, 재고 처리 등 고통스러운 치료 과정을 거쳐야 한다고 했다. 또한 중앙은행이 금리를 결정하는 식으로 경제에 개입하면 경제가 왜곡되고 버블의 형성과 붕괴가 일어날 가능성이 더 높아진다고도 했다. 이러한 비판을 대공황에도 적용할 수 있을까? 유동성 공급이 1920년대와 1930년대의 경제에 준 영향은 무엇일까?

챈슬러에 따르면, 공황을 방지하기 위해 만든 기관인 워싱턴의 연방준비제도가 1925년에 금리를 내리면서 본의 아니게 시장 버블의 불을 지폈다. 영국이 통화가치 안정을 위해 금 본위제를 회복시키면서 해외로의 금 유출을 조절하려 했는데, 미국이 정세 안정을 위해 금리 인하를 통해 영국을 도와주려 했다. 이런 행동이 영국에는 도움이 되었겠지만, 미국 경제가 위험을 안게 되는 엉뚱한 결과를 낳았다.

금리가 낮아져서 돈이 넘쳐나자 기업 설비 투자, 소비자들의 지출 등 실물경제의 규모가 늘어난 것도 사실이다. 그러나 넘쳐나는 돈이 가장 많이 흘러들어간 곳은 주식 투자였다. 증권 신용거래는 빌린 돈으로 증권을 살 수 있게 해주는 제도로, 주식시장의 성장과 함께 커졌다. 1928년 10월경에는 은행, 증권사, 기타 투자자들의 신용투자 액수가 160억 달러에 이르렀으며, 이는 전체 주식시장 시가총액의 18%에 달했다.

지나치게 낮은 금리가 버블로 연결됐다면 대폭락 이후 높아진 금리가 파괴적인 대공황의 연출에 일조했을까? 로버트 쉴러 교수에 따르면, 1929년 2월 14일에 연방준비위원회는 투기를 막기 위해 재할인율을 5%에서 6%로 인상했다. 1930년대에 연준은 긴축 통화정책을 유지했으며, 이로 인해 주식시장 침체가 역사상 최악의 경제 공황으로 변했다.

돈의 공급은 버블의 형성과 붕괴 과정을 설명하는 데 도움이 된다. 〈그림 7-2〉는 1921년 6월부터 1929년 6월까지의 통화 공급 추이를 보여준다. 늘어난 통화공급량이 투기로 연결됐음을 부정하기는 힘들 것이다.

〈그림 7-2〉 1920년대 총통화 공급

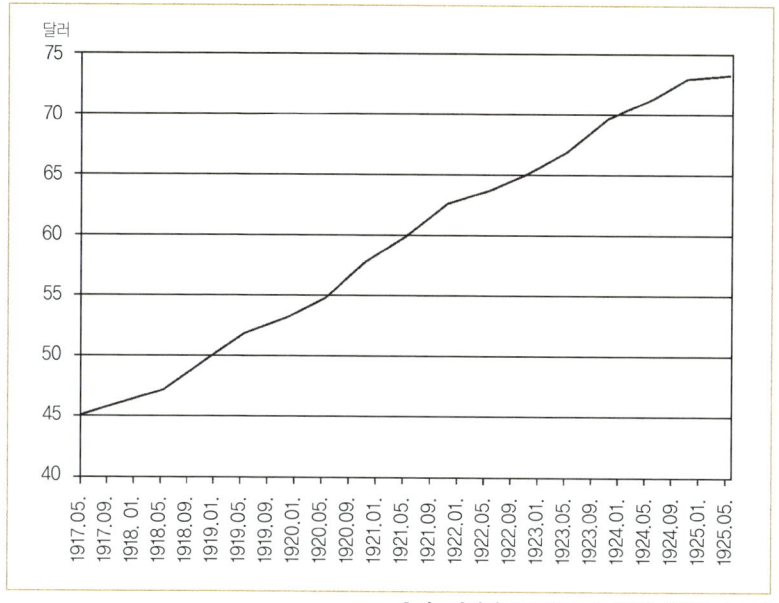

출처: 머레이 로스바드, 『미국의 대공황』(2000)

정밀한 인과관계를 확인하기 어렵지만 통화 공급의 증가와 자산 가격의 상관관계는 분명히 존재하는 것으로 보인다. 경기 활황기의 유동성 공급 증가는 버블의 발생 가능성을 더 높인다.

1920년대의 심리 상태

1920년대 시장 참여자들의 심리 상태를 한마디로 요약하자면 낙관주의와 자신감이라고 할 수 있다. 이런 낙관주의와 자신감은 투자 불패 신화로 이어졌다. 『지난날』에서 가져온 아래 글을 살펴보자.

1929년 여름, 과거의 선례를 따라 사람들은 지난 몇 년간의 모든 폭락 이후에는 회복세가 나타났고, 이때마다 가격이 다시 고점을 돌파했다는 사실에 위안을 받았다. 1보 후퇴 2보 전진이 시장의 방식이었다. 만일 주식을 이미 팔았으면, (몇 달에 한 번씩 오는) 다음 폭락을 기다렸다가 다시 사면 되었다. 이렇게 사면 다시 팔 이유가 전혀 없었다. 괜찮은 주식만 가지고 있으면 이기게 되어 있는 게임이었다. 제일 똑똑한 사람은 '사서 계속 가지고 있는' 사람이었다.

자동차와 라디오 산업이 등장하면서 '새로운 시대'에 접어들었다는 생각이 사회 전반에 보편화되었다. 항공과 영화 제작 같은 새로운 산업이 투자자들의 이목을 끌었다. 자동차는 철도를 대체하며 새로운 산업동력이 되었으며, 문화와 지리를 바꿔 놓았다. 곳곳에서 도로가 포장되고 고속도로가 건설되었으며, 늘어나는 자동차를 주차하기 위한 주차장이 개발되었다. 자동차는 1920년대 초 700만 대에서 20년대 말에는 2,300만 대로 늘었고 GM의 주가는 1925년에서 1928년 사이에 10배 이상 올랐다.

웨스팅하우스가 1920년에 출시한 라디오 역시 투자자들을 매혹시켰다. 당시 라디오 산업은 RCA가 지배했는데, 당시 투자자들은 종종 RCA 회사 자체를 '라디오'라고 불렀다. 투자자들 사이에서 방송계의 GM이라고 알려진 RCA 주가는 1921년 주당 2달러도 안되었으나 1929년에 110달러가 넘었고 뉴욕거래소(NYSE)에서 가장 거래가 활발한 주식이었다.

찰스 린드버그가 1927년에 대서양을 단독 횡단하는 기록을 세우면서 항공산업이 강력한 주식시장의 테마가 되었고 영화산업은 무성영화가 '토키(발성영화)'로 대체되면서 투자자들의 마음을 사로잡았다.

1929년 미국인들이 가진 미래 비전은 무한의 낙관주의였으며, 투자자들의 감성에 이런 비전이 깊게 스며들어 자신감 과잉을 일으켰다. 투자자들은 별 근거 없이 미래를 낙관했고 이러한 자신감을 스스로 정당화했다. 다음은 『지난날』에 등장하는 1929년 당시 일반적인 미국인의 생각이다.

> 미국인은 미국이 가난과 고생으로부터 해방되었다고 보았다. 또한 새로운 과학과 새로운 번영을 기초로 마법 같은 질서가 정립되었다고 생각했다. 길에는 자동차 수백만 대가 다니고, 비행기가 하늘을 가득 메우며, 산에서 산으로 연결된 고압선이 수천 명의 노동력을 대신하는 기계에 전기를 공급하고, 한때 시골마을이었던 곳에 고층건물이 들어서고, 돌과 콘크리트로 건설한 완벽한 교통 시스템을 갖춘 대도시가 등장한다. 잘 차려입은 남녀가 선견지명을 통해 벌어들인 돈을 쓴다.

당시의 지나친 자신감을 보여주는 또 다른 예는 월스트리트 40번지이다. 이 주소지의 건물은 1929년에 세계에서 가장 높은 건물로

군림했으나 이내 1930년에 크라이슬러 빌딩에 밀렸고 크라이슬러 빌딩은 11개월 만에 엠파이어스테이트 빌딩에 자리를 내주었다. 11장에서는 고층건물이 버블의 지표로 쓰인다는 것을 좀 더 자세히 소개할 예정이다. 존 케네스 갤브레이스는 당시의 시대정신과 이것이 가격에 미친 영향을 다음과 같이 요약한다. "낙관주의에 낙관주의가 더해 가격을 올렸다."

정치적 상황

대공황 이전 사회가 자신감에 차 있었던 것은 제1차 세계대전 종전 후 미국의 산업 역량이 군사가 아니라 민간에 쏟아졌기 때문이다. 쿨리지 대통령 행정부는 시장에 대해 줄곧 방임정책을 사용하였으며, 모든 분야가 번성했다.

플로리다의 토지 버블에는 금주법도 한몫했다. 정부가 알코올 음료의 생산과 판매를 금지한 이후 플로리다로 돈이 흘러들어갔다. 윌리엄 존슨 프레이저는 플로리다를 "나라에서 가장 건조한 곳이면서 유동성이 넘쳐흐르는 곳"이라고 했다. 그 결과 플로리다 은행의 잔고가 급증했으며, 당시의 은행법에 따라(당시 은행은 주정부의 허가를 얻어 그 주 안에서만 영업을 할 수 있었다) 플로리다 안에서만 이 돈을 대출할 수 있었다.

야심 있는 정치가들은 현재의 문제가 전임자와 낡은 사회체제 때문이라고 비난하기 마련이다. 1930년대 초 대폭락과 이에 이은 경제 침체가 이런 구실을 제공하였으며, 루스벨트는 1932년 대선 운동에서 시장경제의 실패와 월스트리트의 이기적인 탐욕을 비판하는 것을 선거 전략으로 사용했다. 루스벨트의 취임 연설도 이를 잘 반영한다.

우리가 두려워해야 하는 것은 두려움 자체입니다. 실체 없고, 터무니없으며, 근거 없는 공포는 퇴보를 진보로 바꾸는 데 필요한 노력들을 방해합니다. …… 이런 면에서 우리는 공통의 어려움을 마주하고 있습니다. 그들은 물질적인 것만을 신경 씁니다. 우리가 지켜야 할 소중한 가치들은 땅에 떨어졌습니다. 세금은 올랐습니다. 우리의 지불 능력은 떨어졌습니다. 모든 정부는 재정 삭감의 문제와 맞닥뜨렸습니다. 돈이 돌지 않고 얼어붙었습니다. 모든 곳에서 산업이 시들어갑니다. 농부들은 농사지은 작물을 팔 곳이 없습니다. 수천 가정이 몇 년 동안 저금한 돈을 날렸습니다. 더 중요한 것은, 많은 실업자들이 생존이라는 엄숙한 문제를 마주하고 있으며, 그만큼 많은 수고를 해도 보상은 거의 없습니다. 바보 같은 낙관주의자만이 지금의 어두운 현실을 부정할 것입니다.

그러나 우리의 고통은 실질적인 실패 때문이 아닙니다. 우리의 선조들이 두려움 없이 믿음을 갖고 싸워 이겨냈던 위기와 비교해 보면, 우리는 아직 가진 것이 많고 이에 감사해야 합니다. 자연은 우리에게 많은 것을 풍족하게 주고 있으며, 인간의 노력이 이 풍성함을 몇 배로 늘렸습니다. 풍요가 바로 문 앞에 있지만 그동안 이것을 너무 아낌없이 썼습니다. 이것은 경제정책을 담당하는 관료와 정치인들의 아집과 무능 때문이며, 이들은 실패를 인정하고 물러났습니다. 부도덕한 금융 관계자들은 대중의 심판을 받고 있으며, 사람들에게 완전히 외면당하고 있습니다.

그들은 분명 노력했지만 시대착오적인 방법으로 노력했습니다. 그들은 신용 위기 문제에 직면했을 때 돈을 더 빌려주는 방법 밖에 제안하지 못했습니다. 그동안은 수익이라는 미끼로 가짜 리더십을 지켜 왔으나 이를 잃어버리자 국민에게 제발 자신감을 찾으라고 눈물 섞인 애원을 하고 간곡한 부탁을 하는 방법에 기댔습니다. 그들은 이기적인 세대의 규칙밖에 모릅니다. 그들은 미래에 대한 비전을 제시하지 못했는데, 미래에 대한 비전이 없으면 국민은 살 수가 없습니다.

금융거래인들은 우리 문명의 사원에서 도망쳤습니다. 우리는 이 사원을 고대의 진리로 회복시킬 수 있습니다. 회복은 한낱 금전적 이익보다 더 고귀한 사회적 가치를 얼마나 중시하느냐에 달려있습니다.

행복은 단지 돈을 갖고 있다고 생기지 않습니다. 행복은 성취의 기쁨, 창조적 노력의 쾌감에 있습니다. 덧없는 이윤을 미친 듯이 좇는 일로 더 이상 노동이 주는 기쁨과 도덕적 자극을 잊어서는 안 됩니다. 이 암흑기로 인해 우리의 진정한 운명은 자신과 동지들을 위해 봉사하는 것이지 그 운명에 이끌려가는 것이 아니라는 것을 배울 수만 있다면, 이 시기도 가치가 있습니다.

'투기꾼'이라는 말 대신에 '금융거래인'이라는 말을 쓴 것은 금융계 전반에서 누군가는 비난받아야 한다는 전제를 암시한다. 챈슬러는 "시장의 빈자리를 연방정부의 복지정책, 주택과 근로 지원 프로그램, 예금보험, 가격통제정책, 최저임금제, 기타 수많은 정부 정책이 메웠다. 투기는 주식, 채권, 토지, 투기, 상품을 막론하고 경제에서 예전같이 중요한 역할을 하지 못했다"고 말했다.

전면적인 정부 기능의 강화는 경감, 회복, 개혁의 3가지 테마로 짜여졌다. 루스벨트 행정부의 경제정책은 미국인들이 일터로 돌아가게 하여 경제적 어려움을 덜어주고, 미국 경제가 잠재력을 완전히 회복하도록 도우며, 새로운 법적 틀을 마련하고 이에 적절한 정부 조직을 두어 경제를 감독하고 대공황 재발을 방지하기 위함이었다. 뉴딜정책은 수많은 새 정부 프로그램과 기관을 양산했는데, 대표적인 것으로는 증권거래위원회(SEC)를 비롯하여 연방예금보험공사(FDIC) 등이 있었다. 이런 프로그램들의 규모와 영향력으로 볼 때 1920년대와 1930년대의 버블 및 붕괴가 미국 자본주의 체계의 뼈대를 흔들 정도로 큰 위협이었음을 알 수 있다. 모든 정책들은 경제의 안정성을 높이고 미래의 위험을 예방하기 위함이었지만, 예금 보험에 따른 도덕적 해이, 특정 계층을 위한 지속 불가능한 사회보장 혜택, 가격 하한제(즉 최저임금)로 인한 노동시장 왜곡 그리고 정부의 몸집 불리기 등 미래 문제의 뿌리를 심어놓기도 했다.

전염과 조용한 리더십

전염병학 용어로 하면, 버블이 어디까지 진행됐는지 알아보는데 도움이 되는 가장 중요한 요소는 비감염 혹은 비노출 인구의 비중이다. 만약 거의 모든 사람이(기존의 시장에 활발하게 참여하거나 투자하지 않은 사람들까지도) "시장에 뛰어들었다"고 한다면, 버블이 이미 상당히 진행되었고 파국이 임박했다고 보아야 한다. 1929년의 시장을 설명한 『지난날』의 다음 부분을 보자.

> 야채상, 자동차 수리공, 배관공, 재봉사, 웨이터들까지도 투자를 했다. 사회비판적인 지식인들도 투자시장에서 볼 수 있었다. 지식인들은 표준화와 대량생산이 미국인의 삶에 끼치는 안 좋은 영향을 애도하는 정도만큼이나 그들이 비판하는 미국적 삶이 만들어 놓은 열매를 수확할 준비가 되어 있었다. 대호황인 주식시장은 국가적 열광이었다. …… 투기 열풍은 전국을 물들였다. 모두가 하룻밤 새 큰돈을 번 누군가에 대한 이야기를 나눴다.

일반인들을 시장으로 끌어들이기 위하여 투자신탁 같은 새로운 금융상품도 개발되었다. "1929년 1월부터 9월까지 매일 새로운 투자신탁 상품이 등장하였으며, 기업들은 총 25억 달러어치의 증권을 공개 발행했다." 사회 전반의 시장 참여와 신규 투자자들의 요구를 충족하기 위해 개발된 상품의 범람이라는 이 두 가지는 버블이 상당히 진행되었음을 가리킨다.

전염병의 관점을 통해 대공황 이후의 투기적 경향에 대한 통찰이 가능하다. 버블 붕괴의 규모가 어마어마했기 때문에 미국인 대부분이 이 경제·금융의 붕괴로 영향을 받았고 일부는 돌이킬 수 없이 큰 상처를 입었다. 이런 일련의 사건이 대부분의 사람들에게 버블의 형성과 붕괴를 만들어 내는 투기 열풍에 대한 면역력을 키워주었을까? 이 때문에 대공황 이후 수십 년간 큰 금융 버블이 없었던 것일지도 모르겠다.

5장에서 설명한 리더십의 논리 역시 1920년대와 1930년대를 이해하는 데 도움을 준다. 예를 들어 플로리다 토지 버블 때는 상황을 아는 투자자들이 많았고, 이들은 대중의 이목을 끌었다. 당시 플로리다 주지사였던 존 마틴은 "플로리다가 근래에 이룬 성취는 신화에 가까울 만큼 놀랍지만 아직 시작을 알리는 신호탄일 뿐입니다"라고 말했고, 유력 운송회사인 시보드Seaboard의 사장인 데이비스 워필드는 당시 향후 10년 내 마이애미 인구가 100만 명을 넘어 급증할 것이라고 말하고 다녔다. 이처럼 유력인사들이 무지한 투자자 떼를 이끌어 1920년대 중반 플로리다 토지 버블이 생겼다.

이와 비슷한 경우는 대공황 직전에 전국적으로 발생했다. 이 중 가장 대표적인 사례인 예일대 교수 어빙 피셔의 유명한 말을 인용해 보겠다. 피셔는 "주식 가격이 현재 수준에서 하락하는 일은 아마도 영원히 없을 것 같다"는 발언을 했는데 이는 1929년 주식 대폭락 바로 몇 주 전에 나온 것이다.

통합적 관점

이 장에서는 극단적인 금융 상황을 이해할 때 통합적 틀이 얼마나 강력한지를 보여주기 위해 대공황에 대해 다루었다. 〈표 7-4〉는 여태까지의 논의를 요약한 것이다. 다음 장에서는 이 다섯 가지 틀로 일본의 버블을 어떻게 분석하는지 살펴보자.

〈표 7-4〉 다섯 가지 렌즈로 바라본 대공황

렌즈	해석
1 미시	가격 상승이 추가 매수를 부르고, 가격 하락이 매도를 부르는 재귀적인 현상
2 거시	부적절한 저금리와 유동성 공급 과도한 레버리지
3 심리	새로운 시대가 왔다는 생각 세계 최고층 빌딩의 건립 (자신감)
4 정치	제1차 세계대전 종전 사려깊지 못한 규제로 버블 촉진
5 생태	투기 열풍의 전염 조용한 리더십

일본의 버블 경제와 붕괴
- 신용 기반의 버블 경제 -

> 일본이 무턱대고 제2차 세계대전으로 뛰어들게 된 이유가
> 군사적 자만심이었다면, 이에 비견할 만한 것이
> 버블 경제 때의 투기 자만심이다. 역사는 반복되며,
> 단지 이번에는 전쟁의 비극 대신 주식시장에 촌극이 벌어졌다.
> — 에드워드 챈슬러

1980년대 일본에서는 기이할 정도의 투기 붐이 일었고, 결국 그 후에 붕괴가 찾아와 지난 20년간 열도를 신음하게 만들었다. 이 장은 1980년대에 일본에서 일어난 일들을 설명하며, 고삐 풀린 투기의 극단적인 모습을 보여준다. 붕괴의 여파는 지금도 계속되고 있으며, 이 장에서는 그 영향에 대해서도 다룬다. 그리고 나서 1부에서 제시한 다섯 관점을 가지고 버블의 형성과 붕괴를 평가할 것이다.

▮ 일본(인)은 다르다 ▮

일본 사회는 조화를 강조한다. 일본의 주 종교인 불교와 신도(일본 고유의 자연종교. 신도의 신을 제사 지내는 곳이 신사이다-역자)는 상당히 집단주의적이다. 일본 문화는 유교적 관념의 영향도 많이 받았기 때문에 집단의 조화가 개인의 성공보다 중시되는 경향이 매우 강하다. 게다가 일본인은 다른 단일민족국가와 마찬가지로 자신들은 다른 사회나 문화와는 차별화되고 독특하다고 여긴다. 일본인들은 스스로가 다른 인종이나 종교를 가진 사람들과는 다르다고 굳게 믿고 있다. 이 믿음은 행동에만 국한된 것이 아니다. 에드워드 챈슬러의 『금융투기의 역사Devil Take the Hindmost』는 일본인은 독특하다는 내용으로 시작한다.

일본인의 소화기관이 서구인들과 다르기 때문에 외국의 쇠고기나 쌀이 일본인에게 적합하지 않다는 설이 있었다. 심지어 일본은 내리는 눈이 다르기 때문에 미제 스키는 일본에서 무용지물이라는 말도 있었다. 한때 이런 차이를 언급하는 것은 일본의 문화 국수주의와 외국인 혐오를 노골적으로 돌려 말하는 방식이었다. 일본인의 뇌는 자연의 소리에 더 민감하게 반응하고 사회관계에 대한 이해가 더 섬세하다는 말도 있었다. 일본인은 서구식 합리주의가 사회의 통합과 유지에 맞지 않다고 생각하기 때문에 합리주의를 믿지 않았다. 일본식 이성은 일본인들이 먹는 밥처럼(사회를 끈끈하게 이어주는) '촉촉한' 이성으로 그려진 반면, 서구의 이성은 '건조하고' 개인주의적인 이성이었다. 윤리 문제에서도 일본인들은 다르다고 했다. 일본인들은 과오가 공개적으로 드러났을 때 죄책감을 느끼는 것이 아니라 수치심을 느낀다고 했다. 이런 모든 차이는 진짜든 거짓이든 개인주의에 대한 깊은 불신을 드러내며, 이런 감정은 공동체에 대한 강한 애착과 권위에 대한 존중으로 나타난다.

서구의 개인주의와 달리 공동체 문화를 매우 중시하는 풍토는 일본의 정치·경제 전반에 잘 드러난다. 서구가 역사적으로 정부의 역할을 최소화하는 일에 초점을 맞췄다면, 일본 정부는 기업과 산업에 행정적인 가이드를 제공하여 정부가 적극적으로 개입하는 것이 옳다고 믿었다. 서양인들은 독점을 불신하지만 일본인들은 1등 기업에서 가치를 찾는다. 마지막으로 서구는 사업과 개인적인 관계를 구분하지만 일본에서는 이것이 잘 되지 않는다. 일본에서는 관계와 사회 조화가 사실상 모든 것에 우선한다.

일본인들은 일본 사회가 서구보다 이타적이고 장기적인 안목을 갖는다고 주장한다. 일본의 봉건적 전통과 집단적 문화 때문에 사회를 지배하는 핵심 원리로 위계질서가 중요한 역할을 했다. 사무라이 정신은 근검을 강조했고, 저축률이 높았다. 정부의 엘리트들은 풍부한 저축이 가장 적절한 곳에 투자되도록 유도했다. 기업은 이익보다는 시장점유율을 더 중시했는데, 시장점유율이 높은 기업은 장기적으로 성공할 수 있기 때문이었다.

사실상 모든 경제 문제에서 개인 역할의 한계, 장기 계획 중심의 운영, 근검절약에 기반한 문화, 정부를 중심으로 한 중앙집중체제가 있었기 때문에 일본에서 투기 버블이 일어나기는 힘들어 보였다. 그러나 1980년대 중후반에 개인주의적인 단기 이익 추구로 인해 생기는 투기 버블이 버블과는 가장 어울리지 않을 것 같던 일본에서 일어났다. 버블과 뒤이은 버블 붕괴가 일본인에게 던진 충격은 엄청난 것이었으며, 오늘날까지도 사회 전반에 충격의 감정이 남아 있다.

일본 버블 경제에 대한 개요

일본경제는 제2차 세계대전으로 완전히 무너졌고 이후 미국과 다른 나라들이 상당한 기간 경제 원조를 하는 동안 일본 정부는 경제 부흥을 위해 저축을 장려하는 여러 정책을 시행했다. 저축이 많아지면서 일본의 은행들은 스스로가 탄탄하다고 생각했으며, 따라서 신용 확대를 장려했다. 유동성이 풍부한 은행들의 신용공급은 전후 경제 성장의 원천이었다.

1953년에서 1973년 사이의 엄청난 경제 발전으로 인해 일본은 자신감이 넘쳤다. 폴 크루그먼은 "20년 만에 농업이 대부분인 나라가 세계 최대의 철강·자동차 수출국이 되었고, 도쿄 권역은 세계에서 가장 크고 활기찬 도시로 변했다. 생활수준도 비약적으로 높아졌다", "일본이 이겼다"는 것을 인정했다. 크루그먼은 『기대 감소의 시대The Age of Diminished Expectations』라는 저술에서 미국이 정부와 민간의 협력 체계를 갖춘 일본에게 잠식되고 있다고 주장했다.

부동산 버블과 랜드마크

1980년대에도 일본 경제는 대폭 성장했다. 이 시기는 고속 성장, 낮은 실업률, 기업들의 높은 이익률로 대변된다. 이런 경제 상황에서 자산 가격이 오르는 것은 당연하겠지만, 1980년대 일본의 자산 가격은 지속 가능하지 않은 속도로 너무 빠르게 달렸다. 자산 거품은 특히 미국과 비교했을 때 정말 심한 수준에 도달하였으며, 이제는 모두가 잘 알고 있는 '버블 경제'의 근간이 되었다. 저널리스트로 전직한 전략분석가 크리스토퍼 우드Christopher Wood가 요약한 다음 사실을 생각해 보자.

> 미국은 일본보다 25배 넓다. 그러나 1989년 말 일본의 자산시장은 정부 총무성 소속 공무원들의 집계 결과 2,000조 엔 이상이었으며, 이는 미국 총 자산인 500조 엔의 4배에 달하는 액수였다. 이는 인류 역사상 한 국가에서 쌓을 수 있는 가장 큰 규모의 부이다. 따라서 터무니없는 이상 현상들이 일어났다. 1990년 초, 이론적으로 도쿄의 모든 부동산을 팔면 미국 전체를 살 수 있었으며, 일본 왕궁의 땅을 팔면 캐나다 전체를 살 수 있었다.

대표적으로 부동산 가격이 제정신이 아니었지만, 골프장 회원권 거래 시장은 극단적인 부동산 버블의 또 다른 면을 보여준다. 우드의 논평은 이 시기의 분위기를 아주 잘 표현하고 있다.

> 일본인의 골프에 대한 집착을 생각해 보면 당연하겠지만, 1980년대 후반부터 골프 회원권 시장도 터무니없이 과열되었다. 180만 명이 골프장 회원권을 소유했다고 추정되었다. 이 회원권은 증권처럼 거래되었는데, 가격은 수백만 엔에서 2억 5,000만 엔에 달했다. 회원권 붐이 정점일 때에는 일본에 골프장 1,700개의 회원권 시장가액이 2,000억 달러로 추정되었다.

일본의 부동산 가격이 높은 데에는 세 가지 배경이 있었다. 비좁은 땅, 봉건적 전통, 정부 정책이다. 뒤에서 이 세 가지 자산 버블의 요인을 더 자세히 살펴볼 것이다. 그러나 먼저 가격이 천정부지로 솟았는데도 불구하고 부동산 거래가 많지 않다는 사실을 생각해 보자. 부동산 호황인 만큼 거래량이 많을 것 같지만 실제 거래는 거의 일어나지 않았고 그런 면에서 무의미한 것이라고 할 수도 있다. 하지만 이렇게 고평가된 부동산을 담보로 은행들이 대출을 해주었기 때문에 일본의 부동산 가격 상승으로 인해 발생한 신용이 일본 국내의 다양한 자산과 외국 부동산 투자로 흘러갔다.

자국 내 부동산 버블을 바탕으로 엄청난 규모의 신용을 일으킨 일본인들에게 미국의 랜드마크가 관심을 끌기 시작했다. 뉴욕의 록펠

러센터와 엑슨 빌딩은 일본인들이 값을 후하게 쳐준 대표적인 미국의 랜드마크 빌딩이었다. 일본의 미쓰이 부동산회사는 6번가에 있는 엑슨 빌딩에 6억 2,500만 달러를 지불했는데, 이는 엑슨이 처음 제시한 3억 1,000만 달러를 훨씬 뛰어넘는 액수로 기네스북에 오를 수준이었다. 1990년에 일본의 중견기업은 미국에서 가장 유명한 골프장인 페블 비치를 8억 3,100만 달러에 샀다.

하와이 역시 일본 투자자들의 투자처였다. 1985년부터 1991년까지 일본 투자자들은 하와이의 주요 호텔 리조트 중 2개를 빼고 전부를 구입하였다. 마우이 섬에 있는 그랜드 하얏트 웨일리아 리조트 스파(1991년 개장)는 일본 자본 6억 달러를 들여 지었으며, 객실 하나당 투자비가 76만 달러에 달했다. 부동산 관련 리서치 기관의 전임 회장이자 현재 브루킹스연구소Brookings Institution의 고문인 앤서니 다운스Anthony Downs에 따르면, 이 호텔은 1990년대 물가로 1박당 700달러(지금 물가로 따지면 1박에 200만 원 가까운 금액이 된다—역자)를 받고도 투숙률이 75%는 되어야 손익분기점을 넘을 수 있었다.

미술품 시장과 버블 경제가 만나다

일본의 부동산 열병이 절정에 이르면서 예술품에 대한 관심도 폭발적인 탄력을 받았다. 에드워드 챈슬러의 설명은 이때의 기현상을 잘 요약한다. "1980년대에는 현재까지 사용된 모든 수법을 다 동원해 거래를 팽창시키려는 서구 경매인들과 부동산 버블로 지갑이 두둑해진 일본 투기꾼들이 만나 역사상 가장 사치스러운 시장을 형성했다." 피터 왓슨Peter Watson(영국의 저널리스트-역자)은 『마네에서 맨해튼까지 : 현대 미술품 시장의 부흥』이라는 저서에서 일본인들이 미술시장을 주도한 1988년부터 1990년까지를 "미술계에서 전례 없는 센세이션의 시기"로 표현했다.

〈뉴욕타임스〉는 1987년 3월 말 런던에서 있었던 크리스티 미술품 경매 결과를 보도했다. 미술품 사상 가장 높은 가격에 거래가 된 그림은 반 고흐의 〈15송이의 해바라기〉였으며, 신원을 밝히지 않은 외국인이 3,990만 달러에 샀다. 이는 종전 기록인 안드레아 만테냐의 〈마기에의 흠모〉가 1,040만 달러에 팔린 것을 훨씬 상회하는 기록이었다. 이 신원 미상의 외국인은 나중에 일본의 보험회사인 야수다화재해상의 야수오 고토로 밝혀졌다.

1989년 11월 30일, 일본 부동산 개발자인 토모노리 수루마키는 드루오에서 열린 파리 경매에서 피카소의 〈피에레트의 결혼〉을 낙찰받았다. 수루마키는 도쿄에서 새로운 부동산 개발 프로젝트-'니폰 오토폴리스'라는 이름의 5억 달러짜리 자동차 경주 리조트-를 출범하는 파티를 여는 도중에 입찰했다. 피카소의 작품을 낙찰 받은 후에 수루마키는 "오토폴리스의 특색 중 하나는 모네, 르누아르, 샤갈, 마그리트와 같이 유명한 화가들의 작품을 전시하는 박물관인데 여기에 이제는 피카소의 그림도 걸릴 것입니다"라고 했다. 일본의 미술 열풍은 다이쇼와제지 회장인 료에이 사이토가 1990년 5월에 고흐의 〈가셰 박사의 초상〉을 8,250만 달러에, 르누아르의 〈갈레뜨의 풍차〉를 7,800만 달러 넘게 주고 사면서 절정에 이르렀다. 그는 이 작

••••● 소더비 주식은 버블의 지표?

세계 최고의 미술품 경매장인 소더비는 미술품시장 버블의 수혜자였다. 소더비의 주식은 버블 상황을 알 수 있는 좋은 지표일지도 모른다. 아래의 도표를 보면, 이제껏 네 번의 급등이 있었는데 그 외에는 보통 잠잠했다. 첫 번째 급등은 일본의 버블 경제 때였다. 두 번째 버블은 IT가 급성장할 때였고, 2007년의 버블은 헤지펀드 매니저와 러시아 부호 등이 만든 것이었다. 현재의 급등은 중국의 미술품 애호가들 때문이다. 그러면 중국에 현재 버블이 발생한 것일까?

〈 그림 〉 소더비 주가 추이

출처 : 블룸버그

품들을 산 뒤에 죽을 때 이것들을 같이 화장할 것이라고 하여 미술계에 충격을 주었다.

주식시장의 수직 상승

버블 경제는 일본 투자자들이 주식에 투기할 좋은 기회였다. 주식시장 거품의 규모를 설명하면서, 크루그먼은 "1990년대 초, 일본의 주식시장 시가총액은 일본보다 인구와 GDP가 모두 두 배인 미국보다도 컸다"고 말한다.

이 현상을 더 깊이 설명하기 전에 〈그림 8-1〉을 간략히 살펴보면

〈그림 8-1〉 1980년대 일본의 니케이 225 지수

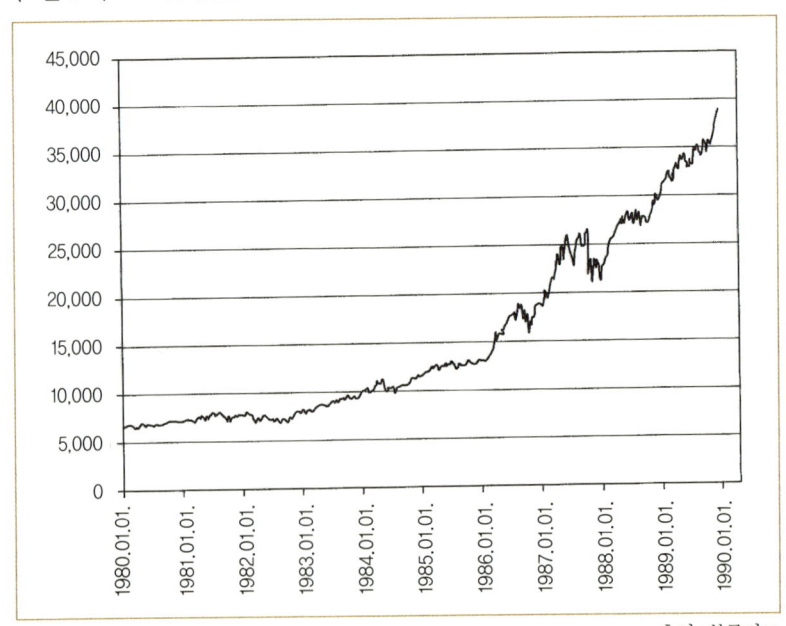

출처 : 블룸버그

1980년대 일본 주식시장의 버블이 어느 정도였는지 알 수 있다.

1980년대 말 일본 주가의 상승 경향이 뚜렷해지면서 투기 자본이 빠르게 흘러들어왔다. 이 시대의 분위기를 가장 잘 보여주는 주식은 아마 국영 전화회사인 NTT일 것이다. 경쟁력 강화를 위해 1985년 민영화된 NTT의 주식은 몇 차례에 걸쳐 일반에 공개되었다. 1987년 11월 경, 이 회사는 380억 달러어치 이상의 주식을 추가로 발행했으며 시가총액은 약 3,000억 달러였다. 이 숫자가 어느 정도인지에 대한 이해를 돕기 위해, 〈뉴욕타임스〉는 당시 NTT가 스위스와 프랑스 시가총액을 합친 것보다도 더 크다고 설명했고 챈슬러는 NTT가 서독과 홍콩 주식시장 시가총액을 합친 것보다도 더 크다고 했다.

당시 주식시장의 분석가들은 이구동성으로 재무제표에 완전히 반영되지 않은 '숨겨진 자산'인 부동산 가치를 강조하고 있었다. 거의 모든 일본 기업들이 토지를 소유하고 있었고, 부동산 가격이 오르면서 높은 주가도 합리적인 것으로 받아들여지고 있었다. 챈슬러에 따르면 "NTT조차도 통신사로서의 비전 때문이 아니라 보유한 토지 때문에 그토록 주식 가치평가가 높았던 것이다. 도쿄 전력도 보유한 토지가 상당했기 때문에 홍콩 주식거래소 전체의 시가총액보다 더 가치가 높았다". 항공사들도 땅놀이를 했는데, 버블이 한창이던 시기 전일본공수(ANA)의 주가는 1,200배, 일본항공은 400배가 올랐다(일본항공은 땅이 더 적다고 알려졌기 때문이다).

혹시 이런 말도 안 되는 주가 상승이 일부 주식에 한정된 특수한 상황이라고 생각할까봐 다른 부문의 상황도 살펴보겠다. 〈표 8–1〉

〈표 8-1〉 일본 증시의 업종별 PER

업종	평균 PER
의류 / 섬유	103
농수산업	319
서비스업	112
해운업	176

출처 : 로버트 질린스키·나이젤 홀로웨이, 『부등항등식 : 일본 주식시장의 힘과 위험』(1992)

은 일본 증시의 업종별 주가수익비율(PER)을 나열한 것이다.

거품이 터지다

종합해 보면 1980년대 후반 일본에서 일어난 자산 가격 버블은 세계에서 (지금까지는) 가장 화려하고 지속 기간이 짧은 부의 창출 사례라고 할 수 있다. 자산시장이 지속 불가능한 수준으로 치달으면서 일본 정부는 이 문제에 대해 신경을 쓰기 시작했고, 투기 행위를 줄여보려고 했다. 일본은행Bank of Japan의 새로운 수장은 높은 주택가격이 사회 통합을 저해할 것이라는 두려움을 느꼈다. 1989년에 일본은행은 부동산 대출 증가율이 총대출 증가율을 넘지 않게 하는 법을 시행하고 금리를 올리기 시작했고 1989년 5월에 2.5%였던 금리를 1990년 8월에 6%까지 다섯 차례에 걸쳐 단계적으로 올렸다. 1986년 1월 5%였던 금리를 1987년 2월에 2.5%로 내린 조치를 사실상 취소한 것이다.

아래의 〈그림 8-2〉는 리처드 쿠의 『일본 대침체의 교훈The Holy

〈그림 8-2〉 버블 경제의 붕괴

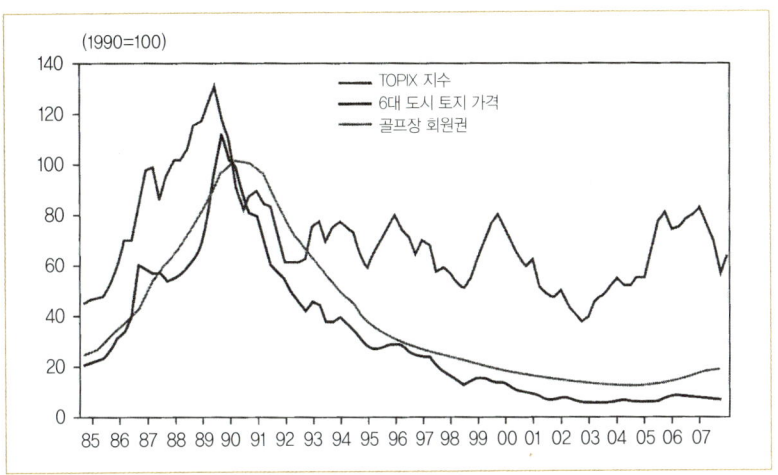

출처 : 리처드 쿠, 『거시경제학의 성배』 (2009)

Grail of Macroeconomics』에서 가져온 것으로 주식시장, 부동산시장, 심지어 골프장 회원권 시장의 대규모 조정을 시각적으로 잘 보여준다.

붕괴가 시작되기 이전까지 쌓아올려진 버블의 크기를 고려하면 버블 경제의 붕괴는 기업, 투자자, 소비자 그리고 가장 중요하게는 은행에게 엄청난 재정적·경제적 타격일 수밖에 없었다. 특히 은행은 버블의 원동력인 신용을 제공했고 가격이 치솟은 자산을 담보로 인정해주었다. 킨델버거Kindelberger와 알리버Aliber가 이러한 붕괴를 간결하고 명료하게 설명한다.

대출제한정책이 시작되자 부동산을 구입한 사람들의 유동성에 문제가 생기기 시작했다. 임대 수익율이 담보대출 이자율보다 낮왔기 때문에 추가 대출 없이는 이자도 내기 급급했다. 일부 투자자들은 울며 겨자 먹기로 집을 팔기 시작했다. 부동산담보대출이 줄고 매매가 늘어나면서 부동산 가격이 내려가기 시작했다. 땅값은 항상 오른다는 불변의 진리가 시험대에 올랐으며, 이는 결국 거짓으로 판명이 났다.

주식 가격과 부동산 가격은 1990년 초부터 떨어지기 시작했다. 주식 가격은 1990년에 30% 가량 떨어지고 1991년에 30% 더 떨어졌다. 그로부터 10년이 훨씬 지난 2003년, 일본의 경제 규모는 그 사이 훨씬 커졌음에도 불구하고 주식시장의 시가총액은 20년 전과 비슷한 수준이었다.

이제까지 별다른 동력의 공급 없이도 상승을 유지하던 부동산이라는 영구기관이 거꾸로 움직이기 시작했다. 자산 매각은 자산 가격 하락으로 이어졌고 이것이 다시 매각을 부추기는 악순환이 반복됐다. 부동산 가격 하락과 주식 가격 하락은 대출의 담보가치와 은행의 자본이 줄어드는 것을 의미했다. 은행의 대출은 더욱더 줄어들었다. 곳곳에서 파산이 증가했고, 은행과 기타 금융기관은 대출 부실화로 큰 타격을 입었다. 특히 부동산 대출을 전문으로 하던 비은행권 금융기관들은 엄청난 어려움을 겪었다.

일본 버블 경제의 형성과 붕괴에 대한 이해

일본의 버블 경제는 고유의 독특한 요소들이 많이 있다. 1980년대까지만 일본과 문화와 환경 하에서 이런 일이 생기리라고는 누구도 상상하지 못했다. 일본은 근검절약 정신이 배어 있고, 장기적 관점에서 정부가 경제를 주도하며, 이윤보다는 시장점유율을 우선하고, 사회 통합을 위해서는 개인의 성공도 희생할 수 있는 문화를 가진 나라였지만 '그럼에도 불구하고' 이런 일이 생긴 것이다. 이처럼 일반적인 버블과 다른 특성을 갖고 있는 상황에 이 책의 다섯 가지 관점을 적용해 보면 좀 더 실용적이고 견고한 분석 틀을 만들 수 있을 것이다.

자산 버블의 재귀성 : 담보로서의 부동산

일본 거품 경제의 근간은 부동산시장의 엄청난 버블이었다. 부동산은 위태하기 짝이 없는 전체 경제 체계를 받치는 토대였다. 1986년에 금리를 2.5%로 낮추면서 일본은행은 이미 불타오르고 있던 투기 열풍에 기름을 부었다. 우드wood가 묘사한 재귀적 상황을 보자.

> 이것은 모든 것을 압도하는 유동성 버블을 일으켰다. 그 중심에는 은행들이 있었다. 은행은 상승하는 부동산과 주식시장을 이용해 추가 자본을 확보하고 이것으로 대출을 확장할 수 있었다. 이 추가 신용은 다시 두 가지 주요 시장(주식과 부동산)으로 흘러들어

가, 은행이 선호하는 담보(주식과 부동산)의 가치를 부풀렸고 가격이 오른 담보로 돈을 더 대출할 수 있게 만들었다.

더욱이 담보물의 대세가 부동산이 된 당시 상황은 (일부 추정자료는 부동산담보대출이 모든 대출 잔액의 80% 정도를 차지했을 수도 있다고 본다) 사실상 어떻게 봐도 이론적으로 존재할 수 있는 균형에서 벗어난 것이라는 확신을 준다.

세계 시장에서 점유율을 높여가면서 수익을 키워나가는 기업 국가 일본의 건실한 경제 성공담은 시간이 지나면서 재귀적이고 자기실현적이며 자생적인 자산 버블로 변하였고, 이 버블은 결국 일본에서 감당할 수 없을 정도로 커져 스스로 터져버렸다.

거시경제정책의 결과

높은 저축률과 1986년 1월에서 1987년 2월 사이에 내려진 일본은행의 할인율 인하 결정 덕분에 은행에는 돈이 넘치고 실질금리는 공짜에 가까웠다. 앞에서 말했듯이 이율을 이렇게 낮춘 것이 역사상 가장 강력한 유동성 버블에 불을 지폈다.

후일 밝혀진 또 다른 중요 요소는 금융 부문의 규제 완화와 자유화로, 이를 통해 일본의 은행들은 더욱더 대출을 확대시킬 수 있었다. 정부의 이런 조치는 애초에 외국 은행이 일본에서 경쟁할 수 있도록 다국적 기업들이 로비를 해서 생긴 것이었지만, 자유화 과정에서 가장 큰 이익을 본 것은 아마 일본의 은행들이었을 것이다.

셋째 요인은 일본 엔화이다. 엔화의 지나치게 빠른 평가절상을 경계한 일본 정부는 외환시장에서 계속 엔화를 팔면서 시장에 적극적으로 개입했다. 이러한 노력의 직접적인 결과는 엔화 상승 속도의 둔화였지만, 일본은행이 발권력을 동원해 외환시장에 엔화를 풀면서 실질적으로는 통화량을 증가시키는 효과를 만들어 냈다. 킨들버거Charles Kindelberger와 알리버Robert Aliber에 따르면 외환시장에 대한 강력한 개입의 결과는 엔화 통화 공급이 이례적인 속도로 증가한 것이었다. 이는 곧 대출의 빠른 증가로 이어졌다.

버블에 기름을 부을 수밖에 없는 뻔한 정책을 일본 정부가 선택한 이유가 대체 무엇이었을까? 분명하지는 않지만 정책의 목표는 가파른 엔화 상승을 저지해서 일본의 수출 기업이 받는 압박을 없애는 데 있었던 것으로 보인다. 하지만 아래에 인용한 익명의 일본은행 간부의 말을 들어보면 일본은행의 목적이 사실 자산 가격 인플레이션이었음을 보여준다.

> 우리는 주식시장과 부동산시장을 부양하려 했습니다. 이를 기반으로 내수시장에 안전망을 만들면 수출 중심의 산업 구조가 자연히 내수 중심으로 재편될 수 있겠다는 계산이 나왔습니다. 자산 가격이 오르게 되면 이로 인한 부의 효과가 개인 소비와 투자를 장려하고, 이는 공장과 설비 투자를 이끌어 내리라 보았습니다. 결국 느슨한 통화정책이 실제 경제 성장을 만들어낼 것이라고 생각했습니다.

순응의 심리학

『대중의 미망과 광기Extraordinary Popular Delusions and the Madness of Crowds』에서 찰스 맥케이는 "인간은 군중 속에서 생각하고, 군중과 함께 미치지만, 정신을 차릴 때에는 혼자이다"라는 말을 남겼다. 우드는 이에 대해 논하면서 "개인주의적 사고를 버릴 것을 강요하는 집단 중심의 문화를 가진 일본인은 다른 문화권 사람들에 비해 집단의 분위기에 휩쓸리는 인간 본성에 훨씬 취약하다"고 말한다. 1980년대 이전 일본을 지배한 문화적 가치는 매우 특이할 정도로 공동체적인 것이었는데, 사회 통합이 개인의 행복보다도 더 중요하다고 여겨졌다. 순응과 '튀지 않는 것'을 강요하는 사회에서는 주변과 약간이라도 다르다는 사실이 개인을 불편하게 만든다.

이와 관련해서는 유치원에 관한 비유가 적절하겠다. 내 딸은 보스턴의 몬테소리 학교에 다닌다. 딸아이 반의 사실상 모든 아이들은 (대부분 3, 4, 5살이다) 그냥 남들이 하는 대로 따라한다. 이 또래 아이들이 이유 없이 성질을 부리는 때만을 제외하면 딸아이의 반은 상당히 단합이 잘되어 있다. 그러나 일과 중에는 개인의 의견이 집단의 사고로 눈덩이처럼 번지는 중요한 순간들이 있다. 어느 날 간식시간 직전에 유치원에 딸을 데리러 가서는, 꾹 참으며(그리고 조용히) 교실의 상황을 지켜보았다. 선생님이 과일과 크래커를 꺼내려는 때, 한 아이가 "난 크래커 싫어"라고 소리쳤고 뒤를 이어 갑자기 모든 아이들이 크래커가 싫다고 외치기 시작했다. 다른 날에는 아이들이 크래커를 게걸스럽게 먹고 있는 것을 본 적이 있었는데, 그날따라 아무도 크래커가 싫다는 말을 하지 않는 모양이다. 타인의 행동이나 의사표명에 쉽게 영향을 받는 집단에서는 도미노가 쓰러지는 것처럼 소수의 의견이 쉽게 전체로 퍼진다.

장기적인 관점을 중시하는 근검절약 사회인 일본은 유치원 아이들의 의견이 갑자기 뒤집히듯이 어느덧 고가 미술품과 해외 랜드마크 빌딩들을 미친 듯이 사들이는 과시적 소비와 눈앞의 단기 이익에 몰두하는 사회로 바뀌어 버렸다.

조화롭던 사회가 버블 경제 시기에 자신감 과잉과 경제적 오만으로 빠르게 휩쓸려가고 있던 것과 정확히 같은 방식으로 버블 붕괴가 시작되자 낙담, 자신감 저하, 완전한 절망이 전 사회로 쉽게 퍼져나갔다. 일본의 금융업 종사자들이 1990년부터 받은 굴욕을 예로 들며, 우드는 "이렇게 낙담하는 심리는 계속 강해지기 때문에 중요한 문제이다. 집단의 의견을 중시하고 이에 반대하는 사람이 거의 없는 사회에서 어제의 집단적 희열은 너무나 쉽게 내일의 집단적 공포로 뒤집힐 수 있다"고 말했다.

집단주의적이며 전체 의견을 중시하는 태도가 전후의 경제적 성공을 바탕으로 형성된 지나친 자신감과 만나게 되면서 전형적이고 뚜렷한 인지편향이 나타났다. 『세계 최고의 일본』이라는 책이 나올 정도로 굉장한 경제적 성공을 경험한 일본 사회가 과도한 자신감에 휩싸이는 것은 당연한 일이 아닐까. 가용성 추론에 따라 여태까지 부동산 가격이 늘 오르기만 했다는 추세를 보고 미래에도 부동산 가격이 절대로 빠질 리가 없다고 생각하는 것도 인간의 어쩔 수 없는 한계가 아닐까. 록펠러센터나 피카소 그림을 산 것처럼 국제적으로 자신들의 위상을 과시하는 것도 당시에는 그저 일본의 세계적 지위가 격상되면서 나타나는 자연스러운 현상으로 받아들여졌을 것이다. 막상 붕괴가 시작되었을 때에도 정박효과와 조정 부족 현상으로 인해 버블 붕괴가 시작되었다는 것을 사람들은 제대로 인지하지 못했다.

정치적·법적 상황

버블의 형성과 붕괴에 영향을 준 정치와 법적 요인은 너무 많아서 다 다룰 수 없지만 버블 경제를 이해하는 데 핵심적인 정책 몇 가지는 알아두어야 한다. 버블 경제의 근본 원인이 느슨한 대출을 바탕으로 한 지속 불가능한 자산 가격 상승이었다는 점에서 수많은 정치적·법적 요인 중에서 세금과 규제 완화에 집중할 것이다.

세금정책면에서는 두 가지 항목이 자산 소유에 대한 인센티브에 영향을 주었다. 첫 번째는 징벌적 재산세였는데, 재산을 단기간에 매매하는 것을 불리하게 만들기 위한 것이었다. "만일 부동산을 구입하고 2년 내에 판매하면 차익의 150%가 매도자의 연소득에 더해져서 계산되고 이에 따라 소득세가 매겨진다. 5년 내에 판매하면 차익의 100%가 소득에 더해져 계산되고 과세한다." 부동산 가격 상승 국면에서 이러한 재산세의 시행은 부동산 거래 시장에 공급을 제한함으로써 수급의 왜곡을 가져왔다.

부동산 수요를 인위적으로 늘려 가격에 영향을 주는 또 다른 세금은 상속세였다. 상속세율의 기준은 자산가치에 대출을 뺀 부분이었다. 또 세제상의 자산가치는 대부분의 나라에서 그렇듯이 (우리나라의 공시지가도 그렇다—역자) 시장에서 거래되는 가치보다 낮았다. 따라서 대출을 많이 받아서 부동산을 사게 되면 과세의 기준인 자산가격이 마이너스가 되는 것도 가능했다. 마이너스가 난 부분만큼 다른 자산의 가치도 공제할 수 있기 때문에 대출을 많이 끼고 부동산을 매입해서 이를 상속하는 것은 상속세 절세의 아주 좋은 방법이었다. 다카토시 이토(도쿄대 교수, 일본 경제재정정책이사회 위원—역자)는 이것을 "흔한 상속 전략"으로 묘사하면서, 다음과 같이 설명한다. "상속인에게 재산을 물려주려고 계획하는 사람들은 부동산 가치가 올라가면서 불안해지기 시작했다. 상속세 부담을 덜기 위해서 대출을 끼고 부동산을 대거 구입했다. 수요가 증가해 부동산 가격이 높아지자 상속세 절감을 위해 대출을 끼고 부동산을 구입하는 수요가 더 생겼다. …… 이것이 가격 상승의 나선구조를 만든 것일지도 모른다."

금융 규제 완화 역시 자산 가격 상승 나선구조와 이후의 하락 나선에 기여했을 수 있다. 처음에는 은행산업을 외국에 개방하라는 압력 때문에 시행한 규제 완화는 (미국은 일본 금융기관이 뉴욕에서 사업을 하는 수준으로 자국 금융기관도 도쿄에서 경쟁력을 갖기를 원했다) 결국 정부의 통제력을 떨어뜨리는 것이었다.

킨들버거와 알리버에 따르면 "예금과 대출 금리상한선이 올랐다. 창구 규제는 힘을 많이 잃었다. 외국에서 일본기업에 투자하는 것에 대한 제한이 완화되었다", "기존 은행은 안전하지만 한편으로 매우 보수적이었다. 은행은 가장 효율적인 곳에 자본을 분배하는 데 실패했다. 개혁론자들은 이에 대한 해결책이 더 큰 자유와 경쟁이라고 주장했다. 은행이 가장 적절하다고 판단하는 곳에 돈을 빌려줄 수 있게 하고 더 많은 은행이 예금 유치를 위해 경쟁하게 하자" 는 것이 금융 규제 완화의 이론적인 배경이었다. 규제 완화는 은행영업을 자극했고 그 결과 은행들은 부동산담보대출 액수를 늘리기 시작했다.

부동산 가격이 급격히 상승하자 정부는 거품을 꺼지게 하려고 금융 규제 완화 정책 일부를 다시 바꾸기 시작했다. 정부는 1990년 4월 신용 규제 정책을 시행하여 부동산에 대한 대출 증가가 은행의 나머지 대출 증가액보다 작아야 한다는 규정을 신설했다. 이 규정 이전에 부동산담보를 통한 대출 비율이 워낙 높았기 때문에 은행들은 주택담보대출을 줄일 수밖에 없었고 부동산시장에 대한 신용공급이 감소하기 시작했다. 일본의 부동산시장은 앞서 밝혔듯이 가격이 올라가는 국면에서도 거래량이 적었다. 하지만 금융 규제가 다시 강화되자 일본 부동산시장은 "아무도 팔려고 하지 않아서 거래가 적은 시장"에서 "아무도 사려고 하지 않아서 거래가 적은 시장"으로 급속도로 변했다.

투기 열풍의 전염

5장에서 소개한 생물학 관점은 일본의 버블 경제 평가에 상당히 잘 들어맞는다. 〈극동경제리뷰Far East Economic Review〉에는 1988년 "일본에서 주식은 전 국민의 관심사가 되었으며 경제와 주식에 관한 만화책이 판매 수위를 다투었다"라는 말이 나온다. 1980년대 중반까지 1,300~1,400만 명 정도가 주식투자를 하고 있었지만 1980년대 말경에는 그 수가 2,200만 명 이상으로 늘었다. 일본 최대의 증권회사인 노무라증권은 고객 수가 500만이 넘었는데, 그 중 상당수는 일본 가정주부로 증권회사 영업사원의 안내에 따라 정기적으로 투자했다. 투기가 장려되었으며, 영업사원들의 훌륭한 '안내' 덕분에 개인 주식 계좌의 1/3 이상이 신용거래(가지고 있는 현금 이상의 금액으로 대출을 사용해 주식을 거래하는 것 — 역자)를 사용하고 있었다.

버블에 감염이 상당히 진행된 것을 볼 때 감염의 속도는 줄어들 수밖에 없었다. 사실 개인 투자자의 증권거래계좌 수가 빠르게 증가하는 것은 버블 경제의 끝을 알리는 조기경보 지표였다.

집단의 의견을 중시하는 문화를 가진 집단에서는 정보를 가진 사람들의 조용한 리더십에 상당히 약하다. 이런 집단 속의 개인들은 마치 무리 안의 벌과 같다. 1980년대 중반 일본의 투자 환경은 모두가 서로 엮여 있는 상태였고 어느 시점에서 단기 이익 추구가 유행하기 시작하자 이런 투기적인 행태는 전체 집단의 표준이 되어버렸다. 장기적인 관점을 중시하던 일본 사회는 투기판으로 변했다. 일본 사회를 그렇게 오랫동안 안정적으로 유지해 주던 집단적 사고의 유기성이 이제는 투기 광풍을 만들고 있었다. 그 결과 일본인들은 도박이 중국에서 온 악일뿐 일본은 도박에 끄떡없다는 과거의 관념과는 반대로 점입가경의 집단 투기 행동을 하고 있었다.

일본인은 직장이나 여가 시간에 어떤 행위를 할 때 집단행동을 하는 경향이 있다. 이것은 쌀농사에 필요한 공동체적 생활양식에 기원을 두었다고 하며 이런 문화가 일본의 '슈단키조쿠 이시키'(집단의식)를 강화했다. 전쟁 기간 동안 일본 정부는 선전물에서 일본에 대해 "100만 명의 심장박동이 하나로"라고 표현한 바 있다. 미국의 1929년 10월 대폭락 이후 일본 증권거래소 대표는 일본이 대공황 기간에 살아남은 이유로 "국가 전체가 합심하여 한 길로 움직이는 공동체 사회"라는 점을 꼽았다.

집단주의 사회는 양날의 검인데 집단의 의견이 안정적 균형을 중심으로 형성되면 모든 것이 수월할 것이다. 그러나 집단의 시각이 불균형, 근시안적 사고, 투기 행위라면 이 불안정성이 전체를 지배하고 이전의 안정성은 증발할 것이다.

▌통합적 관점 ▌

1부에서 제시한 다섯 관점을 통해 1980년대 일본의 버블 경제와 이에 이은 붕괴를 살펴보았다. 만약 한 가지 관점만을 사용했다면 이 현상을 제대로 이해하지 못했을 것이다. 〈표 8-2〉에는 일본의 '버블 경제'에 대해 분석할 다섯 가지 관점에서의 접근을 요약했다. 다음 장은 이 다섯 관점을 사용하여 1990년대 중반에 나타난 아시아의 금융 위기와 이 금융 위기가 전 세계로 퍼져나간 상황에 대해 알아볼 것이다.

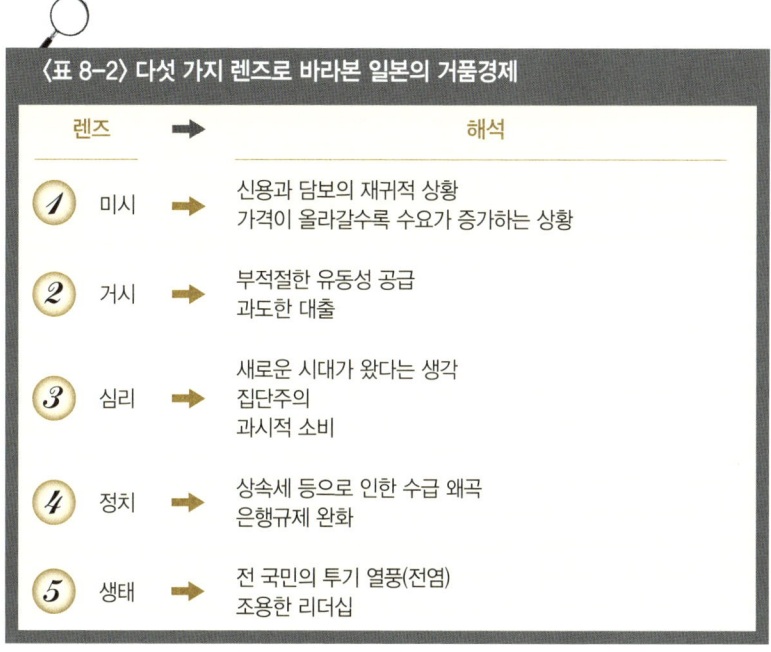

〈표 8-2〉 다섯 가지 렌즈로 바라본 일본의 거품경제

렌즈	해석
1 미시	신용과 담보의 재귀적 상황 가격이 올라갈수록 수요가 증가하는 상황
2 거시	부적절한 유동성 공급 과도한 대출
3 심리	새로운 시대가 왔다는 생각 집단주의 과시적 소비
4 정치	상속세 등으로 인한 수급 왜곡 은행규제 완화
5 생태	전 국민의 투기 열풍(전염) 조용한 리더십

아시아 금융 위기
― 기적이라는 신기루 ―

[
아시아의 큰 슬럼프는 기록적이다.
세계 경제의 역사에서 이렇게 많은 인구가 이 정도로 엄청난 추락을
경험한 적은 심지어 대공황 때도 없었다.
― 폴 크루그먼
]

아시아 경제 성공의 씨앗은 제2차 세계대전 직후에 뿌려졌다. 사회를 재건하고 장기 경제 발전을 꾀하고자 많은 아시아 국가가 풍부하고 값싼 노동력을 이용하여 수출 중심의 발전 정책을 채택했다. 이런 경제 전략은 1990년대 세계 교역량 증대와 함께 순풍에 돛 단 듯 성공가도를 달렸고, 아시아 국가들의 자산시장은 이런 분위기 속에서 어마어마하게 커졌다. 이와 함께 찾아온 버블은 결국 1997년과

1998년 사이에 무너졌으며, 세계 경제 전체에 파문을 남겼다.

■ 아시아 자산시장의 버블 ■

1990년대 초중반 동아시아 국가 대부분에서 투기 현상이 나타났다. (앞에서 본 대로 먼저 버블 붕괴를 경험한 일본은 예외였다.) 1993년에 세계은행에서 발행한 『동아시아의 기적 : 성장과 공공정책』은 서두에서 이 상황을 아래와 같이 요약한다.

> 동아시아는 지속적으로 높은 성장을 해왔다. 1965년부터 1990년까지 동아시아 23개국의 경제는 전 세계 어떤 지역의 경제보다 빠르게 성장했다. 이 성취의 대부분은 8개 나라의 기적적인 성장에 기인한다. 일본과 '아시아의 4마리 호랑이'인 홍콩, 한국, 싱가포르, 대만 그리고 갓 산업화에 들어선 동남아시아 3개국인 인도네시아, 말레이시아, 태국이다.

이러한 빠른 경제 성장의 배경 속에서 아시아 지역의 자산시장 전반에 버블이 생기는 것은 어찌 보면 자연스러운 현상이라고도 할 수 있다. 로버트 바바라Robert Barbara에 따르면, 아시아 시장의 붐은 초반에는 합리적인 수준이었다. 구소련의 붕괴와 중국의 개방으로 시장은 확대되었고 신흥 아시아 국가들의 교역량은 증폭되었다.

국가마다 원인과 양상이 조금씩 달랐지만, 거의 동아시아 전 국가들이 고속성장을 구가했다. 전쟁으로 폐허가 된 한국은 높은 저축률, 저임금의 노동력, 저평가된 환율, 세계 시장이 필요로 하는 상품을 생산하는 강력한 산업정책을 바탕으로 괄목할 만한 경제 성장을 이루었다. 싱가포르는 1950년대까지 정경 유착이 횡행하는 늪지대였지만, 부패 청산과 법질서가 확립된 글로벌 가공무역의 전초기지로 변모하면서 선진국으로 격상하였다. 중국은 덩샤오핑 집권 이후 국제시장에 문호를 개방했고 자본주의 국가에서나 볼 수 있는 경제 개혁을 시행함으로써 경제 부흥을 이끌었다. 이러한 정책 변화 이후 중국은 매해 10% 이상 GDP가 급성장했다. 홍콩은 아시아의 금융 중심으로 부상했다. 태국, 인도네시아, 말레이시아에서는 세계화가 진행되고 보호무역주의 약화로 국제교역이 활성화되면서 제조업 활동이 크게 증가했다.

이런 배경 하에 아시아의 증시는 1990년대 급격히 상승했다. 1993년 한 해 동안 상당수 동아시아 국가의 증시는 시가총액이 2배로 올랐으며, 1994년까지도 성장세가 이어졌다. 〈그림 9-1〉은 필리핀, 태국, 말레이시아, 인도네시아의 1993년 주식시장의 실적을 보여준다. 부동산 가격도 아시아 전역에 걸쳐 올랐다. 경제에 대한 낙관적 전망과 풍부한 글로벌 유동성이 결합되면서 아시아 경제는 본격적인 활황기에 접어들었다.

넘치는 자본과 싼 노동력의 결합은 강력한 국가 경쟁력으로 연결되었다. 선진국의 자본은 이러한 신흥국가들에 큰 기대감을 나타내

<그림 9-1> 1993년 아시아 국가들의 주식시장 실적

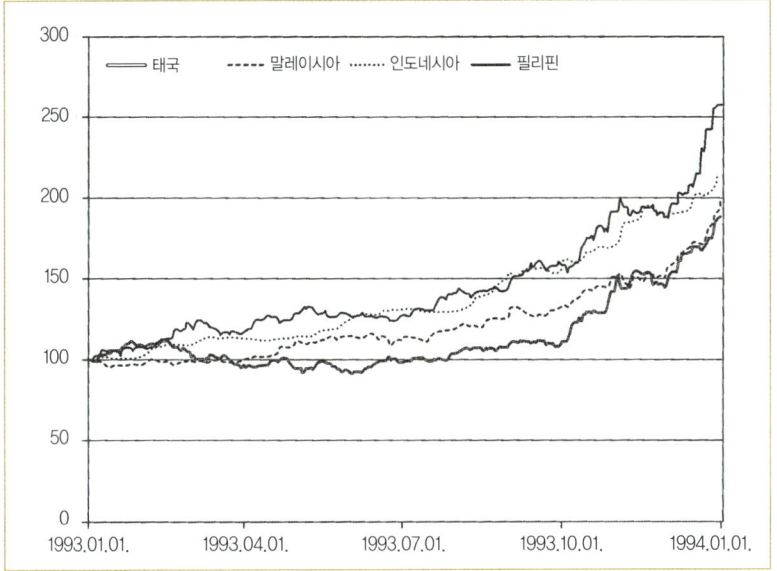

출처 : 블룸버그

었고 동아시아 시장에 돈(주로 달러)을 쏟아붓기 시작했다. 그 결과 많은 아시아 통화가 상당히 빠른 속도로 절상되었고 은행과 기업들은 자국의 통화 대신 상당한 양의 달러화를 차입했다. 킨들버거와 알리버는 동아시아 국가들과 선진국 사이에 형성되기 시작한 관계의 중요성을 다음과 설명한다.

중국, 태국 및 기타 동아시아 국가들은 자국 시장에 필요한 물건을 저렴하게 공급해 줄 곳을 찾는 미국, 일본, 유럽 등 선진국과의 관계를 확대해 나가기 시작했다. 빠른 경제 성장은 외자 유입의 원인이자 결과였는데, 특히 일본으로부터의 자본 유입이 많았다. 일본의 투자는 초기에는 저렴한 인건비를 노린 생산시설을 건설하는 형태였다. …… 이에 따라 신흥국가 생산의 상당 부분이 수출되었다. 일부는 미국으로, 일부는 일본으로, 일부는 제3국으로 갔다. …… 당시의 유행어는 수출 중심의 성장이었는데, 이는 대개 저평가된 환율에 바탕한 것이었다.

이러한 체계는 점점 성장하여 곧 미국인들이 한국으로 하청을 주었으며, 이어서 한국인은 노동력이 더 싼 중국과 인도네시아에 하청을 주었다. 여러 면에서 이 모든 사슬은 생산국이 가진 두 가지를 기초로 하고 있다. 저렴한 노동과 값싼 통화이다. 이 '게임'을 지속하기 위해 동아시아 국가들은 항상 고환율 정책을 폈다. 1994년 1월 1일, 중국 정부는 자국 환율을 사실상 미 달러 대비 50% 평가절하하는 파격적인 조치를 내렸다. 이런 조치는 중국이 다른 동남아시아 국가 기업과의 경쟁에서 우위를 점하기 위한 것이었지만, 그런 순기능보다는 아시아 금융 위기의 주요 기폭제 중 하나가 되었을 가능성이 높다.

이러한 아시아의 수출 주도 경제 성장 게임의 파국은 태국에서 시작되었다. 태국에서는 버블의 전형적인 현상이 모두 발생했으며, 아시아 지역의 버블이 붕괴되는 데 촉매 역할을 했다. 과연 무슨 일이 일어났는지와 아시아의 버블 상태가 어떠했는지를 알기 위해 태국의 상황을 자세히 살펴보자.

독감 걸린 태국

어찌 보면 동남아시아의 작은 나라 태국이 뒤이은 러시아의 채무 불이행과 세계 최대 헤지펀드의 붕괴 그리고 역사상 최대 규모의 경제 및 통화 긴축을 불러온 버블 붕괴의 중심이었다는 말이 이상하게 들릴 수도 있다. 폴 크루그먼은 『불황의 경제학The Return of Depression Economic』에서 다음과 같이 설명한다.

> 세계 경제는 가늠하기 힘들 정도로 크며, 전 세계 교역에서 태국은 중요한 역할을 하는 국가가 아니다. 1980년대와 1990년대에 고속 성장을 했지만 여전히 가난한 나라였다. 태국 인구 전체의 구매력을 다 합해도 매사추세츠 주 인구의 구매력보다 작다. 따라서 일본 같은 거인의 경제활동과 달리 태국의 경제활동은 인접 국가나 태국과 직접적인 금융 관계가 있는 기업에만 관련이 있다고 생각하기 쉽다. 그러나 1997년에 있었던 태국 통화 바트화의 평가절하는 아시아 대부분을 내려앉게 한 산사태를 촉발했다.

태국 바트화의 평가절하가 미친 파급 효과는 눈덩이처럼 불어나 동아시아 전역을 휩쓸고 지나갔다. 붕괴 이전에는 엄청난 버블이 있었다. 1985년부터 1996년까지 태국의 프렘 틴 술라논다 수상은 개방 정책을 펼쳤다. 이 시기 동안 태국은 평균 GDP 성장률이 9.4%에 달할 정도였으며 태국은 세계에서 가장 빨리 성장하는 나라 중 하나였다. 값싼 노동력, 안정된 재정, 풍부한 천연자원이 합쳐져서 농업 중심이던 태국을 제조업 중심과 수출 중심의 고성장 국가로 바꾸어 놓았다.

1990년대에 막대한 외국 자본이 태국으로 밀려들어왔다. 외자 유입은 태국의 재정 자립도를 급속도로 악화시켰다. 1990년대 초반까지는 국내 저축을 바탕으로 성장에 필요한 투자재원을 마련할 수 있었지만, 이후 국내 저축의 부족과 외국 자본의 유입으로 점차 외자 의존도가 심화되었다. 이렇게 태국으로 들어온 외국 자본의 대부분은 달러화로 표시된 차입금 형태였다.

1990년대 초중반에 태국으로 급속히 자본이 유입된 데에는 외부 요인도 있었다. 우선 라틴아메리카의 부채 위기 해결과 구소련 공산주의 체제의 몰락으로 인해 선진국 투자자들 사이에서 이머징마켓에 대한 투자가 유행이 되고 있었다. 둘째, 선진국의 금리가 큰 폭으로 하락하면서 선진국 투자자들은 더 높은 금리를 좇아 세계로 퍼져 나갔다. 셋째, 국제통화기금과 세계은행 같은 개발기구들이 태국과 같은 신흥 아시아 국가에 자금 투입을 빠르게 늘리고 있었다. 마지막으로 선진국 내에서 이머징마켓 펀드 규모가 빠르게 성장하여 태국, 말레이시아, 인도네시아 등의 개발도상국에 다양한 방식으로 자본이 투입되었다. (이런 나라들을 이머징마켓이라고 부르게 된 것도 사소한 사건이 아니다. 다음에 나오는 "'이머징마켓'이라는 명칭의 유래"를 참조하자.)

태국으로의 외자 유입이 점점 커짐에 따라 주식시장도 같이 팽창

● '이머징마켓'이라는 명칭의 유래

우리는 중국과 브라질 같은 나라를 이머징마켓이라고 부르는 것을 자주 듣는다. 하지만 이 말을 사용한 지는 사실 얼마 되지 않았다. 당시 세계은행에 근무하고 있던 안토완 반 악트마엘Antoine Van Agtmael이 개발도상국을 '이머징'마켓이라고 바꿔 부른 것은 마케팅의 역사상 가장 성공적인 사례로 꼽히고 있다. 반 악트마엘은 당시에 제3세계 국가로 알려진 지역에 투자할 펀드를 마케팅하는 방법을 고심하고 있었다. 그가 제3세계 국가들에 투자하는 펀드를 기획했을 때 JP 모건의 프랜시스 핀리Francis Finlay는 "아주 흥미로운 생각이네요. 하지만 '제3세계 자산 펀드'라는 이름으로는 하나도 못 팔겠네요!"라는 말을 해주었다. 그는 핀리의 말을 들었을 때의 경험을 다음과 같이 회상한다.

나는 즉각 그의 말에 일리가 있음을 알았다. 우리는 제품이 있었다. 데이터도 있었다. 나라가 있고, 회사도 있었다. 그러나 우리에게는 개발도상국에 붙은 '제3세계'라는 무력한 낙인을 지우고 이 나라들의 이미지를 한 단계 올려줄 만한 무언가가 없었다. 제3세계라는 딱지에서는 조악한 폴리에스터, 싸구려 장난감, 부패의 만연, 소련식 트랙터, 물에 잠긴 논 같은 이미지가 연상된다. 주말 동안 아내와 아이들은 진저리치게 싫어하지만 개인적으로는 매우 생산적이라고 평가하는 혼자만의 시간을 가졌다. 머리를 쥐어짜내, 결국에는 더 긍정적이고 힘찬 말을 찾아냈다. '이머징마켓'. '제3세계'는 정체가 연상되지만 떠오르는 시장이라는 뜻의 '이머징마켓'은 발전, 향상, 역동성의

> 이미지가 연상된다.
>
> 반 악트마엘은 이후 이머징마켓에만 전문적으로 투자하는 회사를 차려 현재까지도 운영 중이다.

했다. 크루그먼은 이 현상을 다음과 같이 표현한다.

해외로부터의 차입이 점점 늘어나면서 신용이 엄청나게 확대되자 신규 투자의 물결이 밀려왔다. 이 중 일부는 실제로 사무실이나 아파트 건설 등에 투자되기도 했지만, 차입한 자금으로 투기를 벌이는 일도 많았다. 투기는 부동산에 집중되었지만 주식에서도 일어났다.

신용을 바탕으로 한 버블이 계속되자 비은행권 금융회사가 우후죽순처럼 생겨났다. 이런 기관들은 정부 관료의 친인척이 운영하는 경우가 많았고 정부가 암묵적으로 뒤를 봐준다고 알려졌다. 정부 덕분에 이들은 유리한 조건으로 유명 은행이나 외국에서 돈을 빌릴 수 있었다. 이런 금융회사들은 빌린 돈을 다시 위험이 높은 프로젝트나 투기적인 벤처에 높은 이율로 빌려주고 금리 차이로 이득을 보았다. 이런 관계에서 손실이 나면 금융기관을 보증하는 정부가 손실을 모두 벌충해 주지만 이익이 나면 수익은 금융회사에게만 돌아갔다. 나중에 '정경 유착'이라는 이름이 붙은 이런 행태는 동아시아 전반에서 일반적으로 행해졌다. 어떤 사람들은 이 정경 유착이 사실상 사업 측면에서는 아주 합리적인 방법이라고 주장하기도 하는데, 아무리 어려운 사업도 쉽게 추진력을 얻을 수 있기 때문이다.

1996년 겨울, 정경 유착과 인맥에 의한 대출 관행 때문에 자본의 분배가 비효율적이라는 우려의 목소리가 나오고, 외국인 투자자들이 조금씩 동요하기 시작했다. 소비자대출을 주로 하던 금융회사에 대규모의 대출 손실이 발생했다는 발표가 나왔다. 태국의 이런 금융회사들은 대형 시중은행이 세운 자회사들이었다. 대형 시중은행들은 대출 증가에 대해 규제를 받기 때문에 법망을 피해 자회사를 통해 대출을 늘리는 것이 일반적인 방식이었다. 뭔가 문제가 있다는 인식이 확산되며 외자의 유입 속도가 점차 줄어들더니 결국 외국 자본이 유입에서 유출로 전환되기 시작했다. 신흥 아시아 국가로의 자본 유입은 1996년에는 930억 달러였으나 1997년에는 120억 달러의 순유출로 전환되었다.

결국 자본의 유출로 인해 급작스러운 환율 절하 압력이 생겨났고, 인플레이션을 우려한 정부는 이를 막기 위해 노력했다. 1997년 7월 2일, 환율 방어를 위해 외환보유고의 상당량을 써버린 후에 태국 통화 바트화의 가치는 달러당 25바트에서 1998년 초에는 달러당 55바트로 급락했다. 태국 내 민간기업들이 끌어온 외화 차입 대부분이 달러 표시 부채였기 때문에 바트화 가치의 급격한 하락은 민간기업들의 부채 부담을 순식간에 두 배로 증가시켰다. 가상의 예를 통해 환율이 어떻게 부채 부담으로 연결되는지 좀 더 설명해 보겠다.

태국의 사업가 T씨는 사업 확장을 위해 미화 1,000만 달러를 빌리기로 했다. 딱히 달러화가 필요하지는 않지만 달러로 빌리는 이율이 더 낮으며 은행에서도 금리를 우대해 준다고 해서 1,000만 달러를 빌리고 이를 태국 바트로 환전했다. 당시 환율은 1달러에 25바트로, 대출을 통해 2억 5,000만 바트를 손에 쥘 수 있었다. 그의 회사는 재정이 건전하고 운영도 잘 되고 있었기 때문에 대출에 대해서는 크게 걱정하지 않았다(그러나 그의 수입은 모두 바트화 기반이었다). 회사는 계속 성장했으며, T씨는 수익으로 대출을 갚는 대신 재투자를 했다. 그때 환율 상승이라는 재앙이 터졌다. 계산을 쉽게 하기 위해 바트화 환율이 달러당 50바트로 올랐다고 하면 T씨가 1,000만 달러짜리 대출을 갚으려면 5억 바트가 필요하다. 대출액은 바트화로 두 배가 되었으며 갑자기 두 배로 불어난 부채 부담을 상쇄할 만한 사업 기회가 있을 리 만무했다. T씨는 사실상 파산 상태가 되었다.

이것이 아시아 금융위기 당시 태국의 수많은 개인사업자, 은행, 대기업에게 일어난 일이다. 이러한 상황을 뻔히 알고 있는 외국 자본은 돈을 돌려받지 못할지도 모른다는 두려움 때문에 긴축을 하고 가능할 때마다 자본을 회수했다. 곧 태국 은행들에서는 사실상 뱅크런(은행 고객들이 일시에 예금 인출을 원하는 사태. 은행은 예금의 일부만을 인출에 대비해 은행 내에 남겨두기 때문에 뱅크런이 발생하게 되면 지급 불능 사태에 빠지게 된다)이 발생했다. 쇄도하는 인출 요청에 유동성이 모자란 은행들은 헐값에 자산을 팔아넘겼고 이 때문에 일시에 매도가 증가하면서 자산가치가 더욱 떨어지는 악순환이 생겼다. 태국 최대의 금융회사였던 파이낸스원Finance One은 한때 주식가치가 55억 달러에 달했으나 완전히 파산해 버렸다.

설상가상으로 환율 하락을 막기 위해 태국 정부는 금리를 급격히 올려 자본 유출을 막으려 했다. 이 전략은 환율 안정에는 효과적이었다(1998년 말경 환율은 1달러당 36바트로 떨어졌다). 그러나 태국 기업들의 이자비용을 크게 올려 경제가 믿을 수 없을 정도로 침체되었으며 불황이 찾아왔다. 1998년 GDP 성장률은 2.2%로 급감했고 태국 경제의 자신감은 산산이 부서졌다. 자신감의 상실은 경제활동의 위축으로 이어져 더욱더 심각한 경기 침체의 공포가 현실화되었다. 자신감 상실은 기업의 투자 위축과 소비자들의 지출 감소로 연결됐고, 이것이 다시 은행의 손실과 경제 위축 그리고 더욱더 심한 자신감 상실로 이어지는 악순환이 반복되었다.

태국의 문제가 어떻게 아무 상관없어 보이는 여러 나라로 번져가고 수많은 금융기관들을 집어삼킨 큰 쓰나미를 만들어냈을까? 태국과 교역을 하는 나라는 태국 경제가 부진한 만큼 타격을 입는 것이 당연했지만, 대유행이던 이머징마켓펀드를 통해 태국의 문제가 신흥국가 전체의 전염병이 되어 그간 버블이 일어난 비슷한 상황의 나라들로 퍼져갔다는 점이 중요하다. 태국에 문제가 발생했다는 뉴스가 나오자 이머징마켓에 투자하는 펀드매니저들은 공포에 사로잡힌 투자자들의 환매 요청을 들어주기 위해 아시아 지역 전반에서 투자금을 회수해야만 했다. 펀드매니저들은 여러 나라에 대한 투자를 분산된 포트폴리오로 엮어놓고 있었기 때문에 한 번 공포가 찾아오자 개별 국가의 상황과 관계없이 아시아 전체를 팔기 시작했다.

이런 상황이 실제로 어떻게 일어났는지 알기 위해 다시 가상의 시나리오를 만들어 보자. 한 펀드매니저는 다섯 나라에 투자하기로 하고 각국에 동일하게 투자금을 분산했다(나라당 20%씩). 이제 A나라의 경제가 어려워져서 A나라의 주식시장이 반 토막이 되었다. 그러면 포트폴리오상 다섯 나라 각각의 비중은 20%씩이 아니라 A나라는 11.1%, 나머지 나라는 22.2%가 된다. 하지만 이 펀드매니저는 모든 나라에 동일한 비중으로 투자하고 싶어 한다. 그러면 그는 나머지 나라에 문제가 없어보여도 이 나라들의 주식을 팔게 된다. 이런 전염 효과는 펀드매니저가 투자자들로부터 환매 요청을 받으면 더 커지게 되는데, 환매가 발생하는 순간 펀드매니저는 모든 나라의 주식을 무차별적으로 팔게 된다. 따라서 A나라에서 시작했지만 불꽃은 다섯 나라 모두로 번져갈 수 있다.

이런 자본시장의 연결고리를 통해 공포의 전염은 태국에서 시작하여 동아시아로, 러시아로, 아시아 이외의 신흥시장으로 그리고 세계에서 가장 유명한 헤지펀드였던 롱텀캐피털Long-Term Capital Management(노벨상 수상자와 당대 최고의 트레이더들로 구성되었던 헤지펀드. 놀라운 수익률을 바탕으로 엄청난 규모의 자금을 끌어들였으나 사상 최악의 헤지펀드 파산 사태로 귀결되었다―역자)에까지 퍼졌다. 태국 사태가 자본시장에 미친 파급력, 특히 환율 문제와 결합했을 때의 영향력을 이해하기 위해 〈그림 9-2〉를 살펴보자. 이 그림은 1995년

〈그림 9-2〉 인도네시아 주가지수 추이(1995~1999)

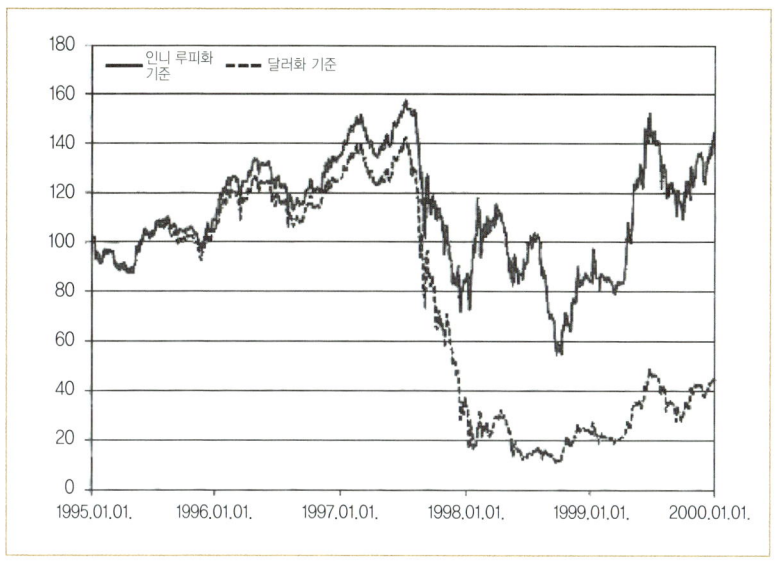

출처 : 블룸버그

1월 1일부터 1999년 12월 31일까지 자카르타 주식시장 인덱스를 인도네시아 루피화와 미 달러화 가치로 각각 살펴본 것이다. 펀드매니저들은 아시아 국가가 아닌 미국 회사에 소속되어 있기 때문에, 이들의 체감 하락은 루피화 기준이 아니라 달러화 기준이라는 점도 유념하자. 이 시기의 최고점과 최저점의 차이는 루피화 기준 65%, 달러화 기준 93%였다. 이 그래프에 나오는 5년 전체로 보면 인도네시아 루피화 기준으로는 44% 올랐지만, 루피화 가치가 엄청나게 떨어졌기 때문에 미 달러화 기준으로는 55% 하락했다.

■ 동아시아 금융 위기에 대한 분석 ■

동아시아 금융 위기는 여러 나라에서 동시다발적으로 일어났으며 각국 정부와 민간 부문, 화폐 등이 복잡하게 연관되어 있다. 1부의 다섯 관점을 모든 사안에 적용하는 것은 한정된 지면에서 어려운 일이다. 따라서 몇 가지 예만을 중심으로 서술해 보겠다.

자신감과 재귀성

은행 손실이 외국 자본의 유출로 전이되고 이것이 다시 공포와 은행 손실을 극대화시켰다는 점에서, 1997년과 1998년에 아시아에서 일어난 일은 매우 재귀적인 현상이다. 전통적인 경제학의 효율성 개념대로 시장이 자가 조정을 통해 스스로 균형을 회복하는 일 따위는 없었다. 이러한 재귀성의 주요 원인은 해외로부터 막대한 유동성을 바탕으로 자산담보부 부채 공급이 크게 일어났기 때문이다. 늘어난 대출이 자산 거래를 활성화시켜 담보가치를 올리고 늘어난 담보가치가 다시 대출을 늘리는 재귀적 현상이 발생했고 이는 파괴적인 균형 이탈로 귀결되었다.

균형이 한 번 깨어지기 시작하면 외부 요인 없이도 변화의 속도와 여파가 걷잡을 수 없이 커지는 악순환 구조를 만들게 된다. 이런 순환 구조를 이루는 다섯 가지 요소를 '5C'로 정리해 볼 수 있다. '5C'는 자신감Confidence, 담보Collateral, 신용Credit, 경제 상황Conditions, 자본Capital을 말한다. 그림으로 표현하면 〈그림 9-3〉과 같다. 버블 시기에는

<그림 9-3> 5C

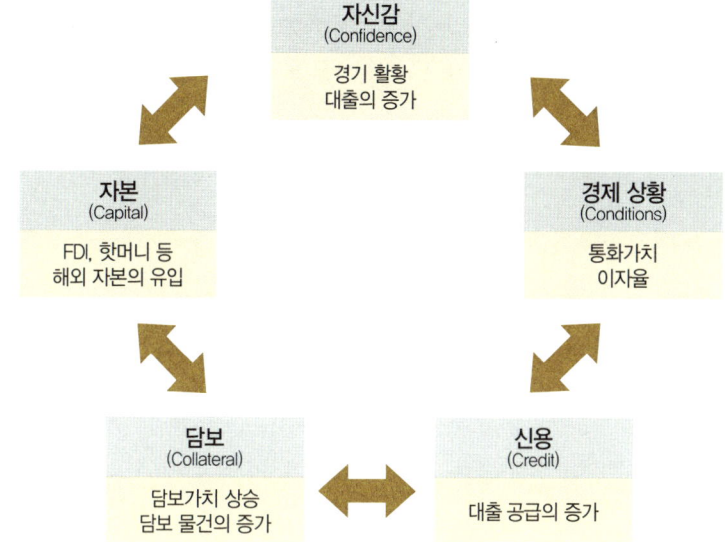

자신감으로 인해 신용이 창출되고 신용을 통해 담보가액이 높아지며, 이를 통해 경제 내 신용 공급이 활성화되어 경제활동이 늘어나고 경제 상황이 좋아진다. 이렇게 좋아진 경제 상황으로 인해 자본이 몰리며, 이에 따라 신용이 더욱 증가하고 다시 늘어난 신용을 바탕으로 담보가 더 확대되고 커지면, 이에 따라 경제 상황과 자신감이 좋아지는 순환 구조가 반복된다.

불행히도 이처럼 서로 깊이 연관되어 있는 다섯 가지 C의 연쇄 구조는 부정적인 방향으로 움직일 수도 있다. 붕괴 시기에는 자신감이 줄어 신용이 줄고, 신용 위축이 담보가액을 낮추고, 이것은 다시 자신감의 위축과 경제 상황의 악화를 불러온다. 경제 상황이 악화되면 자신감은 더 위축되고, 이에 따라 자본이 이탈하고, 신용은 더 위축된다. 신용의 감소는 담보 평가액을 더 낮추며 이에 따라 경제 상황이 악화되는 식의 끝없는 악순환이 반복된다.

이러한 순환 구조를 보여주는 가장 고전적인 예는 경기장의 마이크와 스피커이다. 마이크 신호가 너무 강하면 스피커가 큰 잡음을 만들어내고 마이크에 이 소리가 들어가 스피커가 다시 소리를 증폭하여 칠판에 손톱을 긁는 것 같은 불쾌한 '삐' 소리가 난다. 그러나 신호가 다른 소음이나 신호 간섭 등으로 인해 묻히면 이런 소음이 발생하지 않는다.

어떤 경제 구성원들이 자신감에 타격을 입었을 때 순환의 흐름이 바뀌어 아름다웠던 선순환 구조가 최악의 악순환이 될 수 있다. 사업가 T씨가 자고 일어나 보니 자신이 파산해 있다는 사실을 알게 되면 자신감이 얼마나 많이 흔들리겠는가? 한 달 전만 해도 상당히 안정적으로 보이던 나라에서 갑자기 빌려준 돈을 돌려받기 힘들어지게 되면 외국계 은행들은 얼마나 충격을 받을까? 반복적이고 자기강화적인 순환 구조는 재귀적 성격을 강하게 띤다. 이러한 재귀성이 균형 이탈 시점에서 전체 체계를 극도로 불안정하게 만들 수 있다.

기적인가 미신인가

1994년 말 국제 문제를 다루는 학술지 〈포린어페어스 Foreign Affairs〉에 폴 크루그먼은 시의적절한 글을 실었다. 그는 아시아의 경제적 성공이 기적이 아니라 신기루일 가능성이 더 높다고 경고했다. 그의 글 "아시아의 기적이라는 미신"은 공산주의 시절 소련 경제의 성공담과 뒤이은 붕괴에 대한 이야기로 시작한다. 중앙집중적인 계획경제가 어떻게 한때나마 서구의 시장친화적 개인주의의 대안으로 받아들여졌는지를 설명한다. 물론 그가 소련이 붕괴된 직후에 이런 글을 쓴 것은 다분히 의도적이었다.

크루그먼의 이야기가 주는 교훈은 다음과 같다. 성장률이 몇 퍼센트인지 따지는 것은 무의미하며, 경제 성공의 근본적인 원천과 이것의 지속 가능성을 고려해야 한다는 것이다. 크루그먼에 따르면 소련이 1950년과 1960년대에 미국보다 더 빨리 성장한 것은 지속 가능한 체계를 갖추어서라기보다는 자원이 매우 효과적으로 투입되었기 때문이다.

크루그먼의 주장을 동아시아에 적용해 보기 위해서는 성장 회계 growth accounting라는 개념을 이해해야 한다. 이 용어는 MIT 교수인 로버트 솔로우 Robert Solow가 1957년에 발표한 논문에서 처음 등장했다. 이 이론에 따르면 성장의 원천은 기본적으로 두 가지다. 노동이나 자본과 같은 생산요소 투입량의 변화이거나 생산성의 변화이다. 세 가지 변수(자본, 노동, 생산성)를 하나씩 떼어놓고 보면 각각이 경제 성장에 어떻게 영향을 미치는지 이해하기가 쉽다.

어떤 나라의 인구가 100명인데, 소득원은 사과 재배 한 가지라고 해보자. 15명은 너무 나이가 많아 일을 못하고, 15명은 너무 어리기 때문에 노동을 할 수 있는 인구는 70명이다. 노동 가능 인구 70명 중 40명은 놀고 있고 30명만 일을 한다고 가정하자. 생산량을 늘릴 수 있는 확실한 방법 중 하나는 노동 가능 인구 중 놀고 있는 40명이 일을 하도록 하는 것이다. 보통 사람이 1년에 사과 1,200개를 딸 수 있다고 하면 30명이 일할 때 연간 생산량은 3만 6,000개이다. 놀고 있던 사람 중 3명이 일을 하기 시작하면 생산량은 3만 9,600개가 되고, 10%의 경제 성장이 이루어질 것이다. 이 경우 노동력 투입이 10% 증가하고 생산량도 10% 늘어났기 때문에 성장은 모두 노동력 투입으로 인한 것이라고 할 수 있다.

또 다른 경우로 이 나라에서 1인당 사과 수확량을 늘려주는 기계를 살 수 있다고 가정하자. 높은 곳에 있는 사과를 쉽게 따도록 해주는 이 기계를 통해 한 명이 1년에 딸 수 있는 사과는 1,320개로 늘어난다. 인력을 새로 투입하지 않았다고 해도 각각의 노동자가 기계를 가지고 일하기 때문에 연간 수확량은 3만 9,600개로 증가한다. 전보다 정확히 10% 증가한 숫자이다. 같은 10% 성장이지만 앞의 예와 달리 성장은 전적으로 자본 투입에 의한 것이다.

세 번째 시나리오에서는 노동력 투입도, 자본 투입도 없다. 대신 노동자들이 생산성을 높여 생산량을 늘릴 수 있다. 이 경우 성장은 전적으로 효율성 증대를 통한 것이다.

자본이나 노동은 무한정 늘어날 수 없기 때문에 투입을 통한 성장은 궁극적으로 지속 가능하지 못하다. 앞의 예에서 추가로 일할 수 있는 사람은 40명으로 제한된다. 기계를 구입하는 것도 1인당 1대 이상은 무의미하다. 크루그먼은 1994년에 기고한 글에서 아시아의 기적적인 경제성장률은 떨어질 수밖에 없다고 주장했다. 그에 따르면 아시아의 경제 성장은 투입의 증가를 통한 것이기 때문에 지속 가능하지 않았다. 이를 증명하기 위해 크루그먼은 싱가포르의 예를 든다.

1966년부터 1990년까지 싱가포르는 매해 평균 8.5%의 기록적인 성장률을 보였으며, 이는 미국의 3배에 해당하는 수치였다. 1인당 소득은 6.6% 증가했으며 10년에 약 2배씩 늘어난 셈이다. 이런 성취는 경제 기적이라 할 수 있다. 그러나 알고 보니 이 기적은 영감이 아니라 땀으로부터 나온 것이었다. 싱가포르는 가용 자원을 동원해 성장했는데, 이는 스탈린이 좋아할 만한 방식이다. 노동 인구는 27%에서 51%로 급등했다. 이 인력의 교육 수준도 엄청나게 높아졌다. 1966년에는 노동 인구의 반 이상이 학교 교육을 전혀 받지 못했지만 1990년에는 인구의 2/3 이상이 고졸 이상의 학력을 가지고 있었다. 무엇보다도 싱가포르는 물적 자본에 대해 투자를 아주 많이 했다. 생산량 대비 투자비는 11%에서 40%로 증가했다.

……

싱가포르의 성장은 대체로 다시 반복할 수 없는 일회성의 변화에 기초했다. 한 세대가 지나면서 고용률은 거의 두 배가 되었다. 그러나 앞으로 또 두 배가 되지는 못할 것이다. 교육 수준이 낮은 노동력은 고졸 이상의 노동자로 바뀌었다. 그러나 앞으로 싱가포르 사람들 대부분이 박사학위를 가질 가능성은 적다. 그리고 투자

비중이 40%라는 것도 어떤 기준으로 보든 놀라운 수치이다. 투자 비율 70%는 말도 안 되는 숫자일 것이다. 따라서 싱가포르가 미래에는 과거만큼의 성장률을 기록하지 못할 것이라는 결론이 바로 나온다.

정도는 덜하겠지만 대부분의 아시아 국가가 처한 상황은 비슷하다. 외국 투자자들이 태국 같은 나라에 돈을 쏟아붓고 5C가 선순환 구조를 만들었기 때문에 자본은 도처에 널려 있었다. 과거의 눈부신 경제 성장에서 비롯된 자신감의 과잉을 바탕으로 하여 투자자들은 현재의 고속 성장이 영원히 계속될 것이라는 비현실적인 기대를 하게 되었을 것이다. 오스트리아 경제학자들에게는 별로 놀라울 일도 아니겠지만 과잉투자malinvestment는 불가피한 것이었다.

현재가 미래를 보장하지는 않는다

금융 거래를 하다보면 계약서에 "과거 수익률이 미래의 결과를 보장하지 않습니다"라고 써 있는 면책조항을 쉽게 볼 수 있다. 나는 항상 이 말이 조금 이상하고, 오해를 낳는 면도 있다고 생각했다. 이 문장은 "과거의 수익률은 미래의 수익률과 연관이 없습니다"나 "과거의 수익률을 낸 방식으로 펀드를 운영하고 미래 상황이 과거와 비슷하다 해도 미래의 수익률이 과거의 수익률과 비슷할 수도 있고 아닐 수도 있습니다" 등으로 고쳐야 한다고 생각한다. 과거에 어떤 일이 일어났다고 미래에도 계속 그 일이 일어날 리는 없다. 마찬가지로 어떤 일이 과거에 일어나지 않았다고 해서 미래에도 일어나지 않으리라는 법은 없다. 일어나지 않은 사건의 발생 확률을 실제보다 낮게 보는 것은 인지편향의 흔한 예이다. 앞서 살펴본 인지편향의 예 중에 가용성 추론에 따르게 되면 자연스레 이런 오류를 범하게 된다. 과거의 경험 부족으로 어떤 사건이 일어난 적이 없어 관련된 이미지나 이야기가 머릿속에 없다면 앞으로 그런 일이 일어날 것이라는 생각 자체가 잘 떠오르지 않게 된다.

다수의 태국인, 기업, 은행, 정부 관료들은 금융 구조를 무너뜨릴 환율 급변에 대해 크게 신경 쓰지 않았다. 심리학적 관점에서 환율이 큰 폭으로 변할 가능성에 대해 돈을 빌려주는 쪽이나 받는 쪽 모두가 고려하지 못한 이유가 무엇일까? 아마 위기 전까지 태국 환율이 항상 아주 안정적이었기 때문일 것이다. (물론 외국계 투자자들은 위기 발발 직전인 1990년대 중반에 환율 급변에 따른 멕시코의 경제 위기를 경험했지만 이 경험을 아시아로 끌고 오지 않았다.) 아니면 모두가 달러당 25바트 정도의 환율에 판단 기준을 정박(앵커링)시키고 환율 변동의 범위를 제대로 판단하지 못했을 수도 있다. 빌려주는 사람과 빌리는 사람 모두가 바트화의 변동성이 잘해야 10% 내외라고 생각하지는 않았을까?

환율 급변의 원인이 된 의사결정 과정에 대한 추측은 수백 가지도 넘겠지만 한 가지는 분명하다. 수익은 바트화로 벌면서 부채는 달러로 빌리기로 한 결정이 근원적인 취약성을 만들었으며, 이런 결정을 할 때 그 위험에 대해서는 제대로 생각하지 않은 것이다(3장에 나온 심리학적 오류 중 하나 때문일 것이다).

　유동성 과잉과 외자 유입에 의한 방만한 통화 운영에 더해, 전통적인 버블의 징후인 구성원들의 자신감 과잉을 보여주는 대표적인 상징으로 말레이시아의 페트로나스 타워Petronas Towers 건설을 들 수 있다. 1997년에 준공된 이 쌍둥이 초고층건물은 아시아 금융 위기 전까지 아시아 번영의 화룡점정이었으며, 세계에서 가장 높은 건물이기도 했다. 버블과 초고층건물 지표에 대해서는 11장에서 살펴보기로 하자.

정경유착이라는 문화적 특성

　4장에서 다룬 정치적 관점의 두 가지 주요 요소인 재산권과 가격의 개념을 통해 아시아의 버블을 이해해 보자. 우선 재산권부터 살펴보자. 대부분의 신흥시장에서 재산권은 미국이나 기타 '제1세계'만큼 잘 발달해 있지 않다. 대부분의 아시아 신흥국가에는 재산권이 있지만, 재산권 보호 수준이 현저히 낮으며 재산권 침해에 대한 처벌도 느슨했다. 개인과 기업은 어떻게 이러한 환경에 적응했을까?

　재산에 대한 권리를 주장하고 이를 안전하게 지키는 방법 중 하나는 분쟁 소지가 있을 사람과 강한 관계(혈연관계 등)를 유지하는 것이다. 하버드대학 교수인 드와이트 퍼킨스Dwight Perkins는 이 문제를 아래와 같이 요약한다.

　자치규약으로 운영되는 마을이나 자율적 봉건사회 같은 곳에서는 경제적 거래의 안전성에 대해 크게 고민하지 않아도 된다. 마을의 어르신들이나 봉건지주가 시키는 대로 하면 된다. 그러나 먼 거리에서 거래가 이루어지고, 동네의 권력자나 어르신이 보장을 해주지 못할 때 …… 더 큰 권력기관이 원거리의 거래도 안전하게 진행되도록 해주어야 한다. 안전성을 위한 노력이 개인 차원에서 이루어질 필요는 없다.

유럽이나 북미에서는 재산권 보장에 필요한 안전성이 법을 통해 보장되며, 다른 정부 기능으로부터 독립적인 사법부가 이 법을 집행하고 있다. 사법부 독립의 원칙은 수세기에 걸쳐 만들어진 것이며, 이 제도가 확립된 것은 18세기 무렵이다. …… 아시아나 동남아시아에는 이와 비견될 만한 법률제도가 없었다. 그러나 아시아 국가간 혹은 아시아 외부와의 장거리 상업 거래는 존재했으며, 이 거래에서 법을 대체할 만한 무언가가 필요했다. 법을 대체하는 것은 동아시아 문화의 강점 중 하나인 *끈끈한 혈연과 혈연을 넘어선 인맥*이었다.

따라서 재산권을 집행할 강력한 제도적 시스템이 없으면 경제적 요소 외의 다른 요소들을 통해 대출을 시행하는 일이 일반적인 것이 될 것이다. 아마도 명확히 정의된 사유재산이 없다는 것 하나만으로도 외국인 채권자들에게 경종이 되었을 것이다.

가격결정구조 측면에서는 국가 차원의 환율 왜곡 문제가 있었다. 아시아 지역 대부분이 수출 중심 경제체제였기 때문에, 대부분의 정부는 교역 경쟁국에 비해 저평가된 환율을 유지하기 위해 노력했다. 이러한 노력의 결과로 해당 국가의 수출 의존도는 더욱더 높아졌다 (환율이 저평가되면 수입 물가는 올라가고 수출 가격은 내려가기 때문에 내수는 위축되고 수출 의존도는 올라가게 된다—역자). 마찬가지로 수입업자들은 타격을 입었으며 따라서 내수 산업에도 악영향을 주었다. 환율 관리는 또한 앞의 T씨 예에서 본 것처럼 국내 기업의 부채 부담을 가중시키는 효과도 있었다. 환율 결정의 메커니즘에 개입함으로써 많은 동남아시아 국가의 정부들은 환율 변동에 취약한 경제 구조를 자초했다.

아시아의 집단주의 vs 서양의 개인주의

아시아 금융 위기 과정에서 동아시아 내부적으로는 생태학적 관점의 전염 현상과 정확하게 부합되는 예를 찾아보기는 힘들다. 부동산 가격이나 주식 가격이 천정부지로 오르는 이야기가 있기는 하지만, 동남아시아에는 택시기사, 가정주부, 정원사가 투자에 뛰어들었다는 이야기가 없다. 대신 전염 현상은 동아시아 밖에서 일어났다. 바로 '핫머니'라고 불리는 국제자본의 대대적인 유입 현상이었다.

또 다른 생태학적 관점인 이머전스 현상은 동아시아 내부에서 나타났다. 일본의 버블 형성과 붕괴 과정에서 보듯이, 아시아는 개인주의보다는 집단주의 정신이 더 강하다. 아시아인들은 개인의 이익 추구보다 사회 통합과 집단의 응집력을 더 중요하게 생각한다. 이러한 정서 때문에 시장은 쉽게 한 방향으로 쏠리게 된다. 일본에 대한 분석과 마찬가지로 다른 아시아 국가에도 집단행동에 대한 분석틀을 적용할 수 있다. 따라서 이 내용은 8장에서 다룬 일본 버블 현상에 나타난 이머전스 현상과 섬뜩하리만치 대동소이하다.

1990년대 초반에 등장한 또 다른 군집현상은 이머징마켓 투자에 집중한 펀드매니저 집단이었다. 이들은 상이한 경제 상황을 가진 시장들을 포트폴리오로 연결하고 묶어 하나의 펀드로 설계하려 했다. 더욱이 펀드매니저들은 자기 돈이 아닌 다른 사람들의 돈을 끌어 모아서 투자하는 사람들이기 때문에 펀드 자금 유출입에 따라서 획일화된 행동을 보이는 특성이 있었다. 따라서 좋은 시절인 1990년대 초중반 펀드에 자금이 유입될 때 이머징 마켓 펀드매니저들은 동아시아로 막대한 자금을 공급했다. 그러나 자금의 흐름이 바뀌면 군집행동을 보이는 펀드매니저들은 정반대로 방향을 바꾸기 때문에 자본이 썰물처럼 빠져나갈 수 있다.

마이클 루이스는 아시아 경제 위기에 대해 논평하며 다음과 같이 표현했다. "태국 바트화가 1997년 7월에 무너지자 다른 아시아 국가(한국, 필리핀, 인도네시아, 말레이시아)에 투자한 사람들도 태국 사태로 인해 경각심을 갖게 되어 돈을 찾아 본국으로 돌아갔다."

▌ 통합적 관점 ▌

동아시아 금융 위기는 서로 성격이 다른 위기들이 도미노처럼 연쇄적으로 일어났지만, 이 장에서는 태국을 대표 사례로 들어 설명했다. 다섯 가지 관점을 통해 이 사건에 접근해 보면 다른 버블 및 붕괴 현상과 놀라울 정도로 비슷하다는 것을 알 수 있다. 〈표 9-1〉은 앞에서 논의한 관점을 통해서 9장을 짧게 정리한 것이다.

〈표 9-1〉 다섯 가지 렌즈로 바라본 아시아 금융 위기

렌즈	해석
1 미시	자신감과 자본 유입의 재귀성
2 거시	해외의 저금리에 기반을 둔 핫머니 유입
3 심리	환율에 대한 정박 효과 세계 최고층 빌딩의 건립 새로운 시대가 열렸다는 믿음(아시아의 기적)
4 정치	도덕적 해이를 부르는 부패 정권 환율과 임금에 대한 정부 통제
5 생태	집단주의 문화 이머징마켓 펀드의 전염 효과

미국 주택가격 버블
— 패닉으로 귀결된 '내 집' 열풍 —

> 영미권 사회에서 가장 좋아하는 투자 대상은 부동산이다.
> 그 어떤 투자 대상도 부동산만큼 대중적인 이미지를 가지고 있지 않다.
> 부동산은 디너파티의 단골 주제이다.
> 지식의 고하를 막론하고 모든 사람들이 나름대로 부동산에 대한
> 판단 기준을 가지고 있다는 점에서 부동산시장은 매우 독특하다.
> — 니얼 퍼거슨

2007년 2월 미국 서브프라임 시장의 붕괴로부터 시작된 대공황 이후 최악의 글로벌 버블 붕괴는 이 책을 쓰고 있는 현재까지도 진행 중이다. 아직 완결되지 않은 사건에 대해서 쓴다는 것이 위험한 일이긴 하지만, 주택가격 버블 붕괴 직전에 나타난 조짐들에 대해 이 책의 다섯 가지 렌즈를 통해 살펴보는 일은 버블에 대한 우리의 연구에 큰 가치가 있는 시도일 것이다.(이 책은 2010~2011년 초에 쓰여

졌기 때문에 버블 붕괴가 '현재 진행 중'이라는 표현을 사용하였다. 저자가 이 표현을 사용한 시점과 책이 번역되어 출간되는 시점 간에 3년의 차이가 존재하기 때문에 표현의 적절성에 대해 생각해 볼 여지가 있다. 하지만 이 책이 출간된 직후에 유럽 재정 위기가 닥쳐서 해결된 듯 보이던 금융 위기 여파는 다시 연장되었고 2012년에 세번째 양적 완화가 시작된 뒤 2014년에 들어서야 미국 경제는 겨우 2007년 수준의 고용과 성장률을 회복했다는 것을 감안할 때, 한글 번역판이 출간되는 현시점에도 여전히 '현재 진행 중'이라고 보아도 무방할 것 같다―역자)

"부동산처럼 안전한…"

니얼 퍼거슨Niall Ferguson은 그의 책 『금융의 지배The Ascent of Money』에서 부동산을 소유한다는 것이 개인과 금융시장에 어떤 의미인지 잘 설명하고 있다. 여러 가지 합리적인 이유에서, 부동산에 투자하는 것은 매우 안전한 선택인 것처럼 보인다.

흔히들 사용하는 "부동산처럼 안전한"이라는 말은 왜 전 세계의 그 많은 사람들이 '내집 마련'을 원하는지 잘 설명해 준다. 부동산의 안전성에 대한 믿음은 금융시장 전반에서 중요한 역할을 하고 있으며 부동산을 담보로 대출해 준다는 것은 금융에 있어서 가장 안전한 자산운용 방법 중 하나이다. 채무자가 빚을 갚지 못하더라도 담보로 잡은 주택을 회수하면 그만이기 때문이다. 채무자는 도망갈 수 있지만 집은 그럴 수 없다. 독일인들이 말하듯이 땅과 건물은 '움직일 수 없는' 자산이다. 미국의 기업가들에게 가장 중요한 자금 조달 수단이 자신의 집을 담보로 한 모기지인 것은 당연한 일일 것이다. 마찬가지로 금융기관들도 부동산을 담보로 한 대출을 편안하게 느낀다.

2000년 IT버블은 미국에 전례 없는 경제적 충격을 남겼다. 버블 붕괴 이후 경기를 회복시키기 위한 노력의 일환으로 중앙은행의 통화정책은 극단적으로 완화되었고, 이로 인해 공급된 유동성은 의도치 않은 여러 가지 문제를 만들기도 했다. 크루그먼은 금융 위기 전후의 미 연준(Fed)의 통화 완화 정책을 다음과 같이 묘사한다. "(버블이 진행되고 있을 당시) 그린스펀은 10대들을 엄하게 꾸짖는 부모처럼 행동했다. 하지만 그는 실제로 버블의 진행을 막기 위한 행동은 하지 않았고 파티가 끝나고 난 뒤에 다시 경기를 회복시키는 데에만 집중했다." 그린스펀은 IT버블이 붕괴하자 즉각 기준금리를 낮췄고 이러한 저금리 추세는 아주 장기간 지속됐다.

2000년 3월 『비이성적 과열』을 출간해 버블의 위험성을 시기적절하게 지적한 바 있는 경제학자 로버트 쉴러는 2005년 주택시장의 붕괴 가능성을 이야기했다. "부동산시장에서 종종 투기적인 수요가 관찰되고 있다. 가격에 대한 심리적인 기대감이 너무 높고, 모든 사람들이 주택 가격에 대해 이야기하고 있다." 그가 2000년 IT버블을 경고하던 당시 새로운 시대가 열렸다는 일반의 주장에 꼼꼼한 반론을 펼쳤던 것처럼, 그는 2005년에 주택시장의 위험성에 대해서도 구체적인 근거들을 제시했다.

인구 증가로 토지 공급이 부족해진다는 설명이 있다. 하지만 1990년대 후반에는 토지의 공급 부족 현상은 이미 사라졌고 그에 비해 인구 증가는 점진적으로 이루어지고 있다. 인건비, 목재, 콘크리트, 철강 등 건축 자재의 가격이 급등한 것을 근거로 주택가격 상승을 설명하는 경우도 있다. 그러나 건축 관련 비용의 상승률 역시 점진적인 상승 트렌드에서 크게 벗어나지 않았다. 경기 부양을 위한 전 세계적인 저금리 기조가 주택가격을 올렸다는 설명이 그 중에서도 비교적 논리적이다. 하지만 역사상 저금리정책은 여러 번 있었지만 요즘처럼 심한 버블을 만들어낸 적은 없다.

쉴러 교수가 만든 실질 주택가격 지표와 건축 비용 추이를 비교하는 그래프를 보면, 미국 주택시장의 버블이 얼마나 컸는지 이해할 수 있다. 〈그림 10-1〉에서 보듯이, 건축비용의 증가는 주택 가격의 갑작스러운 급등을 전혀 설명해 주지 않는다. 미국에서 주택 수요가 갑자기 늘어나기라도 한 것일까? 그렇지도 않은 것 같다. 〈그림 10-2〉는 주택가격과 인구를 비교해서 보여준다.

〈그림 10-1〉과 〈그림 10-2〉에서 보듯이, 미국의 주택가격은 주택시장의 펀더멘털 대비 명백하게 과도한 상승세를 보였다. 1980년

〈그림 10-1〉 주택가격지수 대 건설비용지수

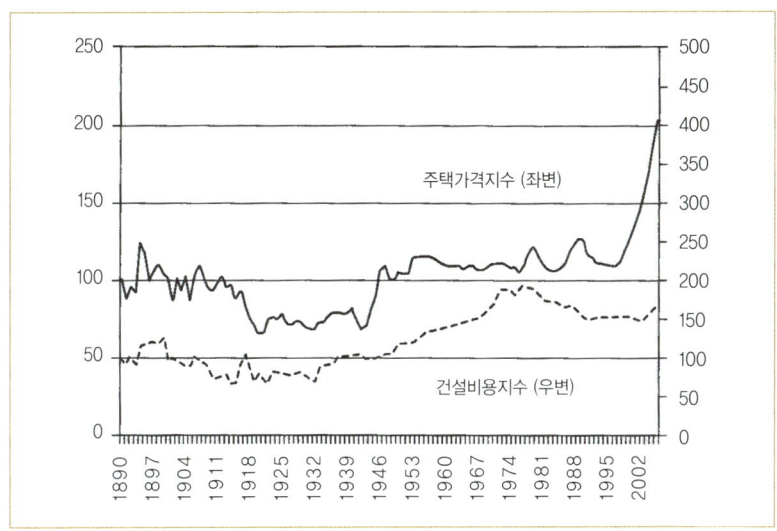

출처 : 로버트 쉴러의 예일대 홈페이지 (www.econ.yale.edu/~shiller/data.htm)

〈그림 10-2〉 주택가격지수 대 인구

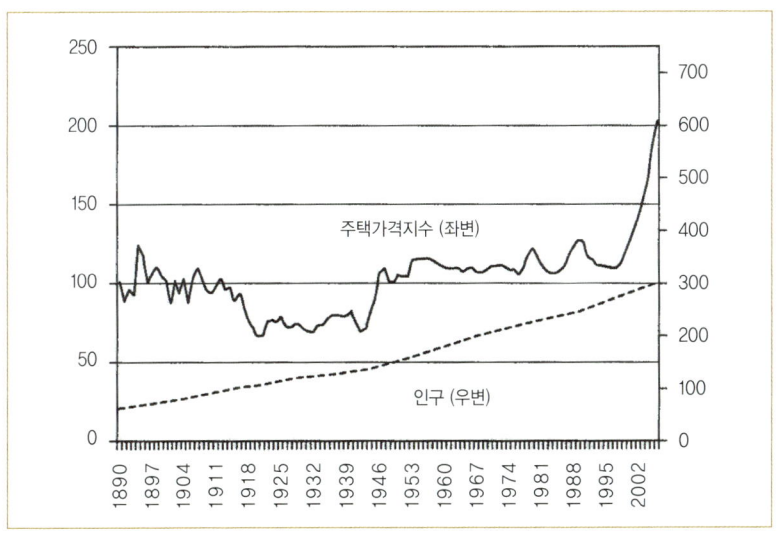

출처 : 로버트 쉴러의 예일대 홈페이지 (www.econ.yale.edu/~shiller/data.htm)

10. 미국 주택가격 버블 ● **279**

부터 2005년까지 주택의 실질가격은 건축 비용이 증가한 정도를 훨씬 초과하는 85% 상승률을 보였다. 인구 증가율 역시 주택가격 상승에는 턱없이 모자란다. 저금리만으로 이 차이를 설명할 수는 없다. 2006년에 접어들었을 때 주택가격은 명백하게 버블이었다.

버블을 부르는 음악이 멈출 때

2007년 7월, 씨티그룹의 CEO인 척 프린스는 〈파이낸셜 타임스〉와의 인터뷰에서 서브프라임 시장의 이상 징후가 씨티그룹의 주택담보대출에 문제를 야기할 수 있는지에 대한 질문을 받았다. 척 프린스의 답변은 후일 당시 경제 상황의 비합리성을 상징하는 표현으로 유명해졌다. "유동성 측면에서 만약 음악이 멈추면 상황이 좀 복잡해질 수 있습니다. 하지만 우리는 음악이 계속되는 한 계속해서 춤을 출 수 있습니다. 지금 우리는 아직 춤추는 중입니다." 씨티그룹과 주택시장에는 불행한 일이었지만 2007년과 2008년에 사이 음악은 갑자기 멈춰버렸고 금융가들이 감수했던 부적절한 리스크들은 위기의 원인이 되어 전 세계적인 사상 최악의 신용 경색과 경기 후퇴로 이어졌다.

버블 붕괴의 파괴력은 앞에서 보았던 쉴러 교수의 주택가격지표를 연장해서 보면 확실히 알 수 있다. 〈그림 10-3〉은 2010년 9월까지의 주택가격 추이를 보여준다.

〈그림 10-3〉 쉴러의 주택가격 지표 추이(1890~2010)

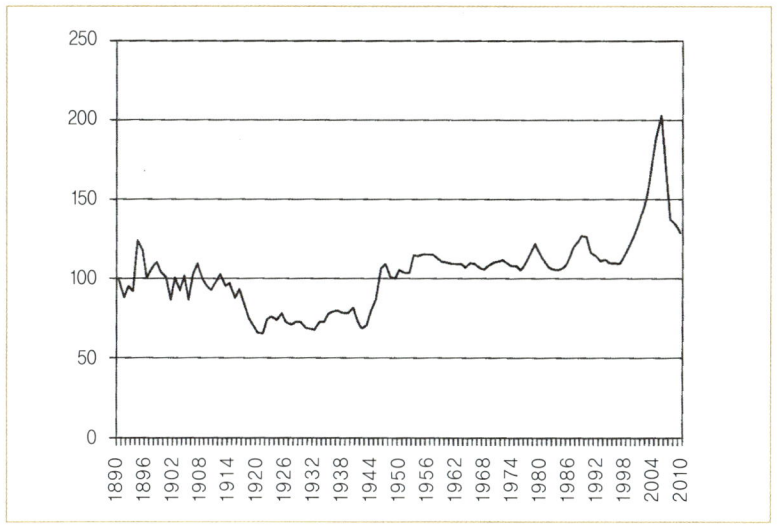

출처 : 로버트 쉴러의 예일대 홈페이지 (www.econ.yale.edu/~shiller/data.htm)

주택시장 버블의 '탄광 속 카나리아'(19세기 유럽에서 카나리아는 갱도가 붕괴되기 전에 소리를 내어 경고하는 역할을 했다—역자)는 2007년 초 급격하게 문제가 되기 시작한 서브프라임 채무자들이었다. 2007년 3월 〈비즈니스위크〉는 "몇 년간의 호시절이 끝나고 1.3조 달러의 서브프라임 모기지 시장이 격렬하게 변화하고 있다. 최소 25개의 서브프라임 대출업체들이 대규모 손실을 발표하거나 파산, 매각 절차에 들어갔다"고 보도했다. 베어스턴스 산하의 헤지펀드들이 2007년 여름 동안 서브프라임 관련 투자로 인한 대규모 손실을 발표한 이후에 문제는 점차 전 세계로 확산되어 갔다. 2007년 가을 프랑스의 BNP파리바는 미국 서브프라임 모기지에 투자한 자사의 ABS펀드 3

개의 부실화 가능성을 시인했다.

　주택시장의 붕괴가 어떻게 가속화되고 확산됐는지 이해하기 위해서는 '그림자금융shadow banking system'의 구조와 그것이 전통적인 금융 시스템과 어떻게 다른 것인지 알아야 한다. 먼저 '증권화'라고 부르는 과정에 대해서 알아보자.

　증권화Securitization는 주택담보대출, 신용대출과 같은 금융기관의 자산들을 묶어 CDO(부채담보부증권, Collateralized debt obligation)라고 부르는 여러 조각의 채무증서들로 쪼개는 과정을 말한다. 예를 들어 각각 50만 달러를 대출한 5,000개의 주택담보대출 계약이 있다고 해보자. 이를 하나로 합치면 총 25억 달러 규모의 금융자산이 된다. 이 자산을 모두 250개의 증권으로 쪼갠다면 각각의 증권들은 1,000만 달러의 가치를 가진 증서가 된다. 50만 달러짜리 대출 5,000개를 묶은 것이 아니라 25억 달러의 금융자산을 250개로 나눴다는 것을 이해하는 것이 중요하다. 총 5,000개의 계약을 하나로 묶고 다시 250개로 나누는 것이기 때문에, 증권화 과정을 거치게 되면 250개로 쪼갠 각각의 증서들은 마치 5,000개의 분산된 대출 포트폴리오를 가지고 있는 것처럼 원래의 대출보다 덜 위험하고 좀 더 분산된 금융자산이 된다.

　연기금과 같은 CDO투자자들은 1,000만 달러를 CDO에 투자함으로써 마치 25억 달러를 투자했을 때만큼의 리스크가 분산된 대출 자산을 갖게 된다. 게다가 각각 CDO 증서가 갖는 채무 상환 권리를 차등화하는 방식의 증권화가 가능하기 때문에(250개의 증권의 변제 순위를 차등화해서 발행이 가능하다. 예를 들어 250개 중 200개를 우선순위로 한다면 이 200개의 증권을 가진 투자자는 전체 자산의 손실이 20%를 넘지 않는 한 무조건 100% 변제를 받게 된다. 후순위 50개 증권에 투자한 투자자는 더 높은 부도 위험을 갖는 대신 상대적으로 고금리를 적용받는다) 우선순위에 있는 CDO에 투자하게 되면 위험을 현저히 줄일 수 있다. 상환 우선순위의 차등화는 구조화된 금융에 있어서 매우 중요한 유연함을 제공한다. 아무리 부실해 보이는 대출 자산이라도 합치고 순위를 나누면 어떻게든 안전한 자산을 새롭게 뽑아낼 수 있다.

증권화의 파장은 엄청났다. 먼저 CDO는 채권자와 채무자의 관계를 근본적으로 변화시켰다. 은행이 대출을 직접 자기 장부에 기록하고 채무자들을 관리하던 전통적인 방식과 달리, 대출자산을 CDO로 나누어 유통시키면서 주택담보대출 채권자와 채무자의 관계는 영원히 분리되었다. 채무자에 직접 대출을 집행하는 은행이나 모기지 업체들은 어차피 증권화를 통해 대출자산을 다른 누군가에게 팔아버릴 것이었기 때문에 채무자들의 상환 능력에 대해 이전만큼 관심을 기울이지 않았다. 자산을 직접 보유하던 시절에 비해 대출 조건이 훨씬 더 관대해진 것이다. 대출 규모 자체도 훨씬 더 커졌다. 자본 규모 대비 어마어마한 규모의 대출을 내보내도 CDO로 팔아버리면 그만이기 때문에 대출 공급은 크게 확대되었다.

또 증권화는 대출 계약을 관리하기 어렵게 만들었다. CDO 발행이 기반이 되는 대출자산은 여러 건의 대출을 하나의 단위로 묶은 것이기 때문에 아무도 개별 채무자를 관리할 의무가 없었다. 전통적인 대출 방식에서는 채무자가 이자를 연체하면 은행 담당자와 대면하여 협상을 하게 된다. 협상 과정에서 채무 금액 전체를 상환하지 못하더라도 일부라도 상환하는 방법이 도출될 수 있다. 하지만 증권화를 거친 대출 계약에서는 이러한 협상이나 대출 계약의 조정 가능성이 거의 없다. 이러한 관리의 부재는 주택대출 시장이 위축될 때 손실 규모를 키우고 대량의 압류와 담보 매각을 발생시켜 시장의 붕괴를 촉진시켰다.

증권화와 이로 인한 '그림자금융'의 핵심적인 결과는 글로벌 금융시장을 아주 변덕스럽게 만들어 버렸다는 것이다. 증권화 과정이 지속되기 위해서는 CDO를 매수해 줄 투자자가 필요하다. 만약 2008년에 그랬던 것처럼 금융시장의 상황이 악화되면 CDO 매수자는 사라져 버리고, 성공적인 자금 조달 창구 역할을 해오던 '그림자금융'은 갑작스레 기능을 멈추게 된다.

'그림자금융'은 결국 채무자가 채권자로부터 자금을 빌리기 위한 또 하나의 수단일 뿐이다. 서브프라임 시장의 붕괴로 '그림자금융'이 작동을 멈추면서 이 시스템에 의존하던 은행들은 대출자산을 매각할 곳을 잃어버리게 되었고 갑자기 계획하던 것보다 훨씬 더 많은 대출자산을 떠안게 되었다. CDO시장은 드라마틱하게 위축되었고 은행과 모기지 회사들은 떠안게 된 자산에 대한 부담으로 신규 대출 역시 드라마틱하게 줄여 버렸다. 누구나 쉽게 돈을 빌릴 수 있던 세상이 한 순간에 어떻게 해도 돈을 구할 수 없는 세상으로 바뀌어 버리고, 신용 경색과 경제 위기가 펼쳐지게 된 것이다.

붐버스톨로지로 바라본 서브프라임 사태

앞에서 살펴본 버블을 바라보는 다섯 가지 렌즈에 비추어 이번 주택시장 버블 붕괴의 특징 몇 가지를 짚어 보겠다.

신용과 담보의 재귀적 관계

주택담보 대출의 버블을 촉발시킨 근본적인 요인은 주택이라는 담보에 대한 믿음이었다. 은행이나 모기지 회사들이 채무자의 소득이나 재산 보유 현황과 같은 근본적인 상환 능력에 기반해 대출을 집행했다면 재귀적인 버블 붕괴 현상은 나타나지 않았을 것이다. 하지만 채무자의 상환 능력보다는 담보가치에 따른 대출이 관행화되면서 주택가격이 오르는 국면에서는 아무리 신용이 좋지 않은 사람이라도 집을 담보로 대출을 받을 수 있었고, 반대로 주택시장이 붕괴된 이후에는 CDO의 가치를 지탱하던 담보 가격이 내려가면서 순식간에 많은 CDO증권들의 가치가 휴지가 되어버렸다. 그림자금융으로 엮인 주택담보대출 시장은 붕괴가 시작되자 무차별한 가압류와 담보 매각으로 연결되어 주택가격 하락이 CDO의 가치를 날려버리고 이것이 다시 주택가격 하락을 부추기는 가압류로 연결되는 악순환이 끝없이 펼쳐지게 되었다.

쉬운 대출 = 비싼 주택가격

주택 구매는 대출을 통해 이뤄지는 것이 일반적이다. 때문에 이자율과 주택 가격은 밀접한 연관 관계를 갖는다. 2장의 내용을 상기해 보자. 40만 달러에 주택이 팔렸는데, 구매자가 주택가격의 80%인 32만 달러를 10% 금리의 부채로 조달했다고 해보자. 원금 상환이 없다고 가정한다면 월 이자로 2,667달러를 지급해야 한다. 만약 이자율이 5%로 떨어진다면 월 이자는 1,333달러로 반으로 줄게 된다. 금리는 가격 자체에 영향을 미친다. 주택 구매자의 예산이 월 이자비용 2,667달러를 부담하는 것이었다면 금리 하락으로 대출을 2배로 늘릴 수 있게 된다. 당초 32만 달러의 부채가 있었다면 64만 달러까지 대출이 가능해지고, 당초 현금으로 지급하던 8만 달러를 합쳐서 이 사람은 원래의 예산으로도 이제 72만 달러짜리 주택을 구입할 수 있게 된다. 구매자의 지갑이 두터워지면 주택가격은 오를 수밖에 없다.

이자율과 주택가격의 이런 관계를 볼 때, IT버블 붕괴 이후 2002년까지 기준금리를 1%까지 내린 통화정책이 주택가격 상승의 계기가 됐음은 그리 놀랄 일이 아니다. 경기 진작을 위한 연준의 노력은 의도치 않게 레버리지를 많이 쓰는 자산의 가격을 크게 올려버렸다.

이자율의 또 다른 역할과 관련해서 역시 2장에서 이야기한 하이먼 민스키의 금융 불안정성 이론을 생각해 보자. 버블 붕괴 이전에 행해진 대출 행태 중에서 민스키가 이야기한 폰지 금융과 유사한 것들이 있었다. 대출 이후 첫 1년간 금리를 인하해 주는 대출 조건 같은 것들이 그것이다. 수많은 주택담보대출이 소득으로는 빚을 갚을 능력이 없는 사람들에게 뿌려졌다. 그들은 대출 초기에 이자 면제 등의 혜택을 활용해서 주택가격이 오른 뒤에 매각하면 이익을 보고 빚을 쉽게 갚을 수 있을 것이라고 생각했겠지만, 이런 대출의 증가는 2장에 본 것처럼 금융시장의 불안정성을 크게 확대시켰다.

집은 사람을 속이지 않는다

'손뼉도 마주쳐야 소리가 난다'라는 속담은 미국 주택시장 버블에 아주 잘 들어맞는다. 금세 집값이 오를 것이라고 생각한 주택 구매자들은 그들이 살 수 있는 가장 크고 비싼 집을 사기 위해 빚을 내는 데 열심이었고, 한편에서는 구매자들에게 맞춰 다양한 조건의 대출을 제공하는 데 혈안이 되어 있던 주택담보대출 업자들이 있었다. 이런 상호적인 관계 속에서 '갚을 수 없는 대출'은 너무나도 쉽게 이루어졌다. 주택 구매자, 대출업자 모두를 부추긴 것은 단 하나의 믿음, "집값은 절대 떨어지지 않는다"는 것이다.

주택시장 활황기에는 주택담보대출에 대한 낙관 속에서 신용도가 낮은 채무자들을 위한 서브프라임 대출, 대출 초기 매우 낮은 이자율을 제공하는 대출상품, 원금은 집을 매각할 때 상환하고 그 전까지는 이자만 내는 대출, 소득증빙이 없이도 손쉽게 받을 수 있는 담보대출 상품 등 일련의 혁신적인 금융상품들이 등장해 주택구매자들이 마음 놓고 대출 받을 수 있는 자금이 공급되었다.

주택시장의 호황을 다룬 기사들을 연일 보도해 분위기를 달군 언론도 시장의 과도한 낙관에 일조했다. 2005년 타임지는 표지기사로 투자수단으로서 부동산의 중요성과 저금리의 사회적 효용을 소개했다. "즐거운 나의 집 : 왜 우리는 부동산을 낙관하는가"라는 제목은 기사가 무엇을 의도했는지를 분명하게 보여준다. 〈보스턴 매거진〉은 2006년 5월(부동산 가격이 고점을 찍었을 무렵) "부동산을 당장 사라! 스마트한 부동산 투자가 시작된다"라는 표지기사를 실었다. 부동산에 투자하는 것이 정말 스마트한 일인지에 대해서는 이 기사가 나올 무렵에는 아무도 의심하지 않은 것 같았다.

과열 경고에도 불구하고 계속해서 올라가기만 하는 부동산 가격은 의심스러운 성향의 투자자들조차도 정박효과나 불충분한 조정

〈그림 10-4〉 보스턴 매거진의 표지

insufficient adjustment 같은 인지편향의 오류에 휩싸이게 했다. 조심스러운 투자자들의 눈에는 주택가격이 떨어질 확률이 높아 보였지만 당장의 주택시장이 워낙 강했기 때문에 가격이 떨어지더라도 그 폭은 크지 않을 것이며 소폭의 가격 조정 이후에 높은 수준의 가격을 유지할 것이라고 생각했다. 행동 경제학 교과서에 나오는 전형적인 오류라 할 수 있다.

모두의 내 집 마련을 위해

미국 주택 버블의 또 다른 중요 요소는 모든 미국인이 집을 갖게 해야 한다는 정치적 구호였다. 미국기업연구소(AEI)의 연구교수인 피터 왈리슨Peter Wallison은 주택 가격 버블에 있어서 정부의 역할을 잘 설명해 주고 있다. "위기의 근원에는 자가 주택 소유 비율을 높이려는 미국 정부의 노력이 있다. 특히 저소득층을 대상으로 한 이 노력은 대개 직접적인 정부 지출보다는 숨겨진 금융 지원을 통해서 이루어졌다."

정부가 국민의 주택 소유 욕구를 어떻게 부추겼는지 보자. 지역재투자법, 패니매Fannie Mae/프레디맥Freddie Mac, 주택담보대출 무상 전환, 담보대출 세액 공제, 모기지 자산에 대한 은행 자본 규제 완화 등 일련의 정책들이 주택시장과 그와 관련된 모기지시장의 불안을 부추겼다.

1977년에 최초 입안된 지역재투자법(낙후된 지역에 대한 금융기관의 대출을 활성화시키기 위해 은행에 대출 실적에 대한 등급을 부여한 법

—역자)은 1995년 전면 개정되어 금융기관들이 여러 편법을 사용할 수 있도록 해주었고 결과적으로 주택대출시장을 활성화시켰다. 그 이전까지 오랫동안 64%에 머물던 주택 소유 비율은 1995년 법 개정 이후 2005년까지 69%로 증가하였다.

프레디맥과 패니매는 금융기관의 주택 관련 대출을 촉진시키기 위해서 은행의 대출자산을 정부의 지급 보증 하에 유통시키는 대표적인 공기업이다. 프레디맥과 패니매는 은행으로부터 매입한 대출자산을 증권화했고 주택담보대출에 대한 유통시장을 활성화시키는 역할을 했다. 클린턴 행정부 시절 주택담보대출 활성화 정책이 추진되면서 프레디맥과 패니매의 사업은 크게 확대되었다. 왈리슨은 이에 대해 다음과 같이 썼다.

> 1997년 들어 패니매는 주택가치의 97%까지 대출을 제공했고, 2001년에는 주택가치 대비 100%의 대출을 제공했다. 패니매와 프레디맥은 2007년 들어 신규 매입 자산의 55%를 대출 규모 대비 대출자의 소득이 낮은 위험성 높은 대출자산들로 채웠다. 전체 매입 자산의 28%가 저개발지역 대출이었고 25%는 저소득층, 극빈층을 위한 대출이었다

왈리슨의 글에 나오는 저소득층 대출자들이란 명백히 신용 위험도가 높은 대출자들이었고 주택담보대출의 증권화라는 그림자금융 수단이 유행하기 전까지는 은행에서 거의 취급하지 않던 대출자들

이었다. 대출자산의 증권화와 정부의 지급 보증이 활성화되면서 금융기관들은 높은 수익을 좇아 신용 위험도가 높은 고객들을 집중적으로 발굴하기 시작했다.

주택 버블을 부추긴 또 하나의 정책은 조세제도의 개편이다. 주택담보대출 이자비용을 소득공제 해주는 정책은 사실상 주택 소유에 대한 정부 보조금이었다. 빚을 많이 내면 낼수록 이 보조금은 커졌다. 보조금의 효과가 어떻게 작용하는지 예를 들어보겠다. 월 2,000불의 월세를 내는 세입자와 월 2,200불의 이자를 내는 주택 소유자를 비교해 보자. 월세 세입자는 소득공제 혜택을 받지 못하기 때문에 2,000불의 월세가 모두 비용이 된다. 하지만 주택 소유자가 내는 이자는 공제를 받는다. 대출이자 공제한도가 2,000불이고 소득세가 30%라면 실질적인 이자비용은 2,000달러×(1-30%) + 200달러 = 1,600달러가 된다. 정부가 매월 600불씩 주택 소유자에게 이자비용을 지원해 주는 효과가 있는 것이다. 월세 세입자 입장에서는 억울하다는 느낌을 가질 수밖에 없고 당장에 주택 구매를 생각하게 될 수밖에 없다.

로저 로웬스타인Roger Lowenstein은 〈뉴욕타임스〉에 "누가 대출이자 소득공제를 필요로 하는가?"라는 제목의 글에서 다음과 같이 썼다.

> 아주 오래 전 미국 재무성의 관리들은 미국의 가정들이 세입자의 설움을 겪으며 살지 않도록 해야 한다는 결정을 내렸다. 사회 구성원들이 '거주자'가 아닌 '소유자'가 되는 것이 더 이로운 일이

라는 생각을 가졌기 때문이다. 건국 초기에는 부동산을 소유한 사람만이 투표권을 가지고 있었고 세입자들은 스쳐가는 뜨내기 시민으로 바라보는 시각이 있었다. 집을 가진 사람은 그들의 터전을 아끼는 마음이 크기 때문에 지역의 모임이나 행사에도 더 많이 참가하고 투표율도 더 높다. '소유자'는 '거주자'에 비해 이사를 잘 다니지 않고 그 자식들도 공부를 더 잘한다고 여겨졌다. 정부가 주택 소유자에게 보조금을 지급하면 집과 지역사회를 가꾸는 일에 더 많이 참여하게 된다는 이유로 보조금이 정당화되었다.

주택담보대출 이자에 대한 소득공제는 이미 주택을 소유하고 있는 사람들이 집을 담보로 제2, 제3의 대출을 받아 생활비에 쓰거나 과소비를 하도록 부추겼다. 왈리슨은 다음과 같이 말한다.

연방세제에 있어서 자동차 할부, 신용카드 등 모든 개인 대출의 이자는 공제 대상이 아니다. 하지만 주택담보대출만큼은 그 대출 목적에 상관없이 소득공제가 된다. 그 결과 주택 소유자들은 신규 담보대출을 일으켜 그 돈으로 신용카드 결제대금을 갚거나 자동차 할부금을 납입하는 것이 유리하다는 사실을 깨닫게 되었다.

투기를 목적으로 한 주택담보대출을 사회적으로 조장한 정책 때문에 주택을 소유할 때 대출의 비중이 지나치게 커졌다. 이는 '소유자'가 되는 것이 사회적으로 이로운 일이라는 전통적인 관념과는 반대로 주택 소유자들을 주택 가격의 변화에 민감하게 만들면서 시장의 극단적인 현상에 매우 취약하도록 만들어 버렸다.

주택 버블의 전염

잠재적 주택 구매자 중 가장 마지막에 남아 있는 미지의 개척지가 바로 서브프라임 모기지 대출시장이었다. 신용등급이 매우 낮은 서브프라임 시장이 팽창한다는 것은 거꾸로 말하면 주택시장의 상승세가 막바지에 다다랐다는 뜻이기도 했다. 주택담보대출의 안정성을 평가할 때 '프라임Prime' 등급은 가장 안전한 자산으로서 신용등급이 높은 채무자들로 구성된 대출이다. 프라임 등급 바로 밑 등급은 보통 '알트A Aalt-A'라고 부른다. 이 대출들은 담보 비율이 낮고 신용도

〈그림 10-5〉 알트A와 서브프라임 대출의 폭발적인 증가

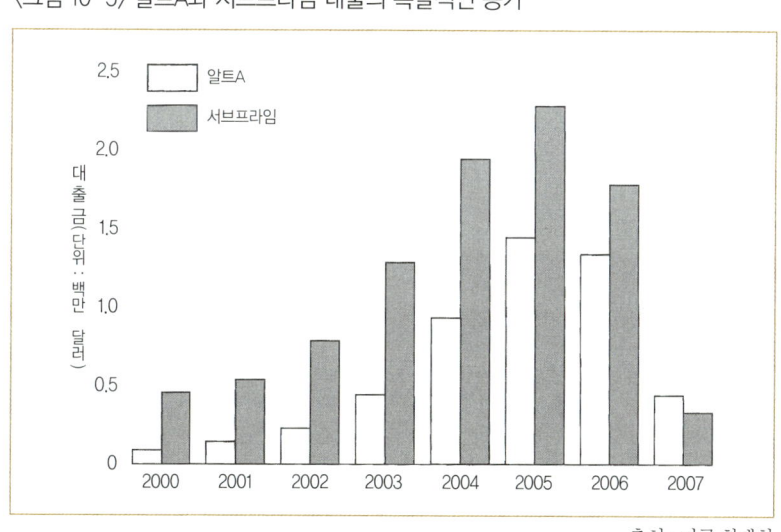

출처 : 미국 회계청

가 낮은 채무자들에게 집행된 대출이다. '서브프라임Subprime'은 알트A 아래 등급으로 가장 위험도가 높은 대출이며, 전통적으로 합리적인 대출의 대상이 아닌 것으로 평가되어 왔다. 〈그림 10-5〉는 주택 버블이 막바지에 다다랐을 때 알트A와 서브프라임 대출이 얼마나 많이 집행되었는지를 보여준다.

알트A와 서브프라임 대출의 절대 건수가 증가했을 뿐만 아니라, 대출 총액도 기하급수적으로 늘었다. 게다가 이런 대출이 전체 주택담보대출 시장에서 차지하는 비중도 커졌다. 〈그림 10-6〉을 보면 위험도가 높은 대출의 비중이 2002년까지 10%에 머무르다가 2006년 들어서면서 34%까지 비중이 높아진 것을 볼 수 있다. 그 중에서도 특히 서브프라임 대출의 비중은 2002년 5%에서 2006년에는 20%까지 증가했다.

고위험 대출의 증가가 주택 버블 말기에 크게 급증했다는 것은, 대출을 갚을 수 있는 능력을 가진 프라임 등급의 채무자들은 이미 거의 모두 주택을 소유했으며 버블 말기에는 주로 채무 상환 능력이 취약한 사람들을 대상으로 '병'이 전염되기 시작했다는 것을 알 수 있다. 주택을 살 수 있는 사람이 점점 고갈되기 시작한 것이다. 서브프라임 대출의 비중 추이는 주택시장에 버블이 무르익고 있다는 가장 확실한 지표였다. 주택 리모델링을 소재로 한 TV쇼 〈이 집을 개조하라〉가 인기를 끌자 곧 경쟁 채널에서 〈저 집을 개조하라〉라는 TV쇼를 방영하기 시작했다는 것도 버블이 무르익을 때 나타나는 전형적인 현상이었다.

〈그림 10-6〉 위험도 높은 대출의 폭발적인 증가

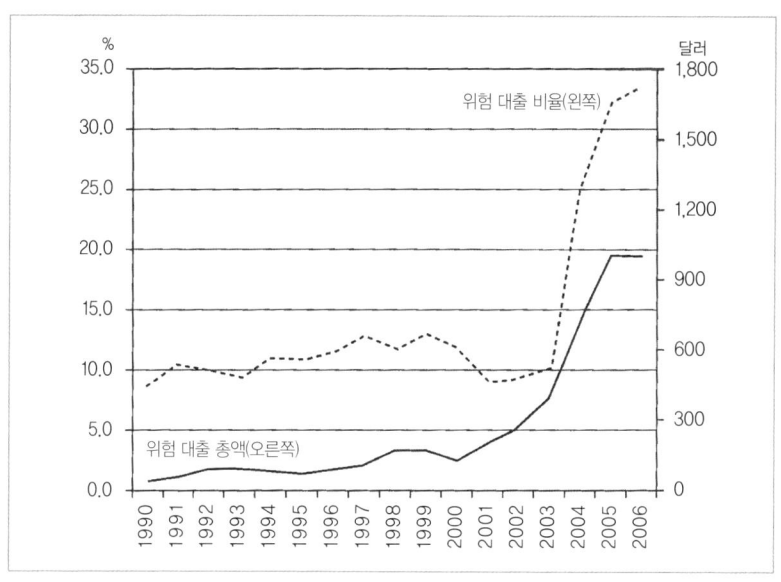

출처 : 2010년 모기지시장통계연감

〈그림 10-7〉 전미부동산중개인협회 회원 수 추이(1987~2007)

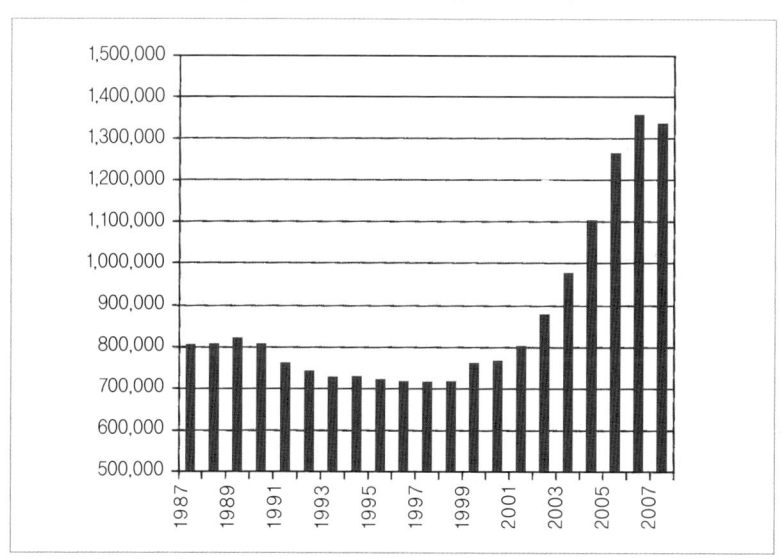

출처 : D. 맥코믹, 부동산중개인 통계에 대한 실무 가이드(www.realtor.org)

〈그림 10-8〉 전미부동산중개인협회 회원 수 추이(1916~1936)

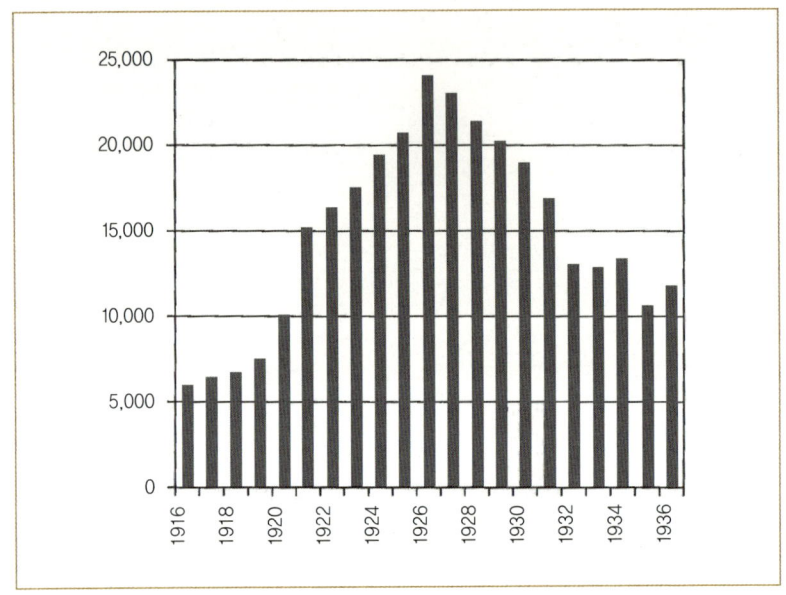

또 다른 강력한 버블의 지표가 있었다. 주택과 관련된 직업을 가진 사람도 폭발적으로 늘어났다. 〈그림 10-7〉은 전미부동산중개인협회의 회원 수 추이를 보여준다.

인구가 늘고 경제가 성장하니 부동산 중개인이 경제 상황에 관계없이 늘어날 수밖에 없다고 생각할 수도 있다. 하지만 대공황 시기 플로리다 토지 버블 전후의 중개인 수를 보여주는 〈그림 10-8〉을 보면 생각이 바뀔 것이다. 버블이 꺼지면 부동산 중개인은 얼마든지 줄어들 수 있다.

부동산왕 도널드 트럼프의 부상과 인기는 또 다른 주택시장의 이상 징후이기도 하다. 휘황찬란한 라스베이거스 카지노 같은 부동산 개발로 억만장자가 된 그의 사연과 트럼프가 주인공으로 나온 리얼리티 오디션 프로그램 〈후계자Apprentice〉는 많은 젊은 사업가들로 하여금 부동산 개발에 대한 야망을 갖게 했다.

▌ 통합적 관점 ▌

미국 주택시장의 버블은 앞서 언급한 '5개의 C'들간의 상호작용 속에서 탄생한 '신용 창출에 기반한 재귀적인 버블 형성 과정'의 전통적인 사례이다. 여기에 정부가 증권화 시장을 만들고 주택 소유를 부추기는 아주 중요한 역할을 했다.

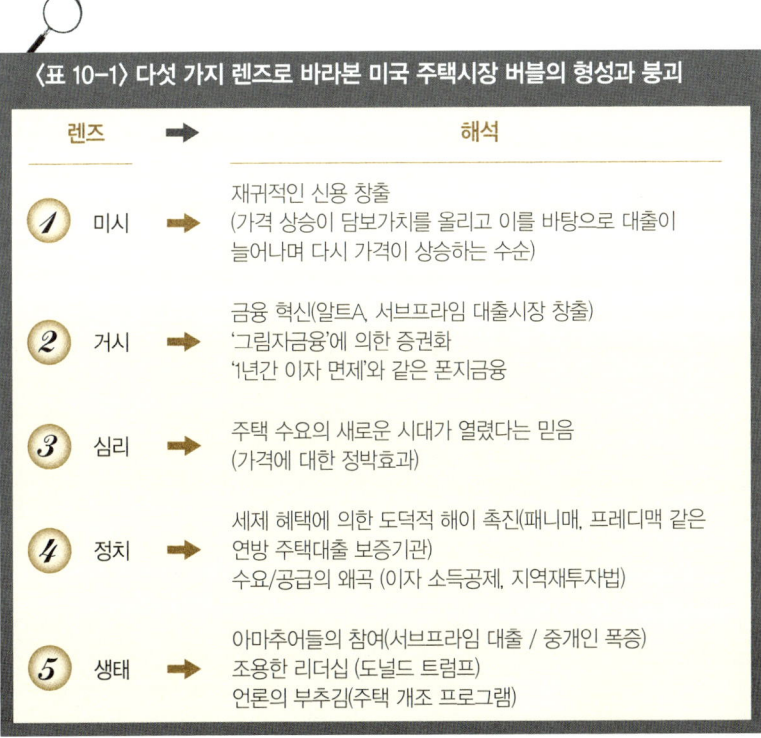

〈표 10-1〉 다섯 가지 렌즈로 바라본 미국 주택시장 버블의 형성과 붕괴

렌즈	해석
① 미시	재귀적인 신용 창출 (가격 상승이 담보가치를 올리고 이를 바탕으로 대출이 늘어나며 다시 가격이 상승하는 수순)
② 거시	금융 혁신(알트A, 서브프라임 대출시장 창출) '그림자금융'에 의한 증권화 '1년간 이자 면제'와 같은 폰지금융
③ 심리	주택 수요의 새로운 시대가 열렸다는 믿음 (가격에 대한 정박효과)
④ 정치	세제 혜택에 의한 도덕적 해이 촉진(패니매, 프레디맥 같은 연방 주택대출 보증기관) 수요/공급의 왜곡 (이자 소득공제, 지역재투자법)
⑤ 생태	아마추어들의 참여(서브프라임 대출 / 중개인 폭증) 조용한 리더십 (도널드 트럼프) 언론의 부추김(주택 개조 프로그램)

PART III
미래 전망

> 1부에서는 극단적인 금융현상을 살펴보기 위한 여러 가지 이론적 관점들을 살펴보았다. 2부에서는 이런 관점을 다섯 가지 역사적인 금융 버블의 사례들에 적용해 보았다. 3부에서는 1부의 이론과 2부의 사례 연구를 종합하여 다가올 버블을 예단할 수 있는 판단 방법에 대해서 생각해 볼 것이다. 복합적인 관점을 동시에 적용하는 분석 방법은 '미스터리'를 해결하는 데 적합한 방법이다. 마지막 장에서는 이런 복합적인 접근 방법을 활용하여 중국의 버블 붕괴 가능성을 살펴볼 것이다.

버블 붕괴 전에 탈출하는 법
- 지속될 수 없는 버블을 식별하는 법 -

> 돈을 가진 사람이 경험이 있는 사람을 만나게 되면,
> 경험이 있는 사람은 돈을 갖게 되고
> 돈을 가진 사람은 경험을 갖게 된다.
> — 하비 맥케이

 버블과 그 붕괴 과정을 공부하는 것은 학술적이고 지적인 토론의 좋은 주제이지만 그 공부를 통해서 돈을 벌거나 손실을 피한다면 혹은 둘 다가 가능하다면 훨씬 더 좋은 일일 것이다. 이제까지 한 공부가 쓸모 있으려면 앞으로의 투자에 있어서 지속 불가능한 호황을 식별하고 리스크에 대처할 수 있도록 하는 방법론을 제시할 수 있어야 할 것이다. 서문에서 썼듯이 이 책은 자본시장의 미래에 대한 세세한 지도를 제공하는 책이 아니다. 언제 투자하고 언제 빠져야 하는지에 대한 타이밍에 대한 책도 아니다. 대신에 이 책의 방법론을 통해서 우리가 지금 버블 속에 있는지 아닌지를 확률적으로 판별할 수는 있을 것이다. 우리의 기본적인 전제는 현대의 자본시장이라는 것이 대부분 잘 작동하지만 어느 순간 극단으로 치달을 수 있다는 것이다. 투자에 있어서나 삶에 있어서나 이러한 극단의 상황은 짧은 순간이지만 큰 의미를 가진다. 이 장에서는 대지진이 일어나기 전에 먼저 조짐을 파악할 수 있는 '지진계'에 대해서 이야기해 보도록 하겠다.

경제나 금융 분야의 학자들 중 상당수는 역사적 사건을 연구하고 설명하는 것으로 학문적 경력을 쌓는다. 하지만 실무자들은 여유를 가지고 역사를 음미하는 호사를 누려보지 못한 채, 안개 속을 헤매는 기분으로 즉각 즉각 상황을 파악해야 한다. 때문에 이 책에서는 체크리스트 형태로 사용할 수 있는 툴을 만들어 버블 여부를 간단하게 확인할 수 있도록 할 것이다.

이 책의 2부에서 다룬 여러 버블의 사례들은 비슷한 특성들을 공유한다. 가장 많이 보이는 특징은 재귀적 현상, 과도한 부채, 미래에 대한 과도한 낙관과 판단의 편향, 가격결정구조에 영향을 미치는 정부의 정책 그리고 집단적인 군집행동 등이다. 버블의 사례들이 공유하는 특징들을 하나씩 자세히 살펴보도록 하자.

재귀성과 자기 충족

1장에서는 버블을 바라보는 첫 번째 관점으로 미시경제학의 전통적인 수요와 공급 논리와 이것이 균형 상태를 유지할 수 있는지에 대한 질문을 던졌다. 전통적인 미시경제학에서는 수요와 공급의 상호작용이 안정적인 균형가격을 만들어 낸다고 믿었다. 가격이 오르면 공급이 늘어 가격 하락 압력을 만들어 내고 가격이 낮으면 수요가 늘어 가격 상승 압력을 만들어 내는 식이다. 우리는 1장에서 이미 이러한 수요와 공급의 균형이 특정 조건 하에서는 깨어질 수 있음을 보았다. 가격이 상승할 때 공급이 늘어나는 것이 아니라 오히려 수요가 더 많이 늘어나는 상황이 있다. 버블이 바로 그렇다. 하지만 반대로 버블이 붕괴하는 국면에서는 가격이 내리면 내릴수록 수요는 줄고 공급이 늘어난다. 1장에서 살펴본 재귀성의 이론이 이런 특수 상황에서는 전통적인 균형이론과 효율적 시장가설보다 현상을 훨씬 더 잘 설명해 준다.

앞서 살펴본 역사적인 버블의 사례들에서 가장 강력한 재귀적 현상은 대출과 담보의 상호 작용이었다. 이러한 현상은 금융기관이 미래에 대한 낙관 하에 대출의 기준을 채무자의 소득이 아니라 담보의 가치로 바꿀 때 일어난다. 만약 금융기관들이 대출 한도를 설정하는 데 있어서 채무자의 소득 대신 담보가치를 근거로 하는 일이 많이 보인다면, 이는 버블을 일으키는 재귀적 현상의 초기 징후라고 볼 수 있다.

담보의 가치가 오르게 되면 더 많은 대출을 받을 수 있고, 더 많은 대출은 투자 수요를 만들어 내면서 담보의 가격을 올린다. 금융기관 대출자산의 증가와 금융기관이 담보로 삼는 자산의 가격이 동시에 오른다면 매우 높은 확률로 재귀적 현상이 발생하고 있는 것이다. 앞서 살펴본 버블의 사례에서 플로리다, 일본, 미국 주택시장이 이러한 재귀적 현상을 보였다. 담보가 충분하기 때문에 대출에는 아무런 문제가 없을 것이라 여겼던 금융기관들이 어느 사이엔가 자신이 알던 것과는 다른 현실을 보게 되는 일이 공통적으로 발생했다. 금융기관들이 대출 조건을 완화하면서 담보가치와 대출 규모가 동시에 늘어나는 재귀적 현상에는 보통 느슨한 통화정책이 수반된다. 개별 사례들을 살펴보자.

튤립 광풍

6장에서 살펴본 튤립 광풍은 전형적인 재귀적 현상들을 보여준다. 튤립의 가격이 폭등하면서 튤립에 대한 수요는 더욱더 커졌고 버블이 붕괴되어 가격이 폭락할 때 시장에 튤립 매물이 쏟아졌다. 가격과 수요의 재귀적 현상과 별도로 당시 암스테르담은 국제 금융의 허브가 되면서 수많은 해외 자본들이 네덜란드로 유입되었다. 높은 수익을 좇아 과도하게 유입된 자본은 곧장 불안정한 상황을 연출하게 된다.

대공황

대공황 전에 먼저 발생한 플로리다 부동산 버블은 통화 공급 팽창이 담보와 대출 간의 재귀적 현상으로 연결되는 버블의 전형이다. 거의 모든 부동산 버블이 그렇듯이 대출의 확대가 부동산 가격을 부추겼다. 플로리다 버블 당시 유동성은 넘쳐났고 대출은 어디서나 쉬웠다. 1920년대 미국의 총통화 공급량의 증가 추이를 기억하는가? 또 당시 대출의 기준이 급격히 완화되었던 현상을 기억하는가? 금융기관들은 담보가치의 상승을 보면서 편안한 마음을 가졌지만 음악이 멈추고 더 이상 춤을 출 수 없게 되었을 때 그 편안함을 아무도 보장해 주지 않는다는 것을 깨닫게 되었다.

일본의 버블 경제

일본의 버블 경제에 있어서 부동산이 핵심적인 역할을 했다는 것을 감안할 때, 당시 일본에서 담보가치와 대출 행태 간에 재귀적 현상이 나타났다는 것은 너무나 당연한 일이다. '100년 만기' 주택담보대출을 남발하는 은행가들이 인간의 수명이 100년을 채우기가 쉽지 않다라는 사실을 몰랐을 리는 없다. 그저 올라가는 부동산의 가치를 보면서 채무자가 죽든 망하든 자신들의 대출은 세상에서 가장 안전하다고 생각했을 것이다. 대출 규모의 팽창과 부동산 가격의 상승은 1980년대 내내 발생했다.

아시아 금융 위기

아시아 금융 위기는 여러 면에서 '핫머니'라고 부르는 해외 자본의 유출입과 깊은 관련이 있다. 해외 자본의 유입에 의해 만들어진 재귀적 현상은 다른 버블과 별반 다르지 않다. 해외 자본들은 동아시아 국가들의 자본시장이 안겨주는 고수익을 좇아 유입되었지만, 사실 이런 자본 유입 현상들로 인해 이 국가들의 자본 수익이 높아지기도 했다. 자본 유입이 계속되는 한 고수익의 지속은 가능했다. 하지만 자본 흐름의 방향이 바뀌는 순간, 악순환이 시작되었다. 일시에 해외 투자자금이 대거 이탈하고 주식과 채권 가격은 곤두박질치고 이는 다시 추가적인 자금 이탈을 부추기게 되었다. 1997년 태국과 다른 아시아 국가들에서 발생한 일이다.

미국 주택 버블

2000년대 초반 미국에서 발생한 주택 버블은 재귀적 현상의 가장 대표적인 사례라고 할 수 있다. 먼저 금융시장에서 알트A, 서브프라임, 닌자대출NINJA Loan(Not-Income, No-Job or Asset의 약자로, 소득·직업·재산이 없는 사람도 구매하려는 주택을 담보로 대출을 받을 수 있는 금융상품—역자)과 같은 혁신적인 금융상품들이 개발되었다. 이 새로운 상품들은 금융기관의 대출자산을 한껏 부풀게 해줬고 이제까지 대출을 받을 수 없던 사람들이 새로 빚을 낼 수 있게 해주었다. 어느 정도 버블이 진행되고 난 뒤 저신용자들 사이에서 약간의 문제가 발생하기 시작했지만 은행들은 증권화를 통해 자신의 대출자산을 어딘가로 넘겨버리면서 편안함을 느꼈다. 문제가 조금 있으면 어떤가. 어차피 내가 책임질 일도 아닌데 말이다. 그 사이 전국적으로 부동산 가격이 오르면서 담보가치가 커졌고, 은행의 대출들은 채무자들의 경제 상황과 관련 없이 매우 안전하게 보였다.

재귀성의 적신호

만약 다음 두 가지 적신호가 동시에 나타난다면 우리는 위험한 수준의 재귀적 현상이 발생하고 있다고 판단해야 한다. 첫 번째는 은행들이 대출 조건을 채무자의 상환 능력에서 담보의 가치로 바꾸는 현상이고, 두 번째는 자산의 가격과 대출의 규모가 동시에 증가하는 현상이다. 이 두 가지 현상과 더불어 '핫머니의 유입'과 같은 자금 유입 현상이 나타난다면 위험성은 더욱 증대된다고 볼 수 있다. 〈표 11-1〉에서 재귀성의 적신호들을 요약해 보았다.

〈표 11-1〉 재귀성의 적신호들

신호	사례
소득에서 담보로 대출의 기준이 변화	일본 버블 경제 때의 '100년 만기 담보대출'
대출 규모와 담보가치가 동시에 증가	미국 주택 버블 당시 담보대출 규모와 주택 가격 동시 상승
'핫 머니'의 유입	네덜란드 튤립 투기와 1990년대 아시아 금융 위기

■ 레버리지, 금융 혁신, 느슨한 통화정책 ■

우리는 2장에서 버블에 대한 거시경제학적 관점을 살펴보았다. 디플레이션이 부채에 미치는 영향을 살펴보았고 레버리지가 경제의 버블을 어떻게 조장할 수 있는지에 대한 하이먼 민스키의 금융 불안정성 이론도 살펴보았다. 하이먼 민스키를 필두로 한 오스트리아학파의 사상은 느슨한 통화정책이 모든 버블의 근원이라는 것이었다. "당신이 100달러를 은행에 빚지고 갚지 못하게 되면, 당신은 곤경에 처하게 된다. 만약 당신이 1억 달러를 은행에 빚지고 갚지 못하게 되면 이번에는 은행이 곤경에 처하게 된다." 금융과 레버리지에 대한 이 말은 버블과 그 붕괴의 과정을 잘 설명해 준다. 금융산업의 혁신은 거의 대부분 금융시장 전반의 레버리지를 높이는 효과를 낳고 여기에 정부의 느슨한 통화정책이 더해지면 이는 곧 매우 불안정하고 깨지기 쉬운 금융 버블로 연결되곤 한다. 금융에 있어서 신용은 근원적으로 불안정한 것이고, 제대로 통제되지 않은 신용이란 치명적이다. 니콜라 제나올리Nicola Gennaioli와 그의 두 동료가 집필한 『금융 혁신과 불안정성Financial Innovation and Financial Fragility』에서는 금융 혁신이 금융 불안으로 전개되는 과정을 다음과 같이 묘사하였다.

최근 발생한 금융 혁신의 사례들은 비슷한 이야기들을 공유한다. 최초의 혁신은 안정적인 현금흐름에 대한 투자자들의 강한 욕구에서부터 출발한다. 시장에 이미 나와 있는 상품들로 투자자의 욕구를 채울 수 없게 되면 금융기관들은 기존의 상품들을 쪼개고 조합해서 좀 더 안정적으로 보이는 새로운 상품을 디자인해 낸다. 포트폴리오, 우선순위 차등화, 지급보증 등의 효과로 인해 새로운 금융상품은 투자자들에게 (그리고 종종 금융기관조차도) 안정적인 고수익을 창출할 수 있는 매력적인 투자 대상으로 보이게 되고, 곧 큰 거래가 일어난다.

어떤 시점에서 그토록 매력적이던 새로운 금융상품은 사실은 의도치 않은 리스크를 포함하고 있는 독이든 성배였다는 뉴스가 나온다. 투자자와 금융기관 모두가 전혀 몰랐던 것처럼 놀라고, 앞다투어 새로운 상품을 매도하고 기존의 전통적인 금융상품으로 몰려간다. 투자자들이 안전자산으로 회귀하면서 일부 금융기관들이 팔 곳이 없어진 신종 상품들을 지나치게 많이 보유하게 되고 최악의 경우에는 과도하게 보유한 자산을 시장에 급하게 팔아 치우게 된다. 신종 상품의 가격이 급격히 하락하는 동안 전통적인 금융상품의 가격은 계속해서 올라간다.

금융 혁신이 기본적으로 금융시장의 불안을 가중시킨다는 것은 항상 생각할 필요가 있다. 1630년대 네덜란드에서 튤립에 대한 선도거래가 도입된 것이나 2000년대 미국에서 모기지 담보부 구조화 채권시장이 발달한 것이나 그 이면에 깔려 있는 진실은 똑같다.

튤립 광풍

1630년대 네덜란드의 튤립 거래는 선도 거래에 기반을 두고 있었다. 실제 튤립 구근을 거래할 수 있는 시기는 연중 몇 개월밖에 되지 않기 때문에, 상당수의 튤립 거래는 파생상품을 통한 금융 거래로 이루어졌으며, 이는 튤립 거래에서 레버리지를 일으키는 것을 가능하게 했다. 금융 혁신의 위험성을 연구한 리처드 북스타버Richard Bookstaber는 "튤립 투기에 참여한 사람들은 튤립 구근을 소유하지 않았고 소유하고 싶어 하지도 않았으며 소유할 돈도 없었다. 이들을 위한 맞춤형 튤립 선도거래의 혁신이 튤립 투기 광풍을 만들어 냈다"고 말한다. 물론 금융 혁신이 마음껏 활개를 펼 수 있도록 대량의 통화 공급도 수반되었다.

대공황

대공황도 역시 금융시장 전반의 레버리지 증가 현상 뒤에 발생했다. 플로리다의 부동산 투기꾼들은 자산가치의 10%만 예치해 놓으면 시세 변동의 전부를 획득할 수 있었다. 앞서 인용한 북스타버의 이야기와 비슷하게 10% 예치금으로 부동산 투기에 나선 사람들은 나중에 실제로 부동산을 소유할 생각도 없었고 그럴 만한 능력도 없었던 것으로 밝혀졌다. 결과는 290년 전 튤립 투기의 붕괴와 똑같았다. 극단적인 레버리지를 통한 불안하기 짝이 없는 기초 위에 서 있던 버블은 어느 순간 폭발하고 말았다. 1920년대 투기 광풍을 묘사한 〈새터데이 이브닝 포스트Saturday Evening Post〉의 개릿 개럿Garet

Garrett의 글을 보자. "순간적으로 휘몰아친 투기 광풍은 그 자체의 어마어마한 속도만큼 파국을 향해 치닫고 있다. 통제할 수 없는 속도로 온갖 레버리지를 집어삼키며 그 속도를 더해가고 있다." 부동산 투기꾼들은 물론이거니와 대공황 시기에 자동차, 라디오 등 새로운 제품에 대한 엄청난 수요도 모두 빌린 돈을 통해 발생했다. 궁극적으로 〈애틀랜틱〉지의 1931년 기사 "투기의 광풍"에서 표현되듯이 이 빌린 돈은 주식, 채권, 플로리다 개발붐과 함께 모두 피할 수 없는 파국을 향해 달려갔다. 1925년에 미국은 금의 해외 반출을 억제하기 위해 노력 중이던 영국을 돕기 위해 금리를 내렸는데 이것이 결과적으로 과열 상태에 있던 금융시장을 더욱더 투기적인 분위기로 몰고 가는 작용을 했다. 저금리 상황에서 금융기관의 대출은 1930년대까지 꾸준히 늘었고 GDP 대비 부채 총액은 299%까지 치솟았다.

일본의 버블 경제

버블 경제 시대 일본의 거시경제정책은 막대한 신용 팽창으로 대표된다. 일본 경제가 감당할 수 없는 부채를 떠안고 있었다는 것은 버블이 꺼지고 몇 년이 지나지 않아 명백해졌다. 일본 정부는 플라자 합의 후 엔화 절상으로 수출 증가가 둔화되자 경기 부양을 위해 금리를 내렸는데 결과는 저금리 대출의 폭발적 성장으로 나타났다. 싼값에 풀려나간 대출은 1980년대 후반에 일본의 부동산과 주식을 한껏 끌어올렸다.

버블 붕괴 이후 부채와 디플레이션의 치명적인 조합은 열도를 파괴했고 리처드 쿠Richard Koo가 재무상태표 불황이라고 지칭한 결과로 연결되었다. 경제주체들이 망가진 재무상태표를 구축하고 있는 동안 일본 경제는 유동성이라는 함정에 빠져버렸고 금리를 내리면 소비가 늘어난다는 식의 전통적인 경제 원리는 전혀 작동하지 않았다.

아시아 금융 위기

동남아시아에 막대한 투자자금의 유입을 가능케 한 가장 드라마틱한 금융 혁신은 아마도 이머징마켓 펀드의 등장이었을 것이다. 9장에서 강조했듯이 신흥국가들에 골고루 투자하는 이머징마켓 펀드의 확산은 신흥국가 한 곳의 경제적 위기가 다른 나라로 빠르게 전이되도록 만들었다. 태국에서 큰 손실을 입은 펀드매니저는 곧 신흥국가 전체에 대한 투자 정도가 과하다는 판단을 하게 되고, 모든 신흥국가를 대상으로 투자 규모를 축소하게 되었다. 게다가 투자 손실을 입은 펀드 투자자들의 환매는 이머징마켓 펀드매니저들로 하여금 최대한 빨리 투자자금을 회수하도록 압박하였다.

정경 유착이라는 배경 하에 많은 이머징 국가들에서 금융기관에 의한 무분별한 신용 공급이 발생했다는 점에 주목할 필요가 있다. 정경 유착으로 인한 비효율성과 무분별한 대출은 극도의 도덕적 해이를 불러왔다. 은행은 비효율적이고 위험한 채무자들이 그들과 결탁된 정치권의 비호를 받을 것이라는 생각으로 막대한 규모의 자금을 대출해 주었다.

미국 주택 버블

미국 주택 버블의 원인을 단 한 가지만 꼽으라고 한다면, 애초에 집을 살 수 없는 사람들을 주택시장으로 몰아넣고 가격을 올리게 한 레버리지와 신용 창출의 용이성이라고 할 수 있다. 그리고 그 핵심에는 MBS, CDO 등으로 불리는 담보부 채권을 증권화하여 유통할 수 있도록 하는 금융 혁신이 있었다. 안전하면서 고수익을 보장한다는 말에 유혹된 수많은 투자자들이 이 신종증권을 통해 막대한 유동성을 공급했다.

저금리의 역할도 무시할 수 없다. 인터넷 버블 붕괴 이후 연속된 경기 침체 문제를 해결하기 위해 미국 연준은 장기간 저금리정책을 고수했고, 연준의 의도와는 달리 저금리정책은 이전의 인터넷 버블보다 훨씬 더 크고 광범위한 또 다른 버블을 야기했다.

패니매와 프레디맥으로 대변되는 정부 출연 기업의 지배적인 역할도 있었다. 이들의 지급보증 때문에 투자자들은 신종증권의 안전성을 의심하지 않았다. 미국 정부가 지급 불능 사태를 허용할 리가 없지 않겠는가!

지속 불가능한 신용 팽창의 징후들

경제의 신용 팽창이 더 이상 확대되기 어렵다는 것을 보여주는 징후는 크게 3가지로 구분된다. (1) 신용 창출 규모를 팽창시키는 금융 혁신의 등장과 확산 (2) 중앙은행의 (보통 의도되지 않은) 부적절한 과잉 유동성 공급 (3) 정부의 보증으로 신용도가 낮은 채무자들에

〈표 11-2〉 과잉 레버리지의 선행지표들

지표	사례
레버리지 확대를 촉발하는 금융 혁신	튤립 선도거래 도입 플로리다 부동산 버블 때 보증금 10% 거래 일본의 100년 만기 모기지 대출 이머징마켓 투자 펀드 MBS/CDO 등 신용 관련 파생상품 활성화
과잉 유동성 공급	영국 금 보유 유지를 지원하기 위한 1925년의 금리 인하 플라자 합의 후 수출 감소로 인한 악영향을 완화하기 위한 일본의 유동성 공급 IT버블 이후 경기 침체 완화를 위한 저금리정책
도덕적 해이	정경 유착 정부 보증 기관(패니매, 프레디맥)

게 대출이 광범위하게 집행되는 현상(도덕적 해이 문제) 등이다. 〈표 11-2〉에 일련의 징후들이 요약되어 있다.

지나친 자신감

우리는 3장에서 합리적 의사결정 과정을 저해하는 몇 가지 중요한 인지편향의 오류들을 살펴보았다. 심리적인 주요 인지편향 요인들인 정박효과, 부족한 조정, 대표성 추론 등의 산물로 나타나는 의사결정 과정에서 가장 큰 문제를 만들어 내는 현상은 경제주체들의 지나친 자신감이다.

금융시장이 지나친 자신감에 휩싸였다는 가장 큰 신호는 아마도

● 버블의 징후로서의 마천루

세계 최초의 마천루는 1887년 브래포트 리 길버트가 공간 부족 문제를 해결하기 위해 설계했다. 그는 맨해튼 브로드웨이 가에 폭이 6.5m에 불과한 땅에 지을 건물의 건축설계를 맡았다. 공간 효율성을 극대화하기 위해 그가 내놓은 해법은 건물을 수직으로 확장하는 것이었다. 여론은 160피트(약 50미터)의 구조물은 바람이 불면 날아가 버릴 것이라며 그의 아이디어를 비웃었다. 그의 친구들, 변호사, 많은 기술자들까지도 길버트에게 고층 빌딩이 붕괴될 경우에 그 책임으로 인생을 망치게 될 것이라며 아이디어를 포기하라고 종용했다. 사람들의 의심을 극복하기 위해 길버트는 건물의 꼭대기 두 층을 자신의 사무실로 쓰기로 했다. 프로젝트가 진행되면서 길버트의 초고층 빌딩은 점점 유명세를 탔고, 창의성의 상징을 넘어 '천국에 가까운 곳'으로서 성공의 상징으로 자리 잡기 시작했다. '근대 자본주의 사회에 대한 건축계의 위대한 공헌이자 21세기 영웅의 잣대'로 칭송되기 시작했다.

그러나 초고층 건물을 짓기 위한 대규모 투자금은 불확실한 임대 수익을 기반으로 조달되었기 때문에 초고층 빌딩 개발 사업은 근원적으로 투기적인 사업이었다. 초고층 빌딩이 집중적으로 건립되는 지역은 여러 면에서 금융 유동성 공급이 활발하고 투기적인 분위기가 성행하며 투자자들의 자신감이 높은 지역이라고 할 수 있다. 투자은행 드레스덴 클라인워트의 부동산 애널리스트인 앤드류 로렌스Andrew Lawrence는 초고층 빌딩 건립 추이를 이용한 마천루지수Skyscraper Index라는 지수를 만들어 이를 다가올 경기 위축의 선행지표로 사용할 수 있다고 주장하였다. 다음 표는 세계 최고 높이를 자랑하는 빌딩이 지어진 시점과 경기 위축 시점을 비교한 것이다.

〈표〉 고층 건물과 버블의 관계

건물명	위치(완공연도)	높이	관련 금융 위기
싱어	뉴욕(1908)	187미터	1907년 패닉
메트폴리탄생명빌딩	뉴욕(1909)	247미터	1907년 패닉
40월스트리트	뉴욕(1929)	283미터	대공황
크라이슬러타워	뉴욕(1929)	319미터	대공황
엠파이어스테이트	뉴욕(1931)	443미터	대공황
국제무역센터(WTC)	뉴욕(1973)	526미터	1970년대 스태그네이션
시어즈타워	시카고(1974)	527미터	1970년대 스태그네이션
페트로나스타워	쿠알라룸푸르(1997)	452미터	아시아 금융 위기
타이페이101	타이페이(2004)	509미터	기술주 버블
부르즈 두바이	두바이(2008/09)	828미터	금융 위기

출처 : 마크 손튼, 「고층건물과 경기」, 『계간 오스트리아학파 경제학회』(2005년)

마크 소튼Mark Thorton은 고층 건물과 버블의 관계를 다음과 같이 묘사했다. "먼저 대량의 유동성 공급이 경제의 빠른 확장을 가져오고 주식시장이 활황을 맞는다. …… 신용 확대가 상당 수준의 자본 지출 확대를 촉발하고 …… 이는 세계 최고 높이의 빌딩을 짓는 프로젝트가 시작되는 시점이다."

시장 참여자들이 이제 새로운 시대가 열렸다고 믿으며 "이번에는 다르다"라는 말을 외칠 때일 것이다. 새로운 시대가 열렸다는 믿음이 투자자들을 유혹한다는 이 이야기는 제법 믿을 만한 근거를 가지고 있다. 새로운 시대에 대한 그릇된 믿음에서 비롯된 전통적인 현상은 과시적인 소비였다.

튤립 광풍

1600년대 암스테르담의 분위기는 정말로 새로운 시대가 시작되고 있다는 느낌으로 가득했다. 6장에서 언급한 것처럼 정치적인 상황이 이러한 느낌을 더욱 강화시켰고 네덜란드가 전 세계 해상 무역을 지배하고 있다는 사실은 지독한 회의주의자들마저도 네덜란드의 밝은 미래에 확신을 갖게 했다. 힘든 전쟁에서 승리한 네덜란드는 군비 경쟁에서 상업적 투자로 자원을 돌리면서 환상적인 경제적 이익을 챙기고 있었고, 세계 무역의 지배적인 위치에서 오는 이익도 누리고 있었다. 바야흐로 네덜란드의 전성시대가 열리고 있었다. 세계에서 가장 아름다운 꽃의 구근을 구하기 위해 암스테르담으로 부자들이 몰려온다고 해서 무엇이 이상하겠는가? 당시의 분위기는 그러했다.

대공황

미국과 유럽의 서쪽 진영은 제1차 세계대전을 승리로 이끌었고 새로운 기술들은 미국 시민들에게 완전히 새로운 현대생활을 선사했다. 전쟁은 지방의 자원을 집중화하여 전국적인 산업화를 앞당겼고, 전쟁 이후에는 군사적 투자에서 상업적 투자로 초점이 이동하면서 경제적 번영이 찾아왔다. 일반인들이 구입하기 쉽지 않던 자동차와 라디오는 소비자금융 상품을 통해서 쉽게 살 수 있게 되었고, 이런 제품들이 있으면 앞으로의 수십 년을 대비하는 새로운 삶이 열릴 것 같았다. 도로는 이제까지 왕래하기 힘들던 지역들을 이어주었고, 부흥하고 있는 항공 산업은 여객 운송이라는 새로운 산업을 만들었다. 대서양을 홀로 횡단한 린드버그의 비행은 새 시대에 대한 믿음을 현실로 만들어 주었다.

새로운 시대에 대한 믿음은 곧 뉴욕시의 마천루 개발로 이어졌다. 월가 40번지의 빌딩이 세계 최고층 빌딩의 기록을 세운 직후 크라이슬러 빌딩이 곧장 타이틀을 갈아치웠고 크라이슬러 빌딩이 완공되기도 전에 엠파이어스테이트 빌딩이 세계 최고층 빌딩이 되었다. 3년 만에 세계 최고층 빌딩이 세 번이나 바뀔 정도로 마천루에 대한 투자가 넘쳐났다.

일본의 버블 경제

전후 잿더미 위에 앉았던 일본이 세계 경제를 리드하는 슈퍼파워로 성장한 기적은 새로운 시대에 대한 믿음으로 이어졌으며, 이것이 바로 과도한 자신감이었다. 버블 경제 당시 일본과 미국의 부동산 가격을 비교한 8장의 자료를 보면 일본 버블 경제 시대에 자신감의 과잉이 어느 정도였는지 잘 알 수 있다.

8장에 묘사된 과시적 소비도 극단적인 자신감 과잉을 대변해 준다. 일본 투자자들은 맨해튼에 수억 달러를 쏟아부으며 기네스 기록을 갱신했고 미술품시장도 일본 투자자들의 투기로 인해 가격이 최고치를 경신했다.

하버드대학 교수인 에즈라 보겔Ezra Vogel이 1979년에 쓴 책 『일등 국가 일본Japan as Number One』은 새로운 부의 시대가 다가오고 있다는 주장을 펼쳤다. 1980년대에는 이 책의 내용이 맞는 것처럼 보였지만 결과적으로는 오류로 판명 났다. 존 워러노프Jon Woronoff는 1991년 일본 버블 경제가 꺾이기 직전에 『일등(이 될 수 없는) 국가 일본Japan as (Anything But) Number One』이라는 책을 내어 에즈라 보겔의 생각을 반박했다. 하지만 힘을 얻는 것은 오히려 보겔의 주장이었다. 자신감이 넘치는 시대의 대중은 널리 퍼져 있는 '진리'에 위배되는 증거들을 받아들이지 못했다.

아시아 금융 위기

1990년대 중반까지 10여 년 동안 태국은 세계에서 가장 빨리 성장하는 국가 중 하나였다. 동남아시아의 다른 신흥국가들도 비슷한 상황이었다. 대부분의 경제 성장이 자본 유입에 의해 이루어졌다는 사실에도 불구하고 사실상 어떤 경제평론가도 동남아시아 경제 성장의 취약점을 이야기하지 않았다. (아시아 성장모델의 한계를 지적한 폴 크루그먼은 이 경제평론가 집단에서 분명한 예외이기는 하다.) 동아시아 경제에 대한 베스트셀러로는 세계은행이 출간한 『동아시아의 기적The East Asian Miracle』과 에즈라 보겔의 『네 마리 용Four Little Dragons』 같은 것들이 있다. 동아시아 국가들의 수출 주도 성장 모델과 경제적인 성공에 대한 전 세계적 열광은 곧 과도한 자신감으로 이어졌다.

과도한 자신감은 극단적인 환율 불균형으로 이어졌다. 태국과 다른 동남아시아 국가들의 외화 부채는 환율 변화에 너무나 취약했다. 부채는 달러화로 빌리고 수익은 자국 통화로 벌어들이는 구조 하에서 통화가치 하락은 부채 디플레이션을 초래했지만 환율 때문에 부채는 줄지 않고 눈덩이처럼 불었다. 무리한 외화 부채 조달을 과감하게 선택한 이들의 심리는 9장의 심리학 관점을 통해서 설명할 수 있다. 앞서 살펴봤듯이 위기가 발발하기 이전에 환율의 움직임이 한 번도 불리하게 역행한 적이 없었기 때문에 환율이 갑작스럽게 약세로 전환할 확률을 이들은 굉장히 낮게 보았다(가용성 추론). 또 자신들뿐만 아니라 다른 나라들도 모두 외화 부채를 사용하고 있었기 때문에 안도감을 느꼈다(대표성 추론).

과도한 자신감의 마지막 증거는 말레이시아가 세계 최고층 빌딩의 타이틀을 거머쥔 쿠알라룸푸르 페트로나스 쌍둥이 타워를 1997년에 완공한 것이었다.

미국 주택 버블

저금리 대출과 유연한 대출 조건에 힘입어 수많은 주택 구매자들과 투자자들이 "부동산 가격은 하락하지 않는다"라는 믿음을 가지고 미국 주택 버블에 뛰어들었다. 부동산 가격에 대한 객관적인 가치지표들(소득 대비 주택가격, 소득 대비 부채부담비율 등)이 위험을 알렸음에도 불구하고, 많은 시장 참여자들은 증가하는 리스크를 눈여겨보지 않았다.

〈표 11-3〉 버블의 징후로 나타나는 과도한 자신감 현상

지표	사례
과시적인 소비	사치품의 유행, 미술품 고가 경신, 세계 최고층 건물 건립
새로운 시대에 대한 기대	전쟁 승리(스페인, 제1차 세계대전) 경제적 부흥(일본, 동아시아의 기적) 기술적 진보(라디오, 자동차, 비행기)

주택시장이 정점을 찍던 2006년 당시의 미술품시장을 보자. 역사상 최고가를 기록한 미술품 경매 3건이 모두 2006년에 일어났다. 2006년 6월 화장품 재벌 로널드 로더는 구스타프 클림트의 그림에 1억 3,500만 달러라는 사상 최고가를 지불했다. 하지만 같은 해 11월 미국 헤지펀드계의 거물인 SAC캐피탈의 스티븐 코헨이 드 쿠닝의 그림 〈여인〉에 1억 3,750만 달러를 지불하면서 이 기록은 금세 갱신되었다.

이번에는 다르다

〈표 11-3〉은 지속 불가능한 버블의 징후로 나타나는 과도한 자신감에 따른 현상들을 요약한다.

정책에 의한 시장 왜곡

우리는 4장에서 정치적인 관점에 대해 살펴보았다. 정치적인 측

면은 크게 두 가지로, 재산권과 가격결정구조이다. 사유재산권 보호에 대해 알아본 뒤에, 정부의 가격 조정과 조세를 통한 매매 의사결정의 왜곡에 대해서도 살펴보았다. 가격의 상한/하한을 둘 때의 부작용도 살펴보았다.

세금이나 가격에 영향을 미치는 정책들은 대부분 특정 행위를 정치적으로 장려하기 위한 목적을 갖는다. 하지만 불행히도 대부분의 정책들은 의도되지 않은 결과를 야기하며, 가격결정구조를 왜곡시키고 자산시장의 안정성에 부정적인 영향을 미친다. 정책과 관련해서 금융시장의 불안정성 증대를 감지할 수 있는 세 가지 신호가 있다. 첫 번째는 도덕적 해이다. 어떤 식으로든 정부가 자신들의 채무를 대신 갚아 줄 것이라는 믿음은 채무자로 하여금 리스크를 과소평가하도록 만든다. 두 번째 신호는 가격 규제나 조세제도 혹은 직접적인 개입을 통한 수요 공급에 대한 정부의 조작이다. 마지막 신호는 새로운 산업의 출현을 가능하게 하는 규제와 변화로, 기존 사업구조를 불안하게 한다.

금융 버블의 각 사례들을 통해 정책에 의한 왜곡이 버블 형성에 어떤 역할을 했는지 알아보자.

튤립 광풍

6장에서 고위공무원들이 개인적인 손실을 만회하고자 제도를 규정하고 튤립 선도계약(계약 만료 시에 자산을 매입해야 하는 계약)을 콜옵션(계약 만료 시 자산을 매입하지 않아도 되는 계약)으로 전환하도록 조장했다는 것을 상기해 보자. 재산의 소유권을 거래의 개념으로 바꾸는 정책 변화가 일어난 뒤, 투자자들은 위험과 기대 수익의 관계를 새롭게 받아들이게 되었다.

이러한 정책 변화는 튤립 투기를 더욱더 강력한 광풍으로 휘몰아치게 했고 튤립 가격의 마지막 폭등을 야기했다. 정책이 만들어낸 튤립 가격 협상의 새로운 무대는 튤립시장의 불안정성을 극대화한 핵심 요소였다.

대공황

부동산 투기가 성행하던 시절 플로리다로 유입된 유동성은 금주법의 의도되지 않은 결과였다. 플로리다는 술이 금지되지 않은 미국의 주변국들과 국경을 맞대고 있는 지역이었고 플로리다 지역의 은행들은 활발한 주류 밀거래 시장으로부터 나온 자금으로 유동성이 넘쳐났다. 미국 은행의 영업권은 주 내로 한정되기 때문에 플로리다 은행들의 풍부한 유동성 상황은 특정 국가로 '핫 머니'가 유입된 것과 비슷한 상황이라고 할 수 있다. 이렇게 유입된 자금이 플로리다 부동산 버블을 촉진하는 역할을 했다.

금본위제와 같은 정책적 요소가 대공황 초기에 정책적 대응을 제한하기는 했지만, 대공황 직전의 버블 형성에 있어서 정책적인 요소가 크지는 않았다. 오히려 대공황이 터진 이후 경제를 수습하기 위해 도입된 정책들이 나중에 미국의 또 다른 버블을 만드는 역할을 했다고 할 수 있다. 예를 들면 1가구 1주택 지원 정책이라든가 미연방예금자보호기구가 은행의 예금을 광범위하게 보증하게 된 정책들이 있다.

일본의 버블 경제

8장에서 우리는 일본의 단기 부동산 거래에 대한 징벌적인 조세에 대해 자세하게 살펴보았다. 인위적으로 부동산시장의 공급을 억제한 이 정책 때문에 효율적인 가격 책정이 이루어지지 않았고, 단기적인 투기 거래를 최소화하려던 정책은 원래의 의도와 다르게 가격을 지지하는 역할을 하게 된다. 단기적인 투기를 막으려 한 정책이 오히려 투기꾼들을 끌어들였고 부채와 부동산 가격은 위험한 수준까지 올랐다. 여기에 상속세 제도가 얽혀 상황이 더 악화되었다. 레버리지를 최대화한 부동산 거래 수요를 부추긴 것이다. 조세제도가 부동산시장의 공급을 감소시키고 수요를 늘렸다면, 조세제도가 원래의 의도와 달리 부동산 버블을 오히려 자극했다는 생각을 해볼 만하다.

또 정부의 급격한 금융 규제 완화 덕분에 금융기관은 경쟁적으로 리스크가 많은 일에 뛰어들었다. 제도 변화로 인해 신용이 무시하지 못할 수준으로 늘어난 것이다. 더욱이 이후에 집값을 안정시키기 위해 신용 규모를 통제하는 제도를 시행한 것이 극심한 버블 붕괴에 한몫했다.

미국 주택 버블

미국 주택시장 버블 형성과 붕괴에 불을 지핀 여러 정책 중 가장 근원적인 것은 주택담보대출 금리의 인하와 모든 미국인이 내 집을 가져야 한다는 정치인들의 믿음이라고 할 수 있다. 사람들은 패니매와 프레디맥 같은 정부 보증의 국영기업을 보며 정부가 꾸준히 주택소유의 대중화 노력을 펼칠 것이라는 믿음을 키웠다. 지역 재투자법은 신용도가 취약한 채무자들에 대한 대출을 부추겼다.

패니매와 프레디맥이 주도한 부동산담보대출의 증권화는 전 세계 투자자들에게 미국 국채와 동일한 신용도를 가지면서 더 높은 수익률을 제공하는 투자 수단을 제공했고, 막대한 자금이 증권화된 주택담보대출 유통시장으로 유입되었다. 이 자금으로 패니매와 프레디맥은 은행으로부터 대출채권을 사들였고, 은행은 대출채권을 팔아버릴 수 있는 시장이 늘 존재한다고 믿었기 때문에 누가 돈을 빌려가든 상관없이 무조건 대출을 늘리는 데에 열을 올릴 수 있었다. 결국 미국 주택시장의 버블은 프레디맥과 패니매의 자산을 미국 정부가 영원히 보장할 것이라는 믿음에 근원을 두고 있었다.

주택담보대출 이자의 소득공제도 주택시장 버블을 견인했다고 할 수 있다. 소득세가 만약 35%라면 담보대출 이자 전액이 소득공제되는 상황에서 정부가 빚을 낸 주택 구매자들에게 이자의 35%를 무상으로 지원해 주는 것과 같은 현상이 발생한다. 정부가 채무자들을 지원하며 더 많은 빚을 내도록 부추겼던 것이다.

〈표 11-4〉 왜곡된 정부 정책 사례

지표	사례
수요 공급의 조작	양도세, 상속세, 주택담보대출 이자 소득공제, 지역재투자법
정부 규제의 변화	선도 계약을 콜 옵션으로 전환한 조치(튤립 투기), 금주법으로 인한 플로리다로의 투기 자금 유입, 일본 금융 규제 완화 조치

정부 정책의 의도하지 않은 결과

〈표 11-4〉에 정부 정책에 대한 논의의 핵심을 요약했다. 사회를 퇴보시키기 위해 만들어지는 정책은 없다. 하지만 많은 정책이 의도하지 않은 부작용을 수반하고 이런 부작용이 금융시장의 버블과 그 붕괴를 야기한다.

전염과 이머전스

5장의 버블 렌즈로 들여다 본 생태학적 관점에서 우리는 '전염'과 '이머전스' 개념을 이야기했다. 우리는 전염의 정도를 통해 버블이 어느 정도까지 진행됐는지 가늠해 볼 수 있다. 아마추어 투자자들이 투기판에 끼어들기 시작했다는 것은 버블이 거의 막바지에 다다랐다는 것을 보여준다. (더 이상 버블의 광풍에 전염될 수 있는 사람이 남아 있지 않기 때문이다!) 개별 개체의 무질서한 현상이 집단의 질서로 연결되는 이머전스 현상은 조용한 리더십이 어떻게 집단의 행동을 이끌고 군집행동을 만들어 내는지 설명해 준다. 이머전스는 조용히 전개되어 시장의 분위기와 가격을 순식간에 극단으로 몰고 간다.

튤립 광풍

6장에서 살펴보았듯이 귀족, 시민, 농부, 기계공, 어부, 지게꾼, 가정부 그리고 심지어 굴뚝 청소부와 수선집 할머니까지도 튤립 투기에 뛰어들었다는 사실은 지속 불가능한 버블이 극단까지 치달았다는 명백한 증거이다. 게다가 사회적으로 명망 있는 지식인들이 튤립 투기에 참여했다는 사실은 벌떼 속의 조용한 리더십처럼 사회 전체를 투기 광풍으로 인도했다.

대공황

앨런에 따르면 1929년 주식시장에는 '식료품상인, 자동차 수리공, 배관공, 재봉사, 주류 밀매점의 여직원'들로 넘쳐났다. "큰 강세장은 전국적인 주식 열풍으로 연결되었다. …… 투기 광풍이 나라 구석구석까지 몰아쳤다. 하루아침에 부자가 되었다는 누군가의 이야기가 모든 사람들의 입에서 흘러나왔다." 투자할 수 있는 거의 모든 사람이 이미 시장에 들어와 있다면 누가 새로 시장에 들어와 가격을 더 높일 수 있을까?

유명인이 다수 대중에게 '조용한 리더십'의 역할을 한 대표적인 사례로 예일대 교수 어빙 피셔를 들 수 있다. 피셔는 불행히도 1929년 대폭락이 있기 바로 몇 주 전에 "주식시장은 이제 영원히 지속될 새로운 고원에 올랐다"라는 발언을 해서 시대를 오판한 지식인의 대표적인 예로 영원히 역사책에 남게 되었다. 또 대폭락이 있기 직전 JP모건 등 주요 금융기관의 시장 개입은 투기꾼들에게 "시장이 다시 상승할 것이다"라는 믿음을 퍼트렸다.

일본의 버블 경제

1988년 〈극동경제리뷰Far Eastern Economic Review〉에는 "일본 주식시장은 길거리의 흔한 대화 주제가 되었다"라는 표현이 등장했다. 일본 가정주부들의 적극적인 주식시장 참여 역시 투기 광풍에 '전염'이 거의 다 퍼졌다는 지표였다.

사회 전체의 합일을 중시하는 일본의 문화는 군집행동을 촉진시켰다. 경제를 주제로 한 만화책이나 『일등국가 일본』과 같은 책의 출간 그리고 일본인들의 집단 중시 성향은 버블의 무한한 팽창만을 기대하는 집단 최면을 만들어 냈다. 저축 중심의 사회가 투기꾼의 천국으로 변모해 가는 모습은 군집행동의 전형을 보여주었고, 반대로 버블이 붕괴될 때에는 사회 전체가 동시에 위험자산에서 이탈하려는 군집행동이 나타났다.

아시아 금융 위기

1990년대 동아시아에 금융 버블이 만들어지는 과정 전반을 설명할 수 있는 전염 현상이나 이머전스 현상이 있었던 것은 아니지만, 대량의 핫머니가 이머징국가들로 유입된 것은 전형적인 전염 현상이라고 할 수 있다. 상대적으로 덜 발전된 지역에 대한 투자 수요가 불타올랐다면, 전 세계적인 관점에서 볼 때 경제 성장이 이미 성숙되었다고 할 수 있지 않겠는가?

앞서 일본의 사례처럼 아시아 지역 전반에 집단주의적 사고가 강했기 때문에 이러한 사회 분위기 하에서는 군집행동이 나타나기가 더 쉬웠다. 모두들 외화 부채를 일으키는데 나라고 왜 못하겠는가? 세계은행의 『동아시아의 기적』 같은 책이 출간되면서 사회의 자신감은 더욱 커졌다.

하지만 가장 중요한 군집행동은 아시아 밖에서 나타났다. 선진국에서 이머징마켓 펀드 열풍이 분 것이다. 신흥국 시장 전체를 하나의 투자 대상으로 관리하다 보니 한 국가에 위기가 발생했을 때 펀드매니저들은 지역 내 모든 국가에 대해 무차별적인 매도 포지션을 취하게 되었다. 또 이머징마켓 펀드의 성과가 공통된 성과평가기준(보통 MSCI 이머징마켓 지수)에 의해서 평가되다 보니 거의 모든 펀드가 유사한 포트폴리오를 갖고 있었고 투자 행태도 당연히 유사했다. 한 나라의 위기가 지역 전체의 위기로 확산될 수밖에 없는 구조였던 것이다.

미국 주택 버블

미국 주택 버블을 전염병의 관점에서 해석하려면 주택담보대출의 질이 어떻게 변화했는지 보면 된다. 주택담보대출을 취급하던 금융기관들은 고신용자에서 저신용자로 대출의 대상자를 확대해 나가면서 전염병 모델의 감염률을 계속해서 높여나갈 수 있었다. 그러다가 최하위 신용도를 가진 서브프라임 시장까지 버블이 뻗어나갔기 때문에 감염률은 100%에 근접하게 되었다. 서브프라임 신용시장의 활성화는 버블이 막바지에 다다랐다는 강력한 신호였던 것이다. 부동산 중개인들의 수가 급증했다는 것 역시 전염의 증거라고 할 수 있겠다.

역사적으로 집값이 떨어진 적이 없었다는 믿음과 국가가 주택 소유를 지원한다는 사실은 집단주의적인 행동을 만들어 냈고 저금리 정책의 지속은 이러한 믿음에 날개를 달아주었다. 집 인테리어를 뜯어고치는 TV프로그램의 유행과 잡지 표지를 가득 메운 부동산 관련 기사들, 한때 파산까지 갔던 부동산 재벌 도널드 트럼프가 갑자기 『어떻게 부자가 되는가』라는 책을 집필하는 일들도 모두 군집행동을 부추겼다.

버블의 성숙과 군집행동

〈표 11-5〉는 생태학적 관점에서 버블의 지표들을 요약한다.

〈표 11-5〉 생태학적 관점의 버블 지표

지표	사례
아마추어 투자자	굴뚝 청소부, 나이 든 재봉사, 식료품상, 자동차 수리공, 배관공, 일본의 가정주부들, 서브프라임 대출자들
조용한 리더십	JP모건, 어빙 피셔
대중매체	『일등국가 일본』, 『동아시아의 기적』, 인테리어 개축 프로그램

결론 : 붐버스톨로지 로드맵

이제까지 나왔던 지표들을 종합해서 역사적 사례들에 각각의 지표들이 신호를 보냈는지를 정리해 보았다(〈표 11-6〉). 회색 음영을

〈표 11-6〉 역사적 사례를 통해 살펴본 버블 지표 신호

	튤립 투기	대공황	일본 버블 경제	아시아 금융 위기	미국 주택 버블	빈도
재귀적 현상						
대출 기준 완화		O	O		O	3
담보와 신용의 재귀 작용	O	O	O	O	O	5
핫머니	O			O		2
레버리지/디플레이션						
금융 혁신	O	O	O	O	O	5
유동성 공급	O	O	O	O	O	5
도덕적 해이	O	O	O	O	O	5
자신감 과잉						
과시적 소비	O	O	O	O	O	5
새로운 시대에 대한 믿음	O	O	O	O	O	5
정부에 의한 시장 왜곡						
수급 조작	O		O	O	O	4
규제 완화	O	O	O		O	4
군집행동						
아마추어 투자자	O	O	O	O	O	5
조용한 리더십	O	O	O	O	O	5
대중매체			O	O	O	3

친 영역은 과거의 버블 사례에서 관측되었던 지표들이다.

여러 사례를 종합해 보았을 때 버블의 형성과 붕괴에 관한 지표들에 대해 몇 가지 결론을 내릴 수 있다.

첫째, 담보가치와 신용 창출의 재귀적인 상호 작용이 발생하는 것은 특별히 위험하다. 민스키의 폰지 금융에 대한 지적처럼 채무자의 상환 능력을 고려하지 않고 담보만을 보고 대출을 해주는 관행이 널리 퍼지는 것은 버블의 강력한 신호이다.

둘째, 레버리지를 높이는 것을 쉽게 해주는 금융 혁신과 도덕적 해이 그리고 유동성 공급이 결합되면 매우 치명적인 버블을 만들 수 있다.

셋째, '이번에는 다르다'라는 새로운 시대에 대한 믿음이 널리 퍼지고, 부자가 된 사람들이 과시적 소비에 나서거나 마천루 빌딩들이 줄지어 건립되면 극단적인 버블 상황일 가능성이 매우 높다.

넷째, 최악의 경우 정부가 구제해 줄 것이라는 믿음은 신용 창출 과정을 느슨하게 해 버블을 야기한다.

마지막으로 아마추어 투자자들이 투기판에 뛰어드는 것은 버블이 정점을 향해 간다는 강력한 신호다. 사회 분위기를 몰고 가는 조용한 리더십이 생겨난다든지 대중매체에 열을 올린다든지 하는 현상이 나타나면 역시 위험을 감지해야 한다.

〈표 11-6〉의 항목별 빈도를 보면 어떤 지표가 중요한지를 알 수 있다. 다섯 가지 관점 중에서는 레버리지와 관련된 지표들이 가장 중요하며 버블을 평가하는 데 있어서 최우선적으로 고려되어야 함

을 알 수 있다. 버블 예측을 가장 정확하게 해온 제임스 차노스James Chanos가 말하듯이 "버블이 붕괴될 때에는 거의 대부분 이전에 과도한 부채가 창출되기 마련이다".

실전 적용
– 다음은 중국? –

[
제 예측 전문가에는 두 가지 부류가 있다.
아무것도 모르는 사람과,
자신이 아무것도 모른다는 것을 모르는 사람.
― 존 케네스 갤브레이스
]

　지금부터 우리는 이제까지 살펴본 이 책의 관점에서 오늘날 중국의 상황을 살펴볼 것이다. 중국 경제의 계속된 호황이 버블인지에 관한 논란이 많지만 이 책의 체계에 비추어 봤을 때, 중국은 현재 그 끝이 얼마 남지 않은 버블의 한가운데에 있는 것으로 보인다.(이 책은 2010년 말~2011년 초에 쓰여졌다. 중국은 2013년 하반기까지도 버블의 형태를 유지하며 고성장을 지속하고 있다. 이 책의 저자가 경고한 버블 붕괴의 위험성은 아직 현실화되지 않았지만, 이 장에 나와 있는 중국 경제의 문제점들은 여전히 진행 중인 것들이다—역자) 책의 서두에서 말한 것처럼 경제를 예측하는 일은 정답 없는 미스터리를 풀어가는 것과 같아 늘 불확실할 수밖에 없다. 중국 경제의 미래를 예상하는 것 역시 그 누구도 정답이 무엇인지 확신할 수 없지만, 일어날 가능성이 있는 일들을 미리 점검해 보는 것은 그 자체만으로도 의미가 있을 것이다. 1부에서 소개한 버블을 바라보는 다섯 가지 렌즈와 11장에서 제시한 분석의 틀을 바탕으로 중국의 상황을 살펴보도록 하자.

중국의 호황이 지속되기 어려운 것은 거의 확실하지만 버블 붕괴의 정확한 시점을 예측한다는 것은 매우 어려운 일이다. 2001년 고든 창Gordon Chang은 『중국의 몰락Coming Collapse of China』이라는 책을 출간한 적이 있다. 이 책이 나온 이후 10년간 중국이 유례없는 성장을 구가했다는 점에서 이 책의 예측은 송두리째 빗나가 버렸지만, 예측의 시점만 빼고 본다면 고든의 주장은 여전히 대부분 타당하다. "경제학자들은 지난 다섯 번의 불황 중 아홉 번을 미리 예상했다"라는 우스갯소리처럼 미래를 예측하는 것은 너무나 어려운 일이다. 특히 어떤 사건의 발생 여부와 발생 시점을 동시에 예측한다는 것은 쉬운 일은 아니다. 소위 전문가라고 하는 사람들의 예측은 종종 빗나가곤 한다. 나는 대학에서 동아시아 지역학을 전공했고 중국어에 능통하며 베이징 미국대사관 근무 경험도 있는 나름의 중국통이지만, 오히려 그 사실 때문에 중국에 대해 이야기한다는 것이 조심스러울 수밖에 없다. 예측은 틀리기 십상이고 나 역시 과도한 확신에 쉽게 사로잡히는 실수를 범할 수 있기 때문이다. 그러나 불확실하다고 해서 어떤 일이 일어날 가능성 자체를 논할 수 없는 것은 아니다. 단지 100%의 확신을 가진 예측은 불가능하다는 것을 늘 염두에 두어야 한다.

중국은 그동안 세계에서 가장 빨리 성장하는 나라였다. 산업화, 도시화, 현대화, 신흥기업의 출현 등 모든 면에서 중국은 놀라운 성과를 보였고, 수많은 전문가들이 중국은 앞으로도 계속 연간 8% 이상의 경제 성장을 이룩할 것이며 전 세계의 경제 성장을 중국이 선도할 것이라 예측하고 있다. 어떤 기준에서 보더라도 중국의 성장은 이례적이다. 1인당 GDP, 문맹률, 의료시설, 영아 사망률, 기대수명, 국가 재정 모두가 유례없이 빠르게 성장하고 개선되었다. 하지만 이러한 사실이 미래를 보장해 주는 것은 아니다. 펀드에 가입할 때 고객이 받아보는 투자설명서에 항상 들어가 있는 "과거 실적이 미래 수익을 보장하지는 않습니다"라는 말은 중국의 상황에도 적용될 수 있다.

11장에서 언급한 여러 지표들이 중국의 미래에 대해 적신호를 보내고 있다. 특히 부동산 가격의 상승과 이를 받쳐주는 금융 부문의 신용 공급이 대표적이다. 시중에 현금 유동성이 넘쳐나면서 기업들의 과잉투자와 비효율적인 자원 배분 현상이 나타나고 있으며 투자수익률은 계속해서 떨어지고 있다. 사람들은 모든 상황을 낙관적으로만 보고 있고, 미술품시장과 와인 경매시장에서는 최고가 낙찰이 이어지고 있으며, 세계 최고층을 자랑하는 대형 빌딩 건축 프로젝트가 잇달아 진행 중이다. 중국은 공산국가이기 때문에 정치적 의사결정에 따라 시장의 가격결정 기능을 왜곡시킬 수 있다는 위험도 있다. 생물학적인 관점에서 보아도 투자 경험이 없는 아마추어 투자자들이 부동산과 주식시장으로 뛰어드는 전염 현상이 나타나고 있고, 이런 분위기를 부추기는 언론의 선동적인 보도와 사회지도층의 무조건적인 낙관론이 중국 경제가 버블 국면에 다다랐다는 증거가 될 수 있다. 이제 이 책의 분석 틀을 따라 중국의 상황을 좀 더 상세히 살펴보자.

▌ 균형을 찾아가려는 경향 ▌

중국의 호황을 이끈 원동력은 무엇이며 그 힘은 지속 가능한 것인가? 완벽한 답을 제시한다는 것이 불가능하기는 하지만 대량의 유동성 공급과 그로 인한 부채에 기반한 투자 호황의 확산이 주 원동력이었다고 이야기할 수 있을 것 같다. 유동성과 부채에 기반한 경제 호황은 앞선 수많은 사례에서 보듯이 안정적인 상태를 유지하기가 어렵기 때문에 중국의 호황 역시 점차 그 부작용을 나타내기 시작할 것이다.

자산의 가격 상승이 부채의 규모 증가를 수반하고 있다는 것은 1부에서 이야기한 경제의 '재귀적 현상'에 의해서 경제 호황이 나타나고 있다는 가장 강력한 증거가 된다. 다음의 두 그래프는 2010년 7월

발간된 미국국립경제연구소(NBER)의 중국 부동산시장에 대한 보고서에서 따온 것이다.

〈그림 12-1〉은 중국의 대출 잔액 추이를 보여주는 그래프이다. 지난 10년간 주택담보대출 규모가 급증했다는 것이 눈에 띈다. 특히 2007년에서 2010년의 주택담보대출 성장이 두드러진다. 〈그림 12-2〉는 연간소득 대비 주택가격 추이를 보여준다. 이 두 그림에서 보듯이 부채의 규모 증가와 자산가격 상승이 동시에 발생하는 것은 '재귀적 균형 이탈'의 전형적인 증거이며, 두 그림은 중국이 바로 부

〈그림 12-1〉 중국의 대출 잔액 추이(2000~2010)

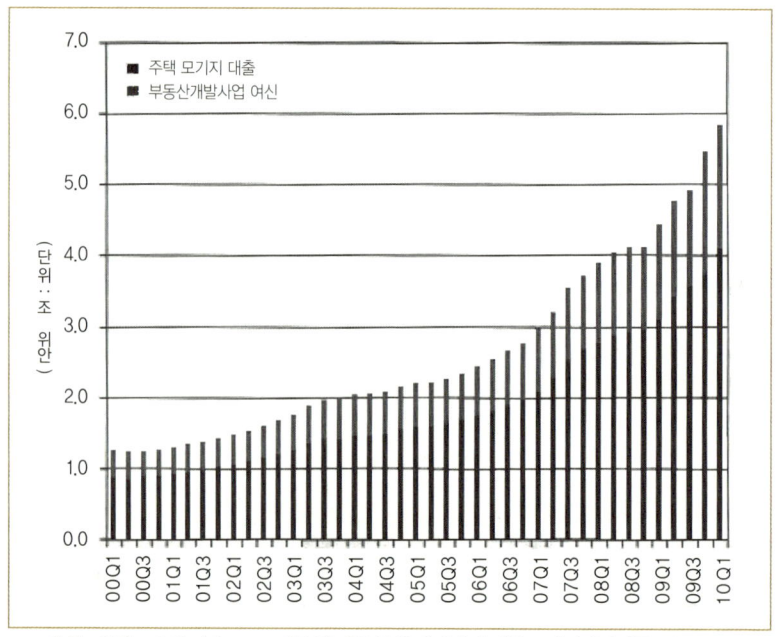

출처: 우징·조셉 기오르코·덩용형, 「중국 주택시장의 상황」, 전미경제연구소(NBER)(2010

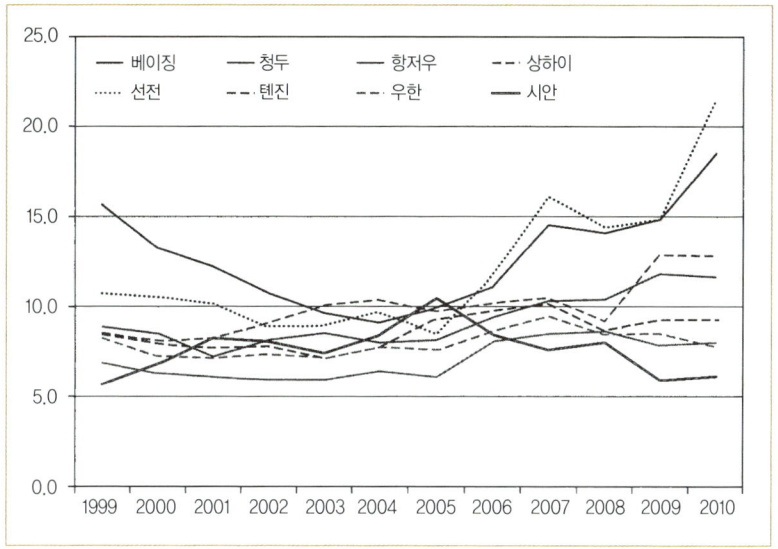

〈그림 12-2〉 주요 도시의 소득 대비 주택가격(PIR)

채에 기반한 재귀적 자산가격 버블의 정점에 있음을 가리킨다.

현재 진행 중인 듯한 또 다른 재귀적 현상은 위안화 가치와 중국 부동산 가격이 향후 계속해서 오를 것이라는 막연한 믿음이다. 화폐와 자산의 가치는 어느 한 편의 가치 상승이 다른 한 편의 가치 상승을 촉발하는 상호적인 성격을 가진다. 중국과 전 세계의 투자자들이 위안화 가치가 오를 것이라 믿기 때문에, 이들은 모두 중국 내 자산에 투자하려 할 것이고 결과적으로 중국 내 부동산 가격은 오르게 된다. 이에 더해 중국의 자본 규제 정책은 자유로운 자본 이동을 제한하고 있기 때문에 중국인들은 잉여자본을 미 국채와 같은 해외 자산에 투자하지 못하고 모든 돈을 중국 내 자산에만 투자해야 한다.

("투자처의 제한이 버블을 전이시킨다" 참조) 중국 내 부동산 가격이나 위안화 환율이 과도하게 오르게 되면 중국 내 잉여자본이 해외로 흘러가 균형을 맞춰줘야 하지만 중국에서는 이것이 불가능하다는 의미이다. 결과적으로 위안화 가치와 부동산 가치는 계속해서 오르기만 하게 된다. 2007~2008년의 증시 폭락 사태 이후 중국 투자자들은 주식에 대한 두려움을 갖게 되었고, 그 결과 중국 내 잉여자본의 관심은 부동산시장으로 더욱더 쏠렸다. 부동산은 안전하다는 중국인들의 믿음은 농업에 기반한 중국의 경제적 전통에 근거한다. 불과 얼마 전까지만 해도 중국은 농업국가였고, 토지는 중국인들에게 가장 중요하며 거의 유일한 자산이었다. 땅에 대한 중국인들의 집착은 현대 중국 문화 곳곳에서 찾아볼 수 있다.

중국 부동산시장이 버블이라는 신호는 도처에 널려 있다. 2010년 2월 상하이의 한 투자자는 아파트 54채를 한 번에 구입했다. 상하이 고급주택 한 채가 2009년 말에 이미 미화 3,000만 달러(330억 원)에 팔렸다. 더욱 기가 막히는 것은 톈진의 부동산 개발업자들이 30억 달러를 들여 '물 위의 도시'를 조성한다는 〈뉴욕타임스〉 기사이다. 기사는 "자연 호수에 조성한 여러 개의 인공 섬에 고급주택과 쇼핑몰, 워터파크, 실내 스키리조트가 들어설 것이며 스키리조트는 세계 최대 규모가 될 것"이라고 전한다. 상하이의 부동산 투자자 앤디 시앙은 "이곳에서는 집이 팔리는 속도가 야채가 팔리는 속도보다도 빠르다"고도 말한다. 상하이의 220세대 단지의 새 아파트 한 채를 분양받기 위해 공설운동장에 800명씩 줄을 서고, 더러는 폭우 속에서

6시간씩 기다리기도 했다고 한다.

중국 부동산 호황이 수요와 공급의 원리에 따른 자연스러운 현상이라고 한다면 가격이 오르는 와중에 빈 아파트가 속출하는 일은 없어야 한다. 하지만 중국에서는 주택가격이 폭등하는 가운데 오히려 빈집은 늘어나고 있다. 부동산 가격은 한 달에 8~10%씩 오르고 있는데 전기 계량기 중 무려 6,500만 개가 최근 6개월간 사용 기록이 없다는 보고가 있다. 중국 당국은 이런 보고를 무시하려고 하고 있지만 텅 빈 아파트 단지에 대한 증거는 도처에서 나타난다. 상업용 부동산의 공실률도 높은 것으로 보고되고 있다. 공실률이 22%라는 보고서가 있는가 하면, 재정 압박에 시달리고 있는 중국 투자자는 상업용 건물의 공실률을 50%로 추정하고 있다.

헤지펀드 매니저 제임스 차노스에 따르면, 이처럼 높은 공실률에도 불구하고 2010년 1월 현재 건설 중인 비주거용 부동산의 연면적이 26억 제곱미터에 달한다고 한다. 옥스퍼드대학 강연에서 그는 "모든 중국인 1명당 가로세로 1.5미터의 사무공간이 지어지고 있는 셈"이라고 추산하였다. 중국의 부동산시장이 정상적인 균형에서 한참 벗어나 있다는 것을 더 이상 설명할 필요가 없을 것 같다. 만약 균형으로 돌아가려는 힘이 다시 작동하기 시작한다면 중국의 은행과 경제에 엄청난 영향을 줄 침체가 닥칠 것이다. 또 중국 건설산업이 원자재시장에서 갖는 중요성을 생각하면 원자재 생산자와 중간 유통업자들 역시 붕괴의 여파를 피할 수 없다.

■ **부채, 유동성, 잠재적 디플레이션** ■

　1960년대에 나온 먼델–플레밍 모델은 어떤 국가가 고정환율 체제 하에서 독자적으로 통화정책을 사용하기 위해서는 자유로운 자본 유출입을 허용해서는 안 된다는 내용을 설명하는 이론이다. 중국은 달러화 대비 위안화 가치를 고정시키는 고정환율정책을 고수하면서 독자적인 통화정책을 펼치는 시도를 해왔고, 이를 위해 자연히 자본의 해외 이동이 통제되었다. 환율과 통화를 모두 통제한다는 점에서 표면적으로 이러한 정책이 매력적이기는 하지만 그 결과가 성공적이라는 증거는 별로 없다. 1993년에서 1996년까지 세계은행에서 라틴아메리카 지역경제 수석연구원으로 일한 세바스찬 에드워즈Sebastian Edwards는 "자본 유출입의 통제는 비효율적일 뿐만 아니라 부패를 조장하고 투자의 관리 비용을 증대시킨다"고 하였다. 실제로 IMF는 2010년 글로벌 통화 안정성 보고서를 통해 "자본 유출입을 통제하면 시장 참여자들이 이를 우회하는 방법을 사용하려 하기 때문에 시장효율성은 낮아진다. …… 다수의 연구가 정책적 자본 통제가 실제 효과가 없음을 밝히고 있다"는 내용을 발표하였다.

　개방경제 하에서 일반적인 국가는 환율과 금리 중 어느 한 쪽만을 통제할 수 있다. 환율과 금리 모두를 통제하게 되면 불균형을 이용한 차익 거래의 기회가 발생하게 되고 이 기회를 이용하려는 시장 참여자들에 의해 통제는 깨어지게 된다. 고정환율제도가 역사적으로 정당화된 적이 있고 중국 역시 자본 유출입의 통제를 통해서 환

●●●● 투자처의 제한이 버블을 전이시킨다

중국에는 전통적으로 자본의 유입은 좋고 유출은 나쁘다는 믿음이 있기 때문에 법에서도 자국민의 해외 투자를 엄격히 제한하고 있다. 그 결과 중국인이 투자할 수 있는 곳은 국내 주식시장과 국내 부동산시장뿐이다.

2007년에 정점을 찍은 중국 주식시장은 비교적 최근에 가파른 하락세를 보였기 때문에 투자자들은 주식투자의 안전성에 의문을 갖기 시작했다. 이런 투자자들이 금융 위기 이후에 부동산으로 관심을 돌린 것은 당연하다.

뉴아메리카재단의 크리스티나 라슨은 "중국의 주식시장은 불안정하고 미숙하며, 기부에 대한 세제 혜택도 거의 없다. 따라서 중국의 부자들은 이전 세대에는 상상할 수 없던 문제에 직면하게 되었다. '이 많은 돈으로 무엇을 해야 하나'가 그것이다. 그들 대부분에게 해답은 부동산이다. 부동산은 적어도 원금 보전의 가능성이 높아 보이기 때문이다"라고 말했다.

부동산시장을 진정시키기 위한 중국 정부의 노력이 중국 주식시장에 새로운 붐을 일으킬 수 있을까? 이 가능성을 배제할 수는 없지만 12차 경제개발 5개년 계획의 초기 중점 분야 중 하나가 해외 투자 통로 마련이다. 2011년 초에 웬조우시는 중국 도시 중 최초로 거주자에게 해외 직접투자를 허용하였다. 복단대학교 경제학과 학장인 위안지강에 따르면 "개인이 해외 자산을 직접 구입하게 허용함으로써, 정부는 중국 내 과잉 유동성을 분산할 통로를 열어주었다. 이는 그만큼 정부가 올해 맞닥뜨린 인플레 압력이 강하다는 것을 보여준다". 자본 규제의 완화가 중국 부동산시장과 주식시장을 동시에 진정시킬 수 있을지 관심이 모아지고 있다.

율과 금리 모두를 잡으려고 하지만, 국제적인 차익 거래가 일반화된 오늘날 이러한 시도는 더 이상 유효하지 않다. 위안화를 미국 달러와 연동시키면서 중국은 사실상 미국의 통화정책에 직접적 영향을 받게 된다. 전통적으로 중국은 미국과의 교역에 매우 의존적이었기 때문에 미국과 중국의 경제는 기본적으로 강하게 연관되어 있었다. 미국 경제 호황기에는 미국의 대중 수입량이 늘어나 중국도 호황이었고 미국이 부진하면 중국의 수출도 감소했다. 중국과 미국 경제의 연관성이 유지됐다는 것은 양국간 통화정책에 대한 필요성이 잘 조화되어 왔다는 뜻이다. 미국 경제가 과열되어 인플레이션 압력이 생기면 중국에서도 비슷한 현상이 일어났다. 인플레이션을 통제하기 위해 미국 연방준비제도이사회가 금리를 올리는 조치는 미국과 중국 모두에 적절한 통화정책으로 작동했다. 반대로 미국 경제가 어려울 때 연준이 경제를 활성화하기 위해 금리를 내리면 이는 증상이 비슷한 중국이라는 환자에게도 적절한 처방이 되었다.

그러나 최근 들어 중국과 아시아 및 기타 국가 간의 교역이 증가하면서 중국과 미국 양국간의 정책 방향은 어긋나기 시작했다. 미국이 대공황 이후 최악의 경기 침체를 겪으면서 연준은 대량의 유동성을 공급하며 강력한 통화정책으로 경제에 약물을 투입하고 있다. 미달러에 연동된 위안화라는 혈관을 통해 이 약은 중국 경제에도 흘러들어갔다. 문제는 중국의 병은 극약 처방이 필요한 미국만큼 심각한 상태가 아니었다는 것이다. 그 결과 중국에는 필요 이상의 대량 유동성이 공급됐다. (이 현상은 자국 통화를 미 달러화에 연동시킨 모든 나라에서 나타났다.) 따라서 미국이 디플레이션과 싸우기 위해 실질금리를 낮게 유지시킨 효과로 중국의 실질금리는 마이너스로 떨어져 버렸다.

마이너스 실질금리가 버블을 이야기하는데 왜 중요한가를 이해하려면, 그 의미를 정확히 알아야 한다. 마이너스 실질금리 하에서는 은행에서 돈을 빌려 물가와 연동되는 아무 자산에나 투자하기만 하면 무조건 돈을 벌게 된다. 따라서 모든 사람들이 돈을 빌려 투자하려 할 것이고 자산 가격은 버블로 치닫게 된다. 헤지펀드 매니저 제임스 차노스는 최근 CNBC 경제뉴스 인터뷰에서 부채를 기반으로 하는 한 중국의 자산가격 상승이 지속 불가능하다는 것에 대해 다음과 같이 강조했다. "버블을 판별하려면 가격 자체가 아니라 신용의 과잉 상태를 확인하면 됩니다. 중국만큼 신용 과잉이 심한 곳은 없습니다."

중국의 대출 규모는 엄청나게 늘어나고 있다. BCA리서치에 따르면 "지난 2년간 중국의 신규 대출 규모는 2조 7,000억 달러였다. 이는 전 세계 GDP의 4.4%에 달하는 수치이며 금융 위기 이전인 2000년대 중반 미국의 신규 대출 전체와 맞먹는 규모이다." 헤지펀드 매니저인 휴 헨드리Hugh Handry에 따르면 이 대출 대부분이 2009년 초부터 일어났으며, 특히 이 중 1조 9,000억 달러가 2009년 1월과 2010년 5월 사이(중국의 경기 확장 정책이 시작된 이후 16개월 사이)에 일어났다. 1조 9,000억 달러는 한국, 대만, 홍콩의 경제 규모를 합친 것보다 큰 액수이다.

중국 정부가 2010년 하반기부터 대출 증가 속도를 줄이기 위한 조치를 취하고 있지만, 신용평가기관 피치는 최근 보고서에서 중국 민간 금융기관의 신용 창출 기능이 정부의 신용 통제 효과를 상쇄할 정도로 성장했다고 분석했다. 중국 정부가 2010년 들어 대출을 바짝 죄고 있기 때문에 시장 참여자들 사이에서는 2009년의 대출 급증이 단기적인 현상이며 급속도의 대출 증가는 2010년에 이미 잡혔다는 오해가 광범위하게 퍼져 있다. 그 때문에 최근의 인플레이션 압력 증대가 오히려 의외로 받아들여지고 있는 상황이다. 물론 표면적인 자료상으로는 은행 대출의 증가 속도가 최근 주춤한 것으로 보이는 것이 사실이지만 피치의 분석에 따르면 중국의 실제 대출 증가 속도는 아직도 2009년 수준이라고 한다. 대출은 주춤한 것이 아니라 다른 통로를 찾은 것일 뿐이다.

대규모 신용 창출과 유동성 공급은 오스트리아학파가 주장하는 지속 불가능한 경제 버블 모델의 근본 조건이다. 초과 투자와 과소비는 공급 부문의 과잉투자 현상으로 귀결되고 결국 버블의 붕괴 국면을 부른다. 돈 빌리는 것이 쉬우면 그만큼 돈이 부적절하게 투자될 가능성이 높다. 베이징대 경영학과 교수 마이클 페티스Michael Pettis는 "저금리가 중국의 생산 설비 과잉과 비합리적인 과잉투자의 주원인이다"라고 말했다.

과잉 유동성 공급의 영향은 기업의 비효율성으로도 연결된다. 중국 국영기업의 경쟁력에 대한 홍콩금융연구소의 최근 분석을 보자. 보고서에 따르면 "국영기업이 만약 시장 금리대로 이자를 지불해야 한다면 현재의 이익은 모두 사라진다"고 한다. 중국의 비금융 국영 기업은 중국 총자산의 33% 이상을 관리하며 노동과 자본시장에 기형적으로 큰 영향을 미친다. '금리'의 변동이 중국 경제에 엄청난 타격을 줄 수도 있다는 뜻이다.

초저금리의 또 다른 증거는 무리한 설비 투자 현상이다. 중국 철강 산업의 상황이 대표적이라고 할 수 있다. 글로벌 철강 트레이더 그룹인 월드스틸World Steel에 따르면, 중국의 철강 생산은 1977년의 2,300만 톤에서 2010년 상반기 6억 5,000만 톤으로 폭발적으로 증가했다. 이 같은 급성장으로 전 세계 철강 생산량에서 중국의 점유율

〈그림 12-3〉 중국 조강 생산량과 점유율

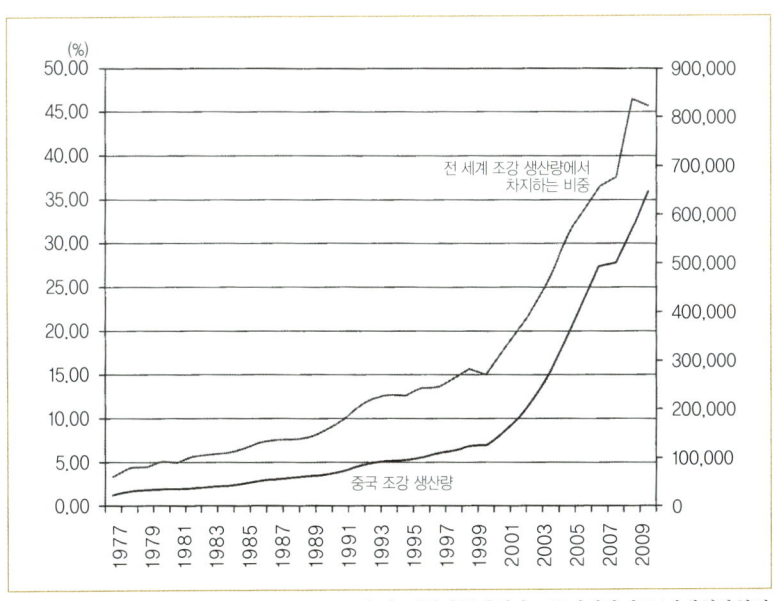

출처: 『철강통계연감』, 국제철강기구/세계철강협회

은 1977년 3%에서 2010년 50% 가까이로 늘어났다. 〈그림 12-3〉은 중국의 철강 생산량과 점유율 추이를 보여준다.

중국산 철강의 수요처를 분석해 보면, 부동산시장과 철강 생산 간에 재귀적 관계가 있음을 찾아낼 수 있다. 메릴린치에 따르면 중국 철강 수요의 53%가 건설용이다. 게다가 비공식적 통계에 따르면 중국 철강 생산의 20%가 제철소 건설에 사용된다고 한다. 철을 만들기 위해서 철에 대한 수요가 급증한다니, 재귀적 원동력이라는 것이 있다면 그야말로 이런 것이 아닐까?

더욱이 출처에 따라 차이가 크기는 하지만 중국의 철강 산업 관련 자료에 따르면 대부분 철강업체들의 가동률이 65~75% 정도에 그치고 있다고 한다. 〈월스트리트저널〉은 2009년 잉여설비의 규모가 연간 200만 톤이라고 보도한 반면, 2010년 초의 UBS보고서에서는 잉여설비가 연간 175만 톤 정도라고 한다. 이 중 작은 숫자인 175만 톤을 중국 철강 산업의 과잉 설비라고 보더라도 엄청난 숫자이다. 한국과 일본의 철강 생산량을 합친 것보다 더 큰 수치이다. 철강산업뿐만이 아니다. 이처럼 어마어마한 통계는 중국의 시멘트와 알루미늄산업에서도 마찬가지로 나타난다. 중국 시멘트산업의 생산 능력은 중국을 뺀 전 세계 모든 생산 능력을 합친 것보다 더 크다.

과잉투자의 극명한 사례는 내몽고 지역 오르도스 시의 중심지인 캉바시 지구에서도 찾아 볼 수 있다. 풍부한 석탄 매장량 덕분에 오르도스 시의 1인당 소득은 중국에서 두 번째로 높다. 이곳의 중심가는 비록 현대적이지는 않지만 도시 번화가로서의 역할은 충분히 하고 있다. 그러나 시 정부는 새로운 도심지 건설을 위해 대규모 투자를 단행했다. 신시가지는 성공적으로 완공되었지만 완공된 이후에도 시가지는 텅 비어 있다. 사람들이 유령도시라고 부르는 이 도시에 대해, 〈타임〉지는 "사무용 건물, 행정센터, 관공서, 박물관, 극장, 운동 경기장이 빼곡히 들어서 있다. 중산층을 위한 복층 아파트와 고급주택이 넘쳐나는 주거단지도 물론 끝없이 이어진다. 유일한 문제는 이 지역의 계획인구가 100만 명이지만 현재 거의 아무도 살지 않는다는 점이다"라고 말한다. 이 지역을 다녀온 사람들의 이야기는 매우 기괴하다. "캉바시 고속도로에는 차가 몇 대씩밖에 다니지 않고, 낮에는 정부청사 몇 건물만 열려 있다. 길에도 가끔 사람들이 인도를 걸어가는데, 평소에 사람이 너무 없어서 그 모습이 가짜 같다. 공포영화의 마지막 장면에 나오는 멸망의 날 최후의 생존자들 같기도 하다."

지방정부의 특수목적회사 같은 금융 기법은 중국의 과잉투자를 더욱 부추겼다. 이러한 금융 기법들은 지방정부가 채권을 발행하지 못하게 하는 규제들을 우회할 수 있게 해주었다. 최근의 연구에 따르면 중국 은행의 재무상태표에는 기록되지 않는 특수목적회사를 통한 차입금이 1조 7,000억 달러 가량으로 추산되며, 이 수치는 중국 GDP의 35%에 달한다. 노스웨스턴대학의 빅터 시_{victor shih} 교수에 따르면 이렇게 조달된 돈의 대부분은 지역개발사업으로 흘러들어 갔다. 문제는 경제성이 없는 지역개발사업들도 있었다는 것이다. "허허벌판에 있는 축구경기장이 수익을 창출할 순 없을 것이다. ······

그리고 대규모 정부 보조금이 없었다면 이런 프로젝트들은 대출 이자도 갚을 수 없을 것이다." 민스키의 폰지 금융에 대한 설명처럼 들린다.

과잉투자의 마지막 예는 남중국 쇼핑몰이다. 아부다비의 〈내셔널〉지는 이 프로젝트를 '비운의 쇼핑몰'이라고 표현했다. 2003년부터 남중국 일대의 농지에 지은 세계 최대의 이 쇼핑몰은 점포 1,500개를 수용할 수 있는 규모를 가졌다. 연면적은 700만 제곱피트에 달하며, PBS에 따르면 "디즈니랜드, 라스베이거스, 몰 오브 아메리카를 하나로 합친" 정도의 쇼핑몰이다. 놀이기구, 소형 공원, 운하, 호수가 전통 서양 건축양식의 건물에 둘러싸여 있다. PBS의 다큐멘터리를 보면 2005년에서 2006년 사이에 완공된 이 쇼핑몰에 2009년 후반 현재 영업 중인 점포는 10~12개라고 한다. 원래 일평균 방문객 7만 명 규모로 계획했지만, 실제 방문객 수는 이에 턱없이 못 미친다. 블룸버그의 폴 알렌Paul Allen은 2011년 초에 이 몰을 방문하고 나서 "한 번도 입주한 적 없이 셔터가 내려진 가게들과 비어 있는 층들을 연결하는 먼지 쌓인 에스컬레이터……"로 이 공간을 표현했다. 이와 같은 문제에도 불구하고 몰의 사장인 쿤 류는 쇼핑몰 확장이 진행 중이며 이를 통해 20만 제곱미터가 더 지어질 것이라고 했다.

어떻게 이렇게 실패한 부동산 프로젝트가 진행될 수 있는지에 대해, 홍콩의 유통 컨설턴트 딕 그로브스Dick Groves는 "사업 타당성을 납득시킬 필요 없이 쉽게 자금을 끌어올 수 있고 선분양을 할 필요도 없다면 그럴 수 있다"고 한다. PBS는 "자본주의의 오만에 대한 경고"

●●●● 중국의 성장 : 얼마나 지속 가능할까

　1994년 폴 크루그먼은 〈국제문제연구 Foreign Affairs〉에 "아시아의 기적에 대한 미신"이라는 제목의 글을 실었다. 이 글에서 그는 노동과 자본 투입의 증가만으로는 지속 가능한 경제 성장을 만들어 낼 수 없다는 주장을 유려하게 펼쳤다. 투입량이 증가할수록 추가 투입량에 따른 생산 증가 효과가 감소하여 경제 성장이 둔화되며, 과거 성장률을 바탕으로 한 미래 성장의 예측은 오류가 된다. 중국의 경제 성장은 크루그먼이 비판한 투입량 증가에 기반한 단순한 양적 성장인 것일까?

　우선 중국의 자본 투입량에 무슨 일이 일어났는지를 알아보자. 자본 투입량의 가장 좋은 척도는 투자율이다. 다음 그림은 중국의 GDP 대비 고정

〈 그림 〉 GDP 대비 고정자산 투자 비중

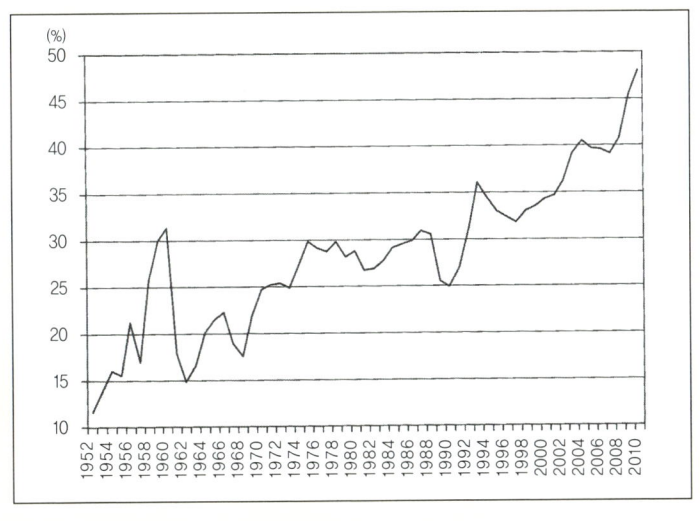

자산투자가 지난 15년간 증가했음을 보여준다. 확실히 자본 증가는 중국의 성장에 상당한 기여를 했다. 불행히도 투자는 GDP 성장에 일회적으로 반영될 뿐이며, 지속적인 성장을 위해서는 더 많은 투자가 요구된다는 것이다. MIT 교수인 야셩 황Yasheng Huang은 이런 현실을 "베이징의 투자 주도의 성장 중독"이라고 표현한다. 이런 투자 주도의 성장이 경제 성장을 위협하는 과잉 설비를 만들어 내지 않고 지속될 수 있을까?

노동 투입 측면에서도 사정은 썩 좋아 보이지 않는다. 비잘 샤Bijal Shah에 따르면 도시 노동자 수는 2000년에서 2010년 사이에 매년 평균 7.5% 증가했다. 이러한 성장을 주도한 요인은 지방으로부터의 인구 이동에 따른 도시화였다. 도시화가 앞으로도 같은 속도로 유지될 수 있을까? 〈이코노미스트〉는 충칭에서 북서쪽으로 38마일 떨어진 농촌마을 치린의 인구통계를 분석했다. 2007년 무렵부터 치린 사람들은 도시로 향했다. "남은 사람들은 학교 갈 나이의 아이들과 도시에서 일자리를 찾기 힘든 중장년층뿐이다." 비잘은 15세에서 24세의 인구가 2010년 2억 3,000만에서 2015년에 1억 8,000만으로 감소할 것이라고 주장한다. 이 연령대의 인구 중 상당수가 이미 도시로 이주했음을 감안하면 현재의 인구 구성으로는 이전과 같이 높은 이주율이 나타나지 않을 것이다.

일반적인 인식보다 중국의 도시화가 훨씬 더 많이 진행되었다는 증거도 있다. 중국의 도시화율은 약 50%이지만, 이 통계는 제곱킬로미터당 인구 1,500명 이상의 '중심지'를 도시로 정의하는 중국의 규정에 따른 것이다. 이런 기준이라면 (인구 220만 명의 미국 4대 도시인) 텍사스 주 휴스턴도 도시가 아니다. 중국식 정의를 사용하면 미국은 도시화를 위해 갈 길이 먼 나라이다. 미국의 도시화 여지가 많이 남았다는 주장보다는 중국의 도시화가 생각보다 많이 진행되었다는 주장이 더 타당할 것이다.

이러한 통계 자료들이 나오면서 최근의 〈중국경제경영학술지Journal of

> Chinese Economic and Business Studies)의 논문은 "중국의 경제 성장은 대부분 투입 요소 증가에 따른 양적 성장"이라고 단언하고 있다. 투입 요소 확대에만 기반한 양적 성장은 지속 가능성이 낮다. 중국 경제 성장률을 예측하는 분석가들은 이러한 점을 간과하고 있는 것일까? 중국의 경제 성장 스토리는 많은 사람들이 믿는 것보다는 지속 가능하지 않은 듯하다.

라는 표현으로 남중국 쇼핑몰 이야기의 본질을 꿰뚫는다. 남중국 쇼핑몰이 예외적인 경우라고 생각하는 독자가 있을까봐 덧붙인다. 중국 쇼핑몰 정보센터Mall China Information Center에 따르면 지난 5년간 중국에 새로 지어진 쇼핑몰이 500개가 넘는다.

최근 학계의 연구는 과도한 유동성 공급으로 인한 과잉투자는 경제 주체들의 과도한 자신감 때문이라고 본다. 중국 기업에 대한 최근의 연구는 미래에 대한 자신감이 넘치는 경영자들이 과잉투자를 결정했고, 특히 시중의 유동성이 풍부할 때 이런 경향이 심했다는 것을 보여준다. 과도한 자신감의 또 다른 증거는 과시적 소비 현상이다.

과시적 소비와 낙관론의 확산

〈뉴욕타임스〉는 2010년 4월, 막강한 자금력을 바탕으로 미술품

시장에서 영향력을 키워가고 있는 중국인들을 "이동 경로에 있는 모든 것을 휩쓸고 가는 허리케인"에 비유했다. 기사는 중국 미술품에 대한 중국인들의 영향력을 주로 다뤘지만 비슷한 분위기는 이미 뉴욕의 미술품시장 전반에서 감지된다. 〈차이나 데일리China Daily〉의 2010년 5월 24일 기사는 "중국인으로 추정되는 익명의 전화 경매 참가자가 이달 초 뉴욕 크리스티 경매에서 파블로 피카소의 작품을 1억 640만 달러에 구입하면서 미술계는 흥분의 도가니에 빠졌다"고 보도했다.

이런 거래는 우연히 일어난 단발성 사건이 아니다. 크리스티 경매의 아시아 지역 회장인 켄 예는 최근 "중국의 억만장자 미술품 구매자들은 폭발적인 반응을 보이고 있다"고 말했다. 켄은 최근 20여 명의 수집가가 갑자기 서양 미술품 수집에 열을 올리기 시작했다는 사실을 들며 미술품에 대한 중국인의 관심이 높아졌다고 전했다. 서방의 기존 컬렉터들은 중국 컬렉터들 때문에 미술품 구입이 점점 어려워지고 있음을 체감하기 시작했다. 파인아트펀드The Fine Art Fund의 미술 서비스 책임자인 모건 롱은 "중국 본토 사람들이 미친 듯이 호가를 올려서 구하던 작품 중 하나도 원하는 가격에 살 수 없었다"고 전한다.

런던에서 열린 2010년 11월 경매에서는 중국 미술품에 대한 열기도 잘 보여주었다. 경매 물품 중에는 다락방에서 찾아낸 청나라 건륭제 시기의 18세기 화병이 있었는데, 중국 본토의 구매자가 무려 7,000만 달러에 구입했다.

중국인들은 와인에 대해서도 비슷한 열광을 보인다. 2010년 10월 와인 경매 기간 중, 익명의 아시아인 구매자가 1869년산 샤또 라피떼 세 병을 사상 최고가인 병당 23만 달러에 샀다. 이 가격은 사전 감정 가격의 30배가 넘는 액수였다. 낙찰자가 누구인지에 의견이 분분했지만 경매 직후 소더비의 와인 경매 담당자 세레나 섯클리프가 "중국인들이 라피떼를 그토록 좋아하는 이유에 대한 추측이 분분하다"고 말하면서 구매자가 중국인임이 알려지게 되었다.

이러한 중국발 투기 바람은 미술품과 와인시장에만 국한된 게 아니다. 다른 상품시장에서도 비슷한 증거들이 나오고 있다. 2009년 중국 최고의 상품은 마늘이었다. 프랑스 〈가디언Guardian〉지는 "부동산보다 더 매력적이고 금보다 화끈하며, 그 어떤 것보다도 가격 상승이 빠르다"고 평했다. 이처럼 마늘 가격이 상승하자 중국의 투기꾼들은 앞다투어 마늘 거래에 뛰어들었으며, 마늘 가격은 지난 18개월간 10배에서 30배까지 뛰었다. 향기로운 고급 차도 중국 투기꾼들에게 좋은 소재였다. 복건성 일대 산악지대에서만 자라는 다홍파오의 가격은 2009년에서 2010년 사이 10배가 올랐으며, 최근에는 킬로그램당 1,000파운드(약 170만 원)를 찍었다. 흰색 잔무늬가 들어가 있어 '양의 비계'라는 독특한 별명이 붙은 비취의 최근 거래 가격은 온스당 3,000달러 이상으로 금값의 2배가 넘는다. 10년 전에 비해 10배가 올랐는데, 불과 20년 전만 해도 홍수에 대비해 모래주머니에 넣던 '자갈돌'이 이렇게 되었다. 투기 사례 목록에는 비둘기도 있다. 2011년 초 한 중국인이 벨기에 경매시장에서 경주용 비둘기 한 마리를 사상 최고가인 20만 달러에 샀다. '청색 왕자'라는 이름의 이 비둘기는 다 합쳐서 180만 달러에 출품된 218마리 중 한 마리였다.

물론 중국인들이 미술품, 와인, 비취, 마늘, 차, 비둘기에 매료된 것만으로 국가적인 과시적 소비나 낙관론의 확산을 말하기는 어려울지도 모른다. 하지만 최근 세계 프로 스포츠 시장에서 벌어진 일을 들어본다면 좀 더 확신을 갖게 될 것이다. 2010년 8월 초 2,000억 달러가 넘는 자산 규모를 가진 중국투자공사(CIC, 중국의 대표적 국부펀드―역자)가 리버풀 구단을 인수하려 했다는 보고가 있다. 게다가 2009년 CIC는 카발리에Cavaliers Operating Company의 지분을 일부 매입했는데, 이 회사는 클리블랜드 카발리에Cleveland Cavaliers(미국 NBA 소속팀―역자)와 그 홈구장인 퀴켄론즈 구장Quicken Loans Arena을 소유한 회사이다.

그나마 중국인들의 해외 간판 기업 인수는 사모펀드나 국영기업, 기타 정부기관과 관련된 간접적 방식을 이용하여 신중하게 이루어지고 있다. 중국해양석유유한공사(CNOOC)가 Unocal(미국 석유회사, 현재 쉐브론 계열사―역자) 인수를 시도하는 과정에서 악몽을 겪은 바 있기 때문에 더욱 그랬을 것이다.(미 의회에서 국가 안보를 문제로 중국 기업이 미국 석유회사를 인수하는 것을 반대하였다―역자) 중국 기업은 포드로부터 볼보를 인수했으며, 세계 최대 자산운용사 중의 하나인 미국 블랙스톤Blackstone의 지분을 상당히 가지고 있다.

기업의 과잉투자가 경영진 차원의 과도한 자신감에 의한 것만은 아니다. 중국 전체적으로 자신감이 확대 재생산되고 정당화되어 과잉 현상에까지 이르게 되는 이유로는 언론매체의 "이번에는 다르다"는 식의 장밋빛 전망이나 "새로운 시대가 도래했다"라는 슬로건도 한몫한다. 마틴 자크Martin Jacque의 저서 『중국이 세계를 지배하면When China Rules the World』과 같은 책이 우려되는 것도 바로 그런 이유에서이다. 왜 '지금이 다른지'에 대한 부정하기 어려운 근거들과 우리가 '글로벌 리더십이 변화하고 있는' 시대에 살고 있다는 이야기를 보고 있노라면, 앞서 소개한 『일등국가 일본』이 떠오르며 지금이 낭떠러지 직전의 정점인 듯한 느낌을 받게 된다.

풍부한 유동성과 결합된 과도한 자신감이 임계점에 도달했다는 마지막 신호는 초고층 건물이다. 당분간 버즈 두바이(버즈 칼리파로 명칭 변경-역자)보다 높은 건물이 나오기 힘들겠지만, 현재 건설 중인 세계 최고층 빌딩 현황을 살펴보면 장밋빛 낙관 속에 투기 자금이 흘러들어가고 있는 곳이 어디인지 보인다. Skyscraperpage.com에 따르면 이 글을 쓰는 시점에 세계에서 가장 높은 건물 10개 중 5개가 중국에 있다. 2015년경에는 중국의 건물들이 전 세계 초고층 빌딩 상위 10위에서 2, 3, 5, 9, 10위를 차지할 것이다.

■ 정부, 도덕적 해이, 정치적 왜곡 ■

영란은행의 전임 고문이자 런던정경대 명예교수인 찰스 굿하트Charles Goodhart는 경제지표 자체가 정책 목표가 될 경우에 지표가 정보로서 갖는 기능은 사라진다고 했다. '굿하트의 법칙'으로 널리 알려진 이 말은 오늘날 중국의 가장 큰 문제를 보여준다. GDP(국내총생산)는 오랫동안 경제활동의 결과를 나타내는 지표로 사용되었으나, 중국에서는 정책 목표 자체가 되어버렸다. 더 이상 경제활동의 결과로 GDP가 산출되는 것이 아니라 정부에 의해서 정해진 GDP 목표가 경제활동을 결정한다.

'GDP 목표 수치'가 경제활동에 미치는 영향은 무엇일까? 정부가 통제하는 대출로 인해 지방정부가 멀쩡한 길을 부수고 다리를 폭발했다. 이렇게 해서 투자를 늘리고 새로운 사업을 진행하여 GDP를 올린다. 말도 안 되는 행위인 것 같지만 재정 목표를 달성해야 하는 지방정부 입장에서는 굉장히 합리적인 선택이다. GDP를 만들어내는 것은 새로운 인프라를 건설하는 것뿐만이 아니다. 기존의 것을 부수는 것도 GDP에 기여한다. 지방 공무원에 대한 평가가 GDP 수치에 따라 이루어지기 때문에 인프라를 부수고 다시 짓는 일은 공산당 내에서 승진가도를 달리게 해줄 수도 있다.

고속성장이라는 지방정부의 목표와 지속 가능한 성장이라는 국가적 필요 사이의 갈등으로 인해 최근 베이징의 중앙정부는 각 성에 경제 성장의 '감속'을 요구하고 있다. 2011년 1월 초, 국가발전개혁위원회 위원장 장평은 중국 지방정부가 성장 목표치를 낮추고 환경에 대한 영향을 고려할 것을 주문하였다. 스트래트포(미국 전략정보분석 전문업체—역자) 애널리스트들은 이에 대해 "국가의 재정 시스템을 관리하는 고위관료들이 딜레마에 봉착했다. 곤두박질칠 위험을 무릅쓰고 성장 속도 완화를 강제할 것인가 아니면 지엽적인 정책 수정만을 거듭하여 중앙정부의 의지 부족을 드러내고 지방 호족들의 기를 살려둘 것인가"라고 논평했다. 더욱이 이들은 "성은 자율적으로 성장을 늦추려고 하지 않는다. 쉬운 대출과 끝없이 이어지는 경제 호황의 덕을 직접적으로 보고 있기 때문이다".

『앞으로 100년 : 21세기 예측The Next 100 Years: A Forecast for the 21st Century』이라는 다소 도발적인 제목의 저서에서, 스트래트포의 창립자 조지 프리드만은 2020년경 중국이 종이호랑이가 될 수 있다고 주장한다. 그 주요 근거로 공산당 독재라는 정치 현실과 시장경제체제 간의 모순 그리고 현재 일어나고 있는 무분별한 비합리적 투자를 들고 있다.

사유재산제, 민간은행과 같은 중국의 자본주의적인 '치장'만을 보면 중국은 마치 자본주의 사회인 듯하다. 그러나 시장이 자원의 배분을 결정하지 않기 때문에 진정한 자본주의라고 하긴 어렵다. 어떤 사업을 진행할 때, 사업 계획이 얼마나 좋은지보다는 어떤 인맥이 있는지가 훨씬 중요하다. 아시아의 가족체계와 사회체계 그리고 공산주의적 정치 관계 덕분에 중국에서는 사업 타당성이나 수익성과 관계 없는 수십 가지 이유로도 대출이 가능하다. 따라서 이러한 대출의 상당 부분이 악성 대출이 될 것이 뻔하다. 악성 대출의 액수는 6,000억 달러에서 9,000억 달러 사이로 추정된다. 이 엄청난 숫자는 중국 GDP의 1/4에서 1/3에 달한다.

이런 일이 어떻게 벌어지는 것일까? 앞서 과거 버블의 형성과 붕괴에서 살펴보았듯이 도덕적 해이와 정부 지원에 대한 신뢰는 예금자들에게 자신의 예금이 안전할 것이라는 믿음을 주며 이에 따라 은행들도 자금 동원에 대한 자신감을 갖고 신속하게 거액의 대출을 해준다. 중국의 대형 금융기관 대부분을 소유하고 운영하며 통제하는 정부의 막강함을 생각한다면 중국 은행의 도덕적 해이와 비합리적인 업무 체계를 쉽게 이해할 수 있을 것이다. 게다가 대부분의 사안을 공산당의 상하 하달식의 수직적 의사결정 방식으로 접근한다는 점을 감안할 때 전통적인 의미 이상의 걷잡을 수 없는 도덕적 해이를 경험하고 있을 것으로 추정된다.

중국의 모든 은행 예금은 중앙정부로부터 원리금 지급을 보장받는다. 다른 국가의 은행들이 정부의 보장을 받기 위해 일정 수준의 보험료를 납부해야 되는데 반해 중국의 은행은 공짜로 이런 보장을 받는다. 대신 중국의 금융감독원은 은행의 안정성과 유동성을 확보하기 위해 적정 규모 이상의 자본과 부채비율, 부실자산 규모 등을 통제하고 은행의 경영에 직접적으로 개입하고 있다. 노스웨스턴대학의 빅터 시 교수는 정부의 무상 원리금 보증과 직접적인 은행 규제가 "금융 시스템을 오히려 더 불안하게 만들고 있다"라고 한다. 빅터는 "무분별한 대출로부터 나온 수익이 지나치게 많아서 은행 입장에서는 귀찮은 규제들을 피해갈 수 있게 도와주는 부패한 관리들에게 이런 돈을 뿌려도 괜찮다고 생각하게 된다"며 대출 집행과 관련한 부패 사례를 들어 자신의 주장을 뒷받침한다. 어떤 곳에서는 은행원들이 경찰에게 뇌물을 주어 회계감사를 나온 회계사들을 체포하도록 청탁하였으며, 또 다른 곳에서는 대형 상업은행의 부행장이 대출 정책과 규제를 어기면서 대출을 해준 대가로 뇌물을 챙겨 잡혀간 일도 있다고 한다. 언론이 자유롭고 사법체계가 독립적이며 법질서가 확고한 나라에서는 이런 일이 벌어지기가 힘들다는 사실을 지적하며, 빅터는 "시스템 전체의 위험이 증가하고 있음을 국민이 알려면 작은 위기도 자유롭게 알려져야 하지만 중국에서는 이것이 불가능하다"고 말한다.

정치적으로 통제되는 대출과 도덕적 해이에 더해 부동산의 수요 공급에 정부가 과도하게 개입한다는 것도 문제이다. 불과 지난 10년간 부동산 관련 정책 목표는 여러 차례 바뀌었다. 처음에는 수요 진작(1998~1999)에서 출발하여 공급 안정(2002~2004), 수요 억제(2005~2007) 그리고 다시 수요 진작(2008)과 공급 억제(2009~2010)의 변화를 겪었다. 예를 들어 1998년에는 주택법 개정으로 부동산을 민간기업이나 개인이 매입할 수 있게 되었으며, 1999년에는 수요를 늘리기 위해 30년 만기 담보대출을 도입하였다. 대출을 받기 위해 필요한 현금도 주택가격의 30%에서 20%로 낮아졌다. 그러나 2005년에는 다시 이 비율이 30%로 증가하였으며 대출 금리는 2007년에만 6배가 올랐다. 그러나 세계 금융시장이 침체되기 시작한 2008년에 중국 당국은 현금요구비율을 20%로 낮춰야겠다고 판단했고, 이에 더해 재산권 이전과 관련한 세금도 감면했다.

2010년 이래로도 부동산시장을 통제하기 위해 다양한 정책이 시행되었다. 여기에는 부동산 개발자에 대한 규제, 부동산 관련 대출 제한 등도 있다. 현금요구비율 규제와 관련해서도 90제곱미터보다 큰 집을 사는 가구는 현금이 30% 이상이어야 하며, 두 번째 집을 사는 경우는 50% 이상이어야 한다는 규정이 생겼다. 게다가 당국은 기형적인 투기 현상에 대한 대책으로 특정 지역에서는 세 번째 주택 구입부터는 담보대출을 금지했다. 중국인민은행도 지급준비율을 몇 배 인상해 대출 과열을 막고, 외국인이나 비거주자의 부동산 투자를 제한했다. 부동산시장을 진정하려는 추가 조치로 중앙정부는 투기 방지를 위해 2011년부터 재산세를 도입할 계획이 있음을 발표했다.

종합해 보면 부동산 투기를 제한하기 위한 정부의 여러 조치에 대해 도이치뱅크의 중국 담당 이코노미스트 준 마$_{Jun Ma}$는 이런 과격한 조치들이 지나치게 비싼 집값에 대한 민심 불만 고조에 쫓겨 만들어진 것이며 이 조치들은 역사상 가장 가혹한 통제라고 논평했다.

▌ 군중심리, 여론 선동, 전염 현상 ▌

대부분의 아시아 국가처럼 중국은 민족 구성이 비교적 단일하다. 어느 정도 차이는 있지만 대부분의 국민은 한족이며 민족이 조금 다르더라도 뿌리가 유사하다고 여긴다. 아시아의 문화적 가치는 여전히 집단 중심이라는 평가가 지배적이며, 개인주의적인 행동을 기피하는 경향이 있다. 8장과 9장의 사례에서 보았듯이 조화와 통합을 중시하는 사회는 집단주의적 행동이 나타나기 쉽다.

중국의 주식시장은 각종 규제를 통해 사실상 외국인에게 닫혀 있지만, 그럼에도 불구하고 세계 어느 주식시장보다도 투자자 수가 많다. 중국의 주식 거래 계좌는 1억 2,400만 개이다. 모건스탠리의 전 수석 이코노미스트이자 현재 상하이의 펀드매니저인 앤디 시에andy xie는 주식이 어떻게 일상적인 대화의 주제가 될 정도로 보편화되었는지에 대해 말한다. 앤디가 술집에서 만난 한 바텐더는 공산당이 상하이종합지수가 5년 내에 8,000을 넘기도록 조치를 취할 것이라고 믿고 있었다. (당시의 주가지수는 2,600이었다.) 바텐더의 논리는 확신의 정도만큼이나 단순명쾌했다. "자, 보세요. 홍콩 지수는 2만이죠? …… 그러니까 상하이는 8,000 정도는 가야죠." 그래도 최근 상하이 주식시장이 큰 폭으로 하락하면서, 주식에 대한 경계심은 높아진 편이다. 하지만 중국인들은 부동산에 대해서는 가격이 상당한 수준으로 떨어질 수 있다는 생각을 거의 하지 않는다.

2010년 8월 〈블룸버그〉는 표지기사로 장신이라는 인물을 다뤘다. 그녀는 중국에서 가장 성공한 부동산 회사인 소호차이나Soho China의 설립자이다. 그녀의 요점은 이렇다. "저는 버블이 없다고 봅니다. 앞으로 몇 달간은 부동산을 구입할 최적기입니다." 그녀처럼 부동산시장과 경제 상황에 밝은 투자자가 중국 부동산에 대해 이토록 확고한 태도를 갖고 있다고 한다면, 일반 투자자들은 그녀의 판단을 따를 수밖에 없다. 이런 식으로 좋지 않은 타이밍일 수도 있는 지금, 많은 투자자들이 무리지어 부동산을 사들이고 있다. 〈블룸버

그)와 같은 전문매체가 업계 유명인사에 대한 기사를 내는 것과 비슷하게, 마틴 자크 같은 사람의 책도 여론에 상당한 영향을 줄 수 있다. 중국 전역에 깊이 자리 잡은 부동산에 대한 집착은 부동산 투자로 큰 손실을 본 경우가 드물다는 사실 때문일 것이다. 집단적인 경험 부재 혹은 일치된 경험이 군중심리를 만들어 내고 있는 것이다.

이런 상황 속에서 투기 광풍이 최대 속도로 부동산시장에 몰아치고 있는 것은 당연하다. 그 예로, 시에는 일을 그만두고 부동산 투자에 나서는 가정부들이 늘어나고 있다고 지적한다. 가정부들이 투기에 뛰어들 정도면, 버블의 형성과 붕괴 이론의 다섯 번째 관점인 생물학적 관점에서 볼 때 이미 병이 퍼질 대로 퍼졌다고 할 수 있다. 부동산은 무조건 안전하다는 믿음과 함께 중국의 부동산 투기 광풍은 종국으로 치닫고 있다.

그러나 개인투자자들이 "부동산은 확실하다"고 믿는 것보다 더 우려되는 것은 "부동산은 확실하다"고 믿는 제조업 분야 대형 국영기업들이다. 2010년 8월에 〈뉴욕타임스〉는 베이징의 토지 경매 중 약 82%는 대형 국영기업이 민간 부동산 개발업자들을 제치고 낙찰을 받았다고 보도했다. 비슷한 시기에 발표된 NBER의 보고에 따르면 베이징은 중국 부동산시장에서 거품이 가장 심한 지역일 가능성이 높다고 발표했다. 2003년부터 2010년 1/4분기까지, 베이징의 부동산 가격은 지역별로 350%에서 900%까지 올랐다. 1980년대 말 일본 기업의 모습과 소름끼칠 정도로 비슷하게 방산업체, 소금생산업체, 철도회사, 석유회사, 화학업체, 조선사, 통신사 모두가 부동산 개발사업을 활발히 벌이고 있다 안휘성 소금회사는 현재 고급 고층아파트 단지인 플래티넘 베이Platinum Bay를 개발 중이다. 방위산업체인 중국 북방공업공사는 최근 2억 6,000만 달러에 토지를 매입해 주택과 상업시설을 개발할 계획을 세우고 있다. 대형 국영 조선업체인 화해선박은 베이징에 주거단지를 짓기 위해 2009년 12월과 2010년 3월 두 번에 걸쳐 13억 달러어치의 땅을 샀다.

플래티넘 베이 마케팅 부장 수찬보는 〈뉴욕타임스〉와의 인터뷰에서 중앙정부가 국영기업들의 수익성 향상을 장려하고 있다고 밝혔다. 부동산시장은 "믿기 힘들 정도로 쏠쏠하다"면서, 이처럼 매혹적인 사업에 뛰어드는 것은 논리적인 결과라고 이야기한다.

중국 정부는 이런 현상을 인지하고 78개 회사에 부동산 부문을 정리하거나 분리할 것을 명령하였다. 이런 노력에도 불구하고 전문가들은 정부의 완전 관리감독 체제 하에 있는 125개의 국영기업 중 90개 이상이 여전히 활발하게 부동산 사업을 진행하고 있다고 본다. 이런 사실들을 '전염병' 관점에서 분석해 보면 문제가 꽤 심각하다. 제조업 중심의 기업이 부동산 분야에 진입하고 있으며, 개발자들은 엄청난 물량을 빠르게 공급하고, 가정부들조차도 이미 집을 샀다. 이제 부동산을 살 사람은 누가 남았을까?

전국적인 부동산 집착을 반영하듯 중국에서는 〈달팽이집〉이라는 드라마가 황금시간대 최고의 드라마로 등극했다. 이 드라마는 너무 많이 오른 부동산 가격 때문에 젊은 세대가 지게 되는 부담을 그리고 있다. "중국 주택 버블에 대한 드라마"라는 기사에서 〈파이낸셜

타임스〉는 드라마 내용을 아래와 같이 요약한다.

중국에서 현재 가장 화제인 드라마는 〈달팽이집〉이다. 이 드라마는 성, 부패, 정치라는 재밌는 소재를 다룬다. 그러나 이 드라마의 이면에는 집값이 있다. 등장인물 중 하나는 자신이 아파트를 사는데 도움을 준 공무원의 정부가 되고, 또 다른 젊은 부부는 올라버린 아파트 보증금 때문에 고통 받는다.

이 드라마의 엄청난 인기와 사회 불안 조장의 위험을 염두에 두어, 중국 정부는 2009년 말에 드라마를 종영시켜 버렸다. 이에 따라 중국인 대부분이 부동산 광기에 전염되었음은 더욱 확실해졌다.

지속 불가능한 중국의 성장

이 장 초반에 언급했듯이 버블 붕괴 시점을 예측하는 일은 위험하다. 버블이 언제 꺼질지 정확히 짚는 것은 불가능하기 때문이다. 펀드매니저 제레미 그랜덤이 말하듯, "경제학이나 금융 같은 비자연과학 분야에서 확실성은 너무나 높은 장벽이다". 정확한 예측이 어렵다는 점을 충분히 전제하고, 이제 버블 붕괴를 분석하는 틀로 중국의 호황이 지속 가능한가라는 가장 중요한 질문의 답을 생각해 보았다. 글을 쓰고 있는 현시점에 가지고 있는 자료에 따르면 여러 가지 증거는 질문의 답이 "아니오"임을 가리킨다. 〈표 12-1〉에서 요점을 정리했다.

역사학자 에드워드 챈슬러는 "중국의 부동산시장은 물론 중국 경제와 금융 체계는 과거의 경제성장률이 미래에도 지속될 것이라는 믿음을 바탕으로 형성되었다. 이 가정은 더 많은 투자를 정당화하고, 더 많은 투자는 성장의 원동력이 되어 다시 투자를 늘린다. …… 중국은 꿈의 땅이 되었다. 짓기만 하면 알아서 다 되는 경제이다"라고 말했다.

중국의 성장 속도 둔화가 중국과 세계 경제에 미칠 파장은 어마어마할 것이다. 투자에 기반한 경제를 소비 기반 경제로 탈바꿈하기가 얼마나 어려운지를 논하면서, 마이클 페티스는 "세계는 중국이 5~7% 성장을 기록하는 시대를 대비해야 한다. 5~7%는 여전히 훌륭한 수치이지만 지금보다는 훨씬 낮은 성장률이다"라고 한다. 블룸

〈표 12-1〉 향후 중국의 버블 붕괴를 예고하는 문제의 지표들

	중국	비고
재귀적 현상		
대출 기준 완화	O	경기 부양을 위한 정부 주도 대출
담보와 신용의 재귀작용	O	자산가격, 대출액의 동시 상승
핫머니		위안화 절상에 대한 기대감 있지만 자본 규제로 상쇄됨
레버리지/디플레이션		
금융 혁신	O	지방정부가 특수목적회사로 우회적인 차입금 조달
유동성 공급	O	마이너스 실질 금리
도덕적 해이	O	정부 소유 은행의 방만한 경영
자신감 과잉		
과시적 소비	O	미술품, 와인, 비취, 마늘, 비둘기, 고층건물들
새로운 시대에 대한 믿음	O	중국이 세계 경제를 주도한다는 믿음
정부에 의한 시장 왜곡		
수급 조작	O	은행 대출을 정부가 통제
규제 완화	O	부동산 투자에서의 현금요구비율 상향
군집행동		
아마추어 투자자	O	바텐더의 주식투자, 가정부의 부동산 구입
조용한 리더십	O	부동산 재벌의 블룸버그 인터뷰
대중매체	O	달팽이집

버그의 칼럼니스트인 윌리엄 페섹William Pesek은 "중국 같은 나라에서 5% 성장을 한다는 것은 곧 위기를 말한다. 사회 불안이 커져 소요가 일어날 가능성이 커지며 …… 정부는 성장을 촉진하기 위해 극단적 방법을 사용해야 한다는 압박을 받을 것이다"라고 말한다.

이런 사실로 보아 비탈리 카스넬슨Vitaliy Katsenelson은 중국 경제를

영화 〈스피드〉에 나오는 버스에 이유했다. 영화의 버스가 폭발하지 않기 위해 일정한 속도로 달려야 하듯이, 중국도 사회 동요를 방지하기 위해 10%에 가까운 속도로 성장을 지속해야 한다. 중국 경제의 폭탄은 악성 채무이며, 제조업 설비 과잉으로 인한 파괴적인 부채 디플레이션도 폭탄이 될 수 있다.

중국의 성장 둔화가 전 세계에 미칠 충격은 어마어마할 것이다. 중국과 기타 아시아 국가가 지역 내 교역 증대를 통해 만들어온 관계를 생각해 보자. 그리고 중국의 성장이 상품시장에 미쳐온 영향을 떠올려 보자. 중국의 성장 둔화는 호주, 인도네시아, 러시아, 브라질, 캐나다, 노르웨이, 남아프리카 등 중국의 성장에 기대온 나라에 엄청난 영향을 줄 것이다.

나아가 주요 선진국들이 과도한 부채를 줄이기 위해 악전고투하고 있는 현시점에서 세계라는 기차의 유일한 파워엔진인 중국의 버블이 터진다면, 기차의 추진력은 사라질 것이고 운이 나쁘면 탈선될 수도 있다. 언제가 될지는 정확히 모르지만 이 엄청난 충격에 대해 우리는 지속적으로 세심한 주의를 기울여야 한다. 최소한 붐버스톨로지라는 지진계가 요동치고 있음은 이해해야 한다. 지진이 올 것이라는 사실을 미리 아는 것만으로도 지진이 왔을 때 나아갈 길을 헤쳐 나갈 수 있다.

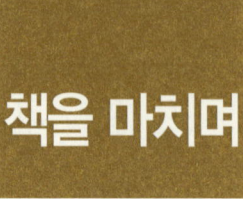

책을 마치며

예측의 위험성

> 여우는 많이 알지만,
> 고슴도치는 중요한 것 한 가지를 안다.
> ─ 아르킬로코스

위의 문구는 고대 그리스 유적에서 발견한 시의 한 구절이다. 이 시가 나온 지 2,700여 년이 지난 지금도 여우와 고슴도치의 비유는 숱하게 쓰이고 있으며, 이사야 벌린이 1953년에 쓴 에세이 『고슴도치와 여우』를 통해 현대인에게 널리 알려졌다. 벌린은 고대 그리스 시인들의 통찰을 빌어 고슴도치와 여우의 차이를 자세히 구분한다.

좁은 분야의 전문가인 고슴도치는 모든 것을 한 가지 관점과 시스템 안에서 판단한다. 이 시스템은 일관되고 명확하다. 단일하고 보편적이며 조직화된 원칙으로 모든 현상이 설명된다. 한편 여우는 여러 가지 목표를 동시에 추구한다. 이 목표들은 서로 관련이 없거나 심지어 모순되기까지 하다. 추구하는 목표들을 관통하는 논리적 근거는 당연히 없을 뿐더러 형이상학의 도덕이나 미학적인 근거도 없고 심지어는 심리적인 관련이 있는지도 정확히 설명하기 힘들다.

이 책의 근간을 이루는 논리는 금융 버블이 터지기 전에 이를 알아채는 데에는 전문가적인 고슴도치보다는 두루두루 관심이 많은 여우와 같은 방식이 낫다는 것이다. 고슴도치가 퍼즐에 능한 스타일이라면 여우는 미스터리에 능한 스타일이다.

여우가 될 것인지 고슴도치가 될 것인지 결정하는 것은 쉬운 일은 아니지만 어쨌거나 미래의 불확실성에 대한 통찰을 얻는데 더 나은 방법에 대한 선택일 것이다. 필립 테트락Philip Tetrak의 연구에 의하면 오지랖 넓은 여우가 고슴도치보다 미래를 위한 통찰에 더 유리하다는 근거가 있다. 테틀락은 20년간 284명의 미래예측가들을 대상으로 연구를 수행하면서 각자의 전문 영역 및 전문 분야 밖의 일에 대한 예측을 제시해 보도록 했다. 이 실험을 통해 테틀락은 2003년까지 총 8만 개의 예측에 관한 데이터를 만들었다. 연구 결과에 따르면 충격적이게도 예측가들은 자기 전문 분야에 대한 예측에 있어서 비전문가보다 적중률이 오히려 떨어졌다. 와튼 스쿨의 교수 두 명은 이 결과에 대해 "상식 밖의 결과이기는 하지만 근거는 있다"고 평가했다. 테틀락도 연구결과를 요약하면서 고슴도치와 여우의 비유를 든다.

세상일을 정확하게 예측하기는 어렵다는 것을 인정하고, 앞으로 발생할 수많은 모순을 받아들일 수 있다면, 이사야 벌린이 말하는 여우같은 특성을 갖춘 전문가들에게 가는 것이 낫다. '이것저것 잡다하게 아는' 여우들은 다양한 영역으로부터 추론을 펼치고 모호함과 모순을 어쩔 수 없는 것으로 받아들여 적당한 타협 지점에서 결론을 낸다. '핵심적인 중요한 사실'을 아는 두더지들은 한 가지 문제에 깊이 파고들어 논리적으로 완벽한 대답을 찾으려고 한다. 모호한 문제에 대한 대답은 애초에 포기해야 한다.

테틀락은 새로운 정보를 체화하고 확신을 바꾸기도 하며 다양한 관점을 적용하여 변화하는 현실에 적응할 줄 아는 사람들이 미래를 더 잘 예측한다는 결론을 내린다. 이러한 결론은 이 책의 관점에도 부합한다.

이 책에서 제시한 사고의 틀은 한 가지 핵심적인 것을 지양하고 '잡다한 것'을 수용하는 관점을 보여주기 위한 것이었다. 아무리 예리하고 논리정연할지라도 한 가지 관점에 전적으로 의존하는 것은, 테틀락이 말하듯이 불확실하고 모호하며 딱 떨어지지 않는 상황을 헤쳐 나가는 능력에 방해가 될 수 있다. 이 책에서 보여준 다각도의 접근은 당신이 현실적인 모순들을 헤쳐 나가는 데 있어서 '고슴도치의 덫'에 걸릴 가능성을 줄여줄 수 있을 것이다.

버블을 미리 인지하는 다섯 가지 관점들은 인문학적이고 철학적인 토대 위에서 만들어졌다. 예일대학교 총장인 리처드 레빈Richard Levin은 "지적인 소양을 갖춘 사람의 가장 중요한 특징은 특정한 주제에 대한 전문적 지식이 아니라 새로운 정보를 받아들이고 문제를 해결하는 능력이다. 학생들은 다양한 분야의 지식을 체험하면서 세상에는 다양한 관점이 있다는 것을 알게 되며, 이를 통해 예측하지 못한 문제들에 맞설 준비를 하게 된다"고 했다. 예측 가능하고 확실한 버블은 거의 없다는 점에서 경제적인 문제에 대한 인문·교양학적 접근은 이상적인 사고의 방법일 것이다.

마지막으로 이 책에서 제시한 틀을 활용할 때 주의해야 할 점 네 가지를 이야기하는 것으로 책을 마무리 지을까 한다.

첫째, 모든 것이 불확실하다는 것만이 확실하다.
둘째, 동적이고 서로 연결되어 있는 세상에서는 한 가지 분야의 지식만으로는 도저히 손도 댈 수 없는 상황이 숱하게 펼쳐진다.
셋째, 퍼즐과 미스터리는 근본적으로 다르다.
그리고 마지막, "이번에는 다르다"는 말은 항상 틀리다.

바쁜 직장인을 위한 최고의 투자 솔루션!

아이투자의 〈퀀트 투자클럽〉

지수 변동에 관계없이 안정적으로 꾸준히 수익을 올리는 것은 모든 투자자의 희망 사항입니다. 아이투자가 제공하는 '퀀트투자클럽 서비스'는 직장인들이 본업에 충실하면서 한 달에 한 번 매매를 통해 장기적으로 안정적인 수익을 기대할 수 있는 효과적인 전략입니다.

퀀트투자클럽은 특정 조건에 맞는 종목으로만 포트를 구성합니다. 저PER&저PBR 합성전략, 마법공식 투자전략 등 5개 전략에 따라 각각의 기준에 맞는 종목 20개씩을 매수합니다. 각 투자전략은 한 달에 한 번 포트폴리오 조정을 위한 매수·매도를 실시합니다.

◆ 6개월 후면 의미 있는 수익률

과거 수익률 테스트 결과 투자를 시작한 뒤 6개월~1년 후면 시장수익률을 초과하면서 의미 있는 수익률을 냅니다. 이후 상승장에서는 더 오르고, 하락장에서는 시장 대비 덜 하락해 기간이 길어질수록 수익률이 극대화되었습니다. 따라서 투자기간은 최소한 6개월~1년으로 설정하되, 가급적 길게 오래 투자하는 것이 유리한 투자전략입니다. 특히 20~30년 후의 은퇴자금 마련이나 자녀 학자금, 결혼자금 목적 등 오랜 기간 후 목돈 마련을 위한 투자자에게 안성맞춤형 투자전략입니다.

투자금액은 1,000~5,000만 원 내외를 추천해 드립니다. 5개의 투자전략 중 회원님 성향에 가장 잘 맞는 전략을 골라 월 1회 매매를 진행합니다. 매매할 경우 비중 조절 내역은 투자전략을 통해 친절하게 제시해 드립니다. 어떤 전략을 고를지 모르시는 분은 〈저PER+저PBR 투자전략〉을 추천해 드립니다. 이 투자전략에 대한 과거 수익률 추적 분석 결과, 지난 5년간 연평균 62.4%의 수익률을 기록했습니다.

퀀트 투자전략은 과거 5년간 매년 평균 40%의 수익률을 올렸습니다. 과거의 높은 수익률이 미래의 수익률까지 담보하지는 않습니다. 하지만 투자자의 심리적 약점을 극복하고, 좋은 주식을 쌀 때 분산투자하는 원칙을 꾸준히 따른다면 만족스러운 성과를 안겨줄 것입니다.

*자세한 내용은 아이투자 홈페이지를 참고하세요.

"6주 후면 나도 버핏"
〈워렌 버핏 투자교실〉

저금리 시대, 안정적으로 자산을 불릴 수 없을까?

요즘 직장인들의 고민 1순위는 안정적인 자산 증식입니다. 부동산 경기 장기 침체, 예금 금리 2% 시대에 자산을 안정적으로 불리기란 쉽지 않죠. 이럴 때 대안이 될 수 있는 것이 주식투자입니다. 다만 주식투자는 늘 원금 손실의 위험이 따릅니다. 따라서 '잃지 않는 투자'를 최우선으로 하는 정통 가치투자야말로 주식투자의 위험은 최소화하고, 안정적인 수익을 낼 수 있는 가장 효과적인 길입니다.

한국투자교육연구소(KIERI)의 '워렌 버핏 투자교실(이하 버핏교실)'은 정통 가치투자자가 되기 위한 국내 최고 맞춤형 강의입니다. 개인 투자자의 실제 주식투자에 필요한 종합 교육 과정을 제공합니다.

강의는 재무제표, 사업보고서, 기업가치평가법의 이론은 물론 실습까지도 포함되어 있어 수업에서 배운 내용을 실전 투자에 적용하는 연습도 충분합니다. 무엇보다도 투기와 투자의 차이를 명확히 구분해 교육함으로써 시장의 등락에 흔들리지 않고 자산을 늘릴 수 있는 '투자자 마인드'를 키워 주는 것이 최대 강점입니다.

버핏교실은 6년간 800명의 수강생이 다녀간 검증된 강의입니다. 지난 2008년 1기를 시작으로 매년 평균 3개 기수, 140명의 졸업생을 배출해 왔습니다. 종강 이후에도 온라인 카페(http://blog.itooza.com/buffettschool)와 월1회 오프라인 모임을 통해 수강생들과 강사와의 커뮤니케이션이 가능하다는 점도 장점 중 하나입니다.

워렌 버핏 투자교실 한 졸업생은 "책에서 얻는 정보에 한계가 있었는데, 강의를 통해 쉽게 잘 배웠다"며 "평소 어렵게 느꼈던 사업보고서 읽는 법, 적정주가 산정에 눈을 뜨게 됐다"며 강력 추천합니다.

주간	교육 과정	주간	교육 과정
1주차	투자자를 위한 투자 기초 가치투자클럽, 통합검색 등 주요 지표 활용법	4주차	실전 종목발굴법 실습 (발표) 재무제표 & 사업보고서 활용법 실습
2주차	워렌 버핏의 재무제표 활용법 가치평가법 1	5주차	주식 투자자의 합리적 자산배분 전략 기업가치 평가법과 시장 흐름 읽는 법
3주차	투자자의 보물 창고 〈사업보고서〉 읽는 법 V차트(Value-Chart)를 활용한 종목 발굴법	6주차	기업 유형별 가치평가법 적용 실습 유망 기업 분석 및 발표

붐버스톨로지

1쇄 2014년 7월 30일
2쇄 2015년 1월 2일

지은이 비크람 만샤라마니
옮긴이 강대권 · 김민영

펴낸곳 (주)한국투자교육연구소 부크온
펴낸이 김재영
경영 김인중
편집 권효정
마케팅 황민석
내부 감수 박정엽, 정창욱
주소 서울시 영등포구 여의나루로 71 동화빌딩 1105호
전화 02-723-9004   **팩스** 02-723-9084
홈페이지 www.bookon.co.kr
이메일 book@itooza.com
출판신고 제322-2008-000076호(2007년 10월 17일 신고)

ISBN 978-89-94491-26-4 03320

◆ 부크온은 (주)한국투자교육연구소의 출판 브랜드입니다.
◆ 파손된 책은 교환해 드리며, 책값은 뒤표지에 있습니다.
◆ 무단전재나 무단복제를 금합니다.

이 도서의 국립중앙도서관 출판시도서목록(CIP)은 서지정보유통지원시스템 홈페이지(http://seoji.nl.go.kr)와 국가자료공동목록시스템(http://www.nl.go.kr/kolisnet)에서 이용하실 수 있습니다.
(CIP제어번호: CIP2014019461)